Phänomen-Verlag

Karin Waltl

Pleroma

Sexualität Heilung Heimkehr ins Licht

Bibliografische Information Der Deutschen Bibliothek: Die Deutsche Bibliothek verzeichnet diese Publikation in der Deutschen Nationalbibliografie; detaillierte bibliografische Daten sind im Internet über http://dnb.ddb.de abrufbar.

EAN 9788412630992

Gender-Hinweis:

Im Sinne einer besseren Lesbarkeit der Texte wird auf eine explizite geschlechtsneutrale Schreibweise verzichtet. Entsprechende Begriffe gelten im Sinne der Gleichbehandlung grundsätzlich für beide Geschlechter. Die verkürzte Sprachform ist nicht wertend zu verstehen.

Phänomen-Verlag
Web: www.phaenomen-verlag.de
E-Mail: kontakt@phaenomen-verlag.de

Die Kaiserin sah ihn an und sprach:
„Tausend Jahre sind vergangen,
doch geblieben ist des Löwen Kraft,
des Mönch's reine Seele, des Königs Weisheit,
des Geliebten Herz.
Ohne den heutigen Tag hätte ich umsonst gelebt.
Morgen Nacht will ich dich wiedersehen,
und wir kehren heim,
ins Pleroma."

Inhalt

Einleitung

Vielleicht scheint es so, dass über Liebe und Sexualität bereits alles gesagt wäre.

Tatsache ist aber, dass wir, Männer wie Frauen, gar nicht wirklich wissen, was uns zueinander hinzieht. Sehnsüchtig folgen wir wie Blinde einer Anziehungskraft und oft genug endet das Erlebte in einem enttäuschenden und unwürdigen Ende. So komme ich auf den Gedanken, dass die Sichtweise auf Liebe und Sexualität einer ganz bewussten Entwicklung bedarf. Betrachtet man Sexualität ohne Scham und ohne Pervertiertheit, sondern frei und natürlich, kommen wir zu unserer Wurzel, zur natürlichen und ewigen Spiritualität, ganz ohne jedes religiöse Dogma.

Mann und Frau repräsentieren die Natur an sich, die zwei Uraspekte von Gott und Göttin, das größere Männliche und das größere Weibliche, aus dem das ganze Universum erschaffen wurde. So sagen es die Eingeweihten der unterschiedlichsten Traditionen geistiger Schulen. Es ist also naheliegend, dass wir als Mensch in der sexuellen Vereinigung, ebenso göttliche Schöpfermacht in uns tragen. Die bewusste Vereinigung von Mann und Frau ist die Vereinigung von Geist und Materie und so erschaffen wir ebenfalls neue Welten. Damit sich unsere „tierische Sexualität" in etwas Heiliges, in eine höhere Idee verwandeln kann, braucht es eine tiefere Auffassung und ein besseres Verstehen von energetischen Tatsachen und universellen Regeln, sowie ein besseres Verstehen unserer instinktiven Verhaltensweisen. So darf, ganz frei von Schuld und Scham, die sexuelle Energie zwischen Mann und Frau wieder als ein natürliches Geschenk betrachtet werden. Denn, Sexualität ist überall um uns herum und bedeutet nichts anderes als Leben an sich.

Bei genauem Hinsehen sieht man schnell, dass das, wie wir Sexualität leben auch Spiegelbild unserer täglichen privaten und beruflichen Schwierigkeiten ist, deren Ursache wir natürlich viel lieber zu Problemen der anderen und der sogenannten Umwelt machen, als darin Symptom und Ausdrucksform eigener unbewusster Konflikte zu sehen. Durch den aus der Psychologie altbekannten Prozess der Projektion, fühlen wir uns oft sogar ein ganzes Leben lang veranlasst, uns mit dem anderen Geschlecht kämpferisch auseinander zu setzen, ohne je einzusehen, dass in uns selbst die Wurzeln all dieser Konflikte und Probleme liegen. Wir halten unsere Probleme für sehr individuell und einzigartig, was oberflächlich betrachtet auch stimmen mag. Die Weisheit der Mythologie führt in die Tiefe unserer menschlichen Seele. Dort werden die Probleme einander immer ähnlicher, so, dass sie letztlich keine persönlichen Züge mehr tragen und die Selbsterkenntnis darin letztlich zum Heilmittel werden kann.

Zu dieser Arbeit, fand ich viele schöne Anregungen bei sehr namhaften Autoren und Lehrern. Aber mit größter Bewunderung greife ich im philosophisch-spirituellen Teil auf das Wissen zweier großer Eingeweihter zurück: zum einen auf den großen bulgarischen Meister, Philosophen und Psychologen *Omraam Mikhaël Aïvanhov*[1] und auf den indischen Lehrer *Chandra Mohan Jain*[2], Philosoph und Begründer des *Neo-Sannjas*, der sogenannten *Bhagwan-Bewegung* heute unter *OSHO* bekannt. Beide lehrten, dass Sex auf unserem menschlichen Evolutionsweg zu wahrer Liebe werden soll. Und solange das nicht geschehen ist, bleibt Sex nur eine entstellte Angelegenheit. Und so dürfen und sollten wir die Entstellung dazu verurteilen, aber nicht den Sex. Wir können Sex in Liebe verwandeln, sie muss sogar daraus erwachsen und wenn das nicht geschieht, liegt es nicht am Sex, sondern an uns. Ebenso soll auch Liebe sich weiter wandeln und darf nicht nur einfache Liebe bleiben. Sie muss in eine meditative Erfahrung, in bedingungsloses Lieben, in eine mystische Erkenntnis und letztlich in Licht verwandelt werden.

Die Welt selbst ist nicht in Oben und Unten gespalten, sondern unsere Sichtweise und unser Denken sind gespalten. Das Höhere schließt in Wirklichkeit das Niedere mit ein und umgekehrt. Liebe ist in Wirklichkeit

---

1. *Omraam Mikhaël Aïvanhov,* bulgarisch Омраам Микаел Айванов, geboren Михаил Иванов / *Michail Iwanow*; geb. 31.1.1900 in Srpci (Mazedonien) verst. 25.12.1986 in Fréjus (Frankreich). Nach einer entbehrungsreichen Kindheit in einem kleinen bulgarischen Dorf nahe dem Berg Pelister begegnete er mit 17 Jahren *Beinsa Duno*, dem Gründer der religiösen Gemeinschaft *„Universelle weiße Bruderschaft"*. 1937 erhielt er von diesem den Auftrag, seine Lehre nach Frankreich zu bringen und sie so im Westen zu verbreiten. Im Laufe von 49 Jahren bis zu seinem Tod hat Aïvanhov diese Lehre weiterentwickelt und dabei über 5000 Vorträge gehalten.

das Gesamte was ist, das All-Eins, und gesunde Entwicklung kann nur durch Liebe zustande kommen. Aber was ist Liebe? Um mir das selbst zu verinnerlichen, brauchte ich eine tiefere Auffassung, ein Verstehen und Erleben des Weges und vor allem wie „höhere Liebe" wirklich gemeint sein kann. Diese Gedanken, Erkenntnisse und Erfahrungen haben etwas sehr Radikales, Revolutionäres und Rebellisches an sich, die ich gerne mit meinen Lesern teilen möchte.

Diese Arbeit ist in mehrere Teile gegliedert:

Teil I definiert Begriffe um in die Thematik einzutauchen.

Teil II erzählt Geschichten aus der Mythologie und erklärt mystische Symbole, die auf unser Denken unbewusst starken Einfluss nehmen.

Teil III beleuchtet den Entwicklungsweg zur reifen Männlichkeit bzw. reifen Weiblichkeit anhand vier großer männlichen Archetypen und vier großer weiblichen Archetypus, sowie die energetischen, psychologischen Zusammenhänge und Hintergründe. Die Kaiserin ergänzt die weiblichen Archetypen als die weibliche „Vollendung" der Frau.

Teil IV führt ins Schattenland und berührt unsere Wunden, die es gilt anzuschauen.

Teil V beschreibt, was unweigerlich geschieht, wenn der Mensch bereit ist

---

2. In jungen Jahren studierte *Chandra Mohan Jain* Philosophie und lehrte dieses Fach daraufhin; ab 1960 als Professor an der Universität Jabalpur. Während der 1960er Jahre reiste er nebenbei als Vortragsredner durch Indien. Er war zunächst bekannt als Kritiker des Sozialismus des *Mahatma Gandhi*, sowie der Mainstream-Religionen. Er betonte die Wichtigkeit von Meditation, Achtsamkeit, Liebe, Zelebration, Mut, Kreativität und Humor - alles Qualitäten, die er als psychologisch unterdrückt durch das verbreitete Anhaften an statische Glaubenssysteme, religiöse Traditionen und Sozialisation betrachtete. Seine Befürwortung einer offeneren Haltung der Sexualität des Menschen gegenüber wurde im Indien der späten 1960er Jahre heftig kritisiert und machte ihn später auch im deutschsprachigen Raum als *Sexguru* bekannt. Ende 1988 erklärte er, dass er nicht mehr *Bhagwan* genannt werden wolle – der Scherz sei nun vorbei: *„I don't want to be called Bhagwan again. Enough is enough! The joke is over!"* Nach einigen Wochen ohne Namen akzeptierte er auf den Vorschlag seiner Schüler hin den Namen *Osho*, der als respektvolle Anrede in einigen Zen-Geschichten, die er in seinen Vorträgen besprochen hatte, aufgetaucht war. Er starb am 19. Januar 1990. Auf einer Gedenktafel steht „Never Born, Never Died: Only Visited this Planet Earth between Dec 11 1931 – Jan 19 1990."

sich zu wandeln, sich seiner Urwunde bewusst ist und sie zur Heilung gebracht hat. Erst hier findet er zur Erlösung, weil er frei werden kann um heimzukehren ins Pleroma.

In Teil VI finden Sie wertvolle energetischen Unterstützung in spirituellen Übungen, um das Gelesene auch erfahrbar zu machen.

Bitte lesen Sie dieses Buch urteilsfrei, denn es geht nicht um richtig oder falsch oder gar darum, recht zu haben oder unrecht. Ich möchte Sie vielmehr zur Selbstreflexion anregen und dazu, unsere kollektiven Schattenbereiche zu beleuchten um diese heilsam ans Licht zu bringen. Ich lade Sie als Leser aus ganzem Herzen dazu ein, Ihre ganz persönlichen Erkenntnisse und Schlüsse daraus zu ziehen. Sind Sie bereit für dieses Abenteuer? Dann spüren Sie nach, bei welchem Thema Sie auf Resonanz stoßen. Wo spüren Sie persönlich Ihre alte Wunden, Ihre Verletzungen und wo braucht Ihre Seele noch heilsame Zuwendung? Wenn Sie möchten, beantworten Sie sich die Erkenntnis-Fragen, verinnerlichen Sie sich die Quintessenzen am Ende der jeweiligen Kapitel oder wagen Sie sich an die Übungen. Bedenken Sie bitte, Heilung braucht Zeit und Geduld. Dieses Buch bietet Ihnen eine Möglichkeit zur Wandlung der Narrative wie Angst, Mangel, Trennung und hilft Ihnen Freude, Fülle und Einssein zu integrieren. Es bedarf allerdings auch der Fähigkeit zur Differenzierung und Selbstkritik, um sich realistisch und objektiv zu erkennen. Dabei kann die Unterstützung eines Beraters oder Therapeuten sehr hilfreich sein.

„Sex ist nur der erste Schritt, nicht der letzte.
Aber wenn man versäumt, den ersten Schritt zu tun,
versäumt man natürlich auch den letzten."
OSHO

TEIL I

Von Ethik, Moral und Unmoral

1. UNTERSCHEIDUNGEN

„Einsamer, du gehst den Weg zu dir selber!
Und an dir geht dein Weg vorbei,
und an deinen sieben Teufeln.“
Friedrich Nietzsche

Der Mensch ist ein soziales Wesen und erfährt, im Normalfall von Geburt an Liebe, die Bereitschaft zum Verzicht und zur Fürsorge. Hätten wir diese Eigenschaften nicht so sehr ausgeprägt, dann wäre uns ein dauerhaftes Zusammenleben in Gemeinschaften gar nicht möglich. Sie haben sich im Laufe unserer menschlichen Evolution entwickelt und die Veranlagung dazu liegt demnach bereits in unseren Genen. So entstanden Ethik und Moral. Aber was ist nun der genaue Unterschied?

1.1. Was unterscheidet Ethik von Moral?

Der Begriff *Ethik* geht auf (wie das englische *ethics*) das griechische Wort *ethos* zurück. Das lässt sich mit »gewohnter Aufenthaltsort« übersetzen, im übertragenen Sinne mit »Brauch« oder »Gewohnheit«. Gemeint sind Bräuche, die zum Wohl der Gemeinschaft beitragen und für deren Mitglieder zur Gewohnheit werden sollten. Der Begriff *Moral* geht auf das lateinische Wort *mos* (Plural: *mores*) zurück. Es hat dieselbe Bedeutung wie *ethos*: »Brauch« oder »Gewohnheit«, in Bezug auf den Charakter[3] eines Menschen.

Ethik ist als ein Bereich der Philosophie zu verstehen, der sich generell mit den Voraussetzungen und der Bewertung menschlichen Handelns befasst

3. *Charakter*: Das moralische Wesen einer Person, der moralisch relevante Teil der individuellen Persönlichkeit. Nach Aristoteles reicht es nicht aus, das Richtige zu tun, um ein moralisches Leben zu führen […]. Vielmehr gehört auch dazu, einen tugendhaften Charakter auszubilden und somit eine gute Person zu sein. Barry Loewer: Philosophie in 30 Sekunden. Kerkdriel: Librero 2017, S. 80.

und ist das methodische Nachdenken über die Moral. Ethik beschreibt und beurteilt Moral kritisch. Moralvorstellungen sind konkret anders und werden dem Menschen kulturell, religiös und vom sozialen Umfeld eingeprägt und selbstverständlich finden wir Moral auch in den Rechtsnormen moderner Staaten, die ich aber hier nicht ausführen möchte.

Im täglichen Leben äußert sich Moral beispielsweise ganz konventionell in den „goldenen Regeln" einer praktischen Ethik und meint: „Behandle andere so, wie du von ihnen behandelt werden willst" oder als gereimtes Sprichwort: „Was du nicht willst, dass man dir tu', das füg auch keinem anderen zu." Weiteres in religiösen Handlungsvorschriften, wie etwa die uns vertrauten *„Zehn Gebote"*[4] des Christentum und Judentum, und, dem gleichgesetzt, wären die bei uns weniger bekannten *„Fünf Silas"*[5] des Buddhismus. Dabei handelt es sich um Regelungen zur Übung in Sittlichkeit, die auch die *„Vier edlen Wahrheiten"*[6] des *Siddhartha Gautama Buddha* enthalten – die Grundlage der buddhistischen Lehre, aus denen sich der Tugendabschnitt des *„Edlen Achtfachen Pfads"* rechte Rede, Handlung und Lebensweise, entwickelt hat.

---

4. Die *10 Gebote* laut Evangelischer Kirche: 1. Ich bin der Herr, dein Gott. Du sollst keine anderen Götter haben neben mir. 2. Du sollst den Namen des Herrn, deines Gottes, nicht missbrauchen. 3. Du sollst den Feiertag heiligen. 4. Du sollst deinen Vater und deine Mutter ehren. 5. Du sollst nicht töten. 6. Du sollst nicht ehebrechen. 7. Du sollst nicht stehlen. 8. Du sollst nicht falsch Zeugnis reden wider deinen Nächsten. 9. Du sollst nicht begehren deines Nächsten Haus. 10. Du sollst nicht begehren deines Nächsten Weib, Knecht, Magd, Vieh noch alles, was dein Nächster hat.

5. Die *Fünf Silas* ist die formale Annahme der fünf Tugendregeln und erfolgt durch die verbale oder zumindest geistige Wiederholung der einzelnen Regeln. Hier aus der Theravada-Tradition in Pali: 1. Ich nehme mich der Übungsregel des Abstehens Leben zu nehmen an. 2. Ich nehme mich der Übungsregel des Abstehens vom Stehlen (nehmen was nicht gegeben ist) an. 3. Ich nehme mich der Übungsregel des Abstehens von sexuellem Fehlverhalten an. 4. Ich nehme mich der Übungsregel des Abstehens vom Lügen (Unwahrheit Sprechen) an. 5. Ich nehme mich der Übungsregel des Abstehens von der Annahme berauschender Mittel, die zur Gewissenlosigkeit führen, an. Diese einfachen Regeln sind für jede Person, unabhängig von ihrem Alter, in ihrem Wahrnehmungsbereich anwendbar und natürlich von der Bewusstseinsentwicklung des Einzelnen abhängig.

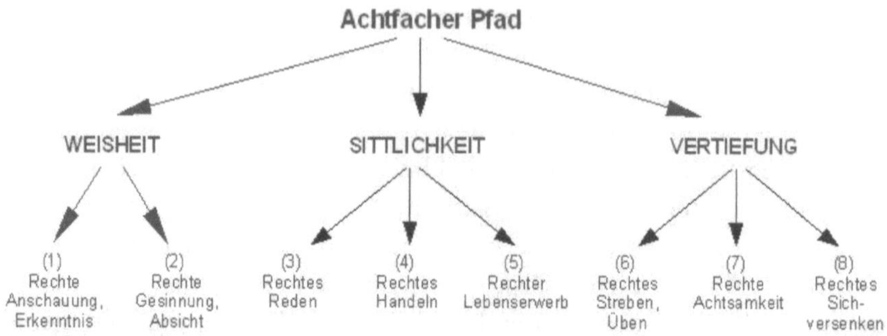

Abb. 1: Der edle Achtfache Pfad

Alle Ethik- und Moralvorschriften sind zurückzuführen auf Achtsamkeit im täglichen Verhalten und Miteinander. Der kleinste soziale Bereich des Menschen ist die Familie und hier wird im Kleinsten moralisch bestimmt, was sich gehört oder auch nicht. Also kann man sagen, dass ethische Richtlinien die Menschheit als das große Ganzes betreffen und moralische Regeln und Normen den kleineren Bereich des kulturellen und sozialen Umfeldes regulieren. So auch im Bereich Liebe und Sexualität. Beispielsweise ist es für den größten Teil unserer Gesellschaft moralisch verwerflich, wenn ein verheirateter Mann mit jemand anderen außer seiner Frau Sex hat oder natürlich auch umgekehrt. Aus ethischer Sicht ist dies aber völlig belanglos, solange die Handlung beider Personen auf

6. Die V*ier edlen Wahrheiten* oder V*ier Wahrheiten des geistig Edlen* bilden die Grundlage der buddhistischen Lehre. Sie sind der Kern von Siddhartha Gautamas erster Lehrrede (*Sutta*) in Sarnath, die als „Rede vom Ingangsetzen des Rads der Lehre" überliefert ist. „Es ist durch Nichtverwirklichen, durch Nichtdurchdringen der vier edlen Wahrheiten, dass dieser lange Kurs von Geburt und Tod weiter getragen und durchlebt von mir, wie auch von Euch, wurde. Was sind diese vier? 1. Da ist die edle Wahrheit über das Leiden; 2. die edle Wahrheit über die Ursache des Leidens; 3. die edle Wahrheit über die Beendigung des Leidens; 4. und die edle Wahrheit über den Pfad der Ausübung, der zur Beendigung des Leidens führt. Aber nun, so diese verwirklicht und durchdrungen wurden, das Verlangen nach Existenz abgeschnitten ist, zerstört das, was zu neuerlichem Werden führt, da ist kein frisches Werden mehr." Anm. K.W.: Dies beschreibt die Beendigung von Karma und Wiedergeburt.

Freiwilligkeit basiert.

1.2. Enttabuisierung und sexuelle Revolution

In unserer westlichen Welt beeinflussen die Massenmedien den gesellschaftlichen Diskurs über Sexualethik beinahe zur Gänze. In allen möglichen Medien, von TV bis Internet, in Serien und Unterhaltungsshows, aber auch auf Facebook, Instagram und Co werden diese vermeintlich brisanten Themen rund um Sex aufgegriffen. Dies trägt zwar wesentlich zur sexueller Selbstbestimmung und Sexualaufklärung bei, hat aber auch seine Schattenseiten. Kaum ein Bereich der Privatsphäre unterliegt einer derartig starken gesellschaftlichen Normierung wie die Sexualität. Wie sich Menschen außerhalb der Öffentlichkeit zueinander verhalten, welche Gefühle sie zueinander haben, was sie in der privaten, körperlichen Interaktion aneinander reizt und welche Handlungen daraus resultieren, ist trotz der intimen Situation in einen gesellschaftlich ethischen und moralische Diskurs eingebettet. Aus ihm resultieren mehr oder weniger stark Bedingungen, unter denen Sexualität stattfinden darf.

Lange Zeit war Sexualität ausschließlich an die Institution der Ehe gebunden, die nur zwischen Mann und Frau erlaubt war und keinesfalls gleichgeschlechtlich sein durfte. Das Geschlechtsleben wurde durch die kirchliche Sexualmoral vollkommen reglementiert und sexuelle Lust zum Selbstzweck, ohne die Absicht der Fortpflanzung, war dies aus kirchlicher Sicht gegen den göttlichen Willen gerichtet und galt als höchste Unmoral.

Augustinus von Hippo (354 bis 430 n. Chr.) verband die Sexualität mit der Erbsünde: „Jedes Kind trage durch die zum Zeugungsakt führende sexuelle Lust die Sünde der Ureltern Adam und Eva mit, die zur Vertreibung aus dem Paradies geführt habe.“ Geschlechtsverkehr außerhalb der Ehe war aus kirchlicher Sicht also eindeutig verboten, ebenso der unterbrochene Geschlechtsverkehr *(Coitus interruptus)*, gleichgeschlechtliche Beziehungen *(Homosexualität)* und auch Selbstbefriedigung *(Masturbation, Onanie)*.

Im Alten Testament wurde *Onan*, der nach alter Sitte die Frau seines verstorbenen Bruders schwängern sollte, von Gott mit dem Tode bestraft, weil er seinen Samen nicht in die Frau, sondern in den Sand ergoss, um eine Schwangerschaft zu vermeiden (Gen 38,8–10). Obwohl es sich eigentlich eher um Coitus interruptus handelte, wurde nach ihm die *Onanie* benannt. Beim Bruch dieser vorgegebenen Normen drohten nicht nur die Strafe Gottes oder soziale Verachtung, sondern sogar weltliche Konsequenzen die bis zur Todesstrafe führten.[7]

Bis zur *sexuellen Revolution* Mitte des 20 Jhdt. kommt jedenfalls folgende Moral deutlich zum Ausdruck: Sexuelle Lust ist auf gar keinen Fall Selbstzweck!

Die Enttabuisierung ist im Wesentlichen dem Vater der Psychoanalyse, *Sigmund Freud*[8], zu verdanken. Erst durch dieses aufdeckende Therapieverfahren wurde Sexualität ein Gegenstand der Wissenschaft und Forschung. Freud sah in der bis dahin unterdrückten Sexualität den Hauptgrund für die Entstehung neurotischer Störungsbilder und Krankheiten. Freud sprach sich, anders als sein Schüler *Otto Gross*, nicht für eine schrankenlose Entfaltung der Sexualität aus, sondern für eine gegebenenfalls situationsabhängige (nicht pathogene) Hemmung durch Sublimierung (Erhöhung). Er sah auch den Ursprung kultureller und sozialer Errungenschaften in der Sublimierung der Sexualität.[9]

Der Ausdruck *sexuelle Revolution* und dessen Kernbedeutung, geht ursprünglich auf Wilhelm Reichs[10] 1945 veröffentlichtes Werk *The Sexual Revolution* (deutsch 1966, erstmals jedoch 1936 unter dem Titel *Die Sexualität im Kulturkampf)* zurück. Reich kritisiert darin die aus seiner Sicht bigotte und verlogene Sexualmoral seiner Zeit. Nach Reichs Auffassung bringen Doppelmoral und Unterdrückung der vitalen sexuellen Triebe Persönlichkeitsdeformationen mit sich und führen so zu Frustration und Aggression. Diese werden jedoch verdrängt und hätten die Tendenz, sich

7. Gerhard Ammerer, Salzburg; Das Delikt der Fornikation und dessen Bestrafung. Das Habsburgerreich und Salzburg in der Frühen Neuzeit in BRGÖ 2019 Beiträge zur Rechtsgeschichte Österreichs.

8. Sigmund Freud, 1856-1939, war ein österreichischer Arzt, Neurophysiologe, Tiefenpsychologe, Kulturtheoretiker und Religionskritiker

9. Vgl. Kap. Sigmund Freud. In: Bernd A. Laska: Otto Gross zwischen Max Stirner und Wilhelm Reich. Aus: Raimund Dehmlow, Gottfried Heuer (Hrsg.): 3. Internationaler Otto-Gross-Kongress, Ludwig Maximilians-Universität, München. LiteraturWissenschaft.de, Marburg 2003, S. 125–162.

10. Wilhelm Reich, 1897-1957, war ein austro-amerikanischer Arzt, Psychiater, Psychoanalytiker, Sexualforscher und Soziologe.

ein Ventil in der Lust an Herrschaft und Unterwerfung zu schaffen. Nach Reichs Auffassung brächte eine Befreiung der Sexualität eine friedliche Veränderung der gesellschaftlichen Strukturen mit sich.

Das hieße Menschen, die in befriedigenden Zusammenhängen lebten, ließen sich nicht oder nur schwer in autokratische Herrschaftsstrukturen einbinden oder für gewaltsame Aktionen mobilisieren.[11] Ein interessanter Gedanke im Hinblick auf die aktuelle Krisensituation zwischen Russland und Ukraine.

Mit dem Begriff ‚Sexuelle Revolution' bringt man üblicherweise die Zeit der 68er-Bewegung in Verbindung, diese bezieht sich aber meist nur auf gesellschaftliche Umschwünge in der zweiten Hälfte des 20. Jahrhunderts. Sexuelle Revolution meint den historischen Wandel der öffentlichen Sexualmoral im Sinne einer Enttabuisierung sexueller Themen, einer zunehmenden Toleranz und Akzeptanz von sexuellen Bedürfnissen der Geschlechter, sowie ihrer sexuellen Orientierungen, unabhängig von einer institutionell oder religiös legitimierten Form.

Einen weniger geläufigen Begriff stellt die ‚Neosexuelle Revolution' dar und bezeichnet einen tiefgreifenden kulturellen Wandel der Sexualverhältnisse und der Sexualmoral in den Ländern der „westlichen Welt", der nach der sexuellen Revolution der Jahre der 68er-Bewegung einsetzte und nach wie vor andauert. Die Bezeichnung Neosexuelle Revolution stammt von dem Frankfurter Sexualforscher, Arzt und Soziologen Volkmar Sigusch. Laut Sigusch besteht die alte Sexualität, die er Paläosexualität nennt, vor allem aus Trieb, Wollust, Orgasmus und dem heterosexuellen Paar. Die Neosexualitäten dagegen bestünden vor allem aus Wollust und Selbstliebe, aus „Thrills" wie z. B. auf Love Parades[12] und Prothetisierungen wie beispielsweise durch Viagra[13]. Sie kreisten nicht um

---

11. Auszug aus Bernd A. Laska: *Wilhelm Reich, in Selbstzeugnissen und Bilddokumenten.* Rowohlt, Reinbek 1981; 6. Auflage 2008, plus Ergänzungen.

12. Die *Loveparade* war eine von 1989 bis 2010 veranstaltete Technoparade.

13. *Sildenafil* ist ein Arzneistoff aus der Gruppe der PDE-5-Hemmer, einer Gruppe gefäßerweiternder Substanzen. Große Bekanntheit erlangte er als Wirkstoff des 1998 von dem US-amerikanischen Unternehmen Pfizer unter dem Namen *Viagra* auf den Markt gebrachten Arzneimittels zur Behandlung der erektilen Dysfunktion (Erektionsstörung) beim Mann.

Fortpflanzung und deren Verhinderung, sondern um Geschlechterdifferenzen und deren Auslotung, um selbstoptimierte Souveränität.

Gegenwärtig erscheint es aber Sigursch so, als wandere die Sprengkraft von der sexuellen in die aggressive Sphäre, von der alten Libido zu einer neuen *Destrudo*[14], wenn an den zahllosen Missbrauch von Kindern durch Erwachsene, an den vielen Vergewaltigungen von Frauen durch gewalttätige Männer oder, bereits eindeutig entsexualisiert, an die Gewaltexzesse so genannter Fußballfans sowie deren jeweilige Diskursivierung gedacht werde.

„Die Umwälzung, die in den achtziger und neunziger Jahren erfolgte, ist vielleicht noch einschneidender als die, die mit der sexuellen Revolution einherging. Insgesamt scheint heute eine rasante Umwertung und Umschreibung der Sexualität stattzufinden. Die hohe symbolische Bedeutung, die die Sexualität um die Jahrhundertwende (vom 19. zum 20. Jh.), in den zwanziger Jahren und am Ende der sechziger Jahre hatte, scheint wieder reduziert zu werden, wenn wir nur an die Verheißungen der letzten Revolte denken. Damals wurde die Sexualität mit einer solchen Mächtigkeit ausgestattet, dass einige davon überzeugt waren, durch ihre Entfesselung die ganze Gesellschaft stürzen zu können, wie Wilhelm Reich (1936) versprochen hatte. […] Dass mit der „Befreiung“ erhebliche Fremd- und Selbstzwänge, neue Probleme und alte Ängste einhergingen, wollten die Propagandisten nicht wahrhaben.“ – VolkmarSigusch.[15]

So eröffnet die Neosexuelle Revolution zwar wieder neue Freiräume, aber installiert zugleich neue Zwänge. Allgemein verbindliche und durchgesetzte

---

14. *Libido Destrudo* Eros Thanatos Freud benannte zwei konkrete Triebe, die von entsprechenden Energien angetrieben werden: der Todestrieb (Thanatos), angetrieben von Destrudo; der Lebenstrieb (Eros), angetrieben von der Libido. Thanatos angetrieben von *Destrudo* = Selbstverachtung, Fremdverachtung, Hass, Vernichtungswillen, Auflösung des Lebens. Der Lebenstrieb Eros angetrieben von *Libido* = Antriebskraft, Sucht nach Lustgewinn in Betätigungsfeldern z.B. Freunde, Sex, Sport usw. (Libido will den Menschen zu einem lustvollen Wesen entwickeln, das viele Betätigungsfelder der Libido benutzt.)

15. *Volkmar Sigusch*: Neosexualitäten. Über den Wandel von Liebe und Perversion. Campus Verlag, 2005.

moralische Gebote existierten nicht mehr, somit dürfen bzw. müssen Paare oder Einzelne selbst entscheiden, was in sexueller Hinsicht moralisch akzeptabel ist. Würde das nun heißen, alles ist von der heutigen Gesellschaft erlaubt?

1.3. Perversion, Unmoral, falscher Glaube

Unter dem Begriff Perversion (von lat. perversus = verdreht, widersinnig, falsch) verstand man im Mittelalter vor allem einen „falschen Glauben" oder eine Abweichung des Glaubens, der nicht den Auffassungen der katholischen Kirche entsprach. Unter Perversion fiel demnach auch die Ketzerei als höchste Unmoral. Die Einstellung darüber, was eine Perversion ist, hat sich im Laufe der letzten Jahrzehnte erheblich verändert und wurde von gesellschaftlichen Regeln und Werten geprägt. Erst gegen Ende des 19. Jahrhunderts wandelte sich die Bedeutung des Begriffs und wurde zunehmend für den Bereich der Sexualität verwendet. Nach damaliger Auffassung verstand man unter „pervers" alle vermeintlich falschen sexuellen Verhaltensweisen.

Auf den Punkt gebracht: alles war falsch außer ehelicher Vaginalverkehr in der bekannten Missionarsstellung. Umgangssprachlich benutzt man den Begriff der Perversion oder „pervers" auch außerhalb der Sexualität für Taten und Meinungen, die als abartig oder gesellschaftlich inakzeptabel gelten. Nach heutigem Verständnis gelten als Perversionen im sexuellen Sinn immer noch alle Sexualpraktiken, die von der gesellschaftlichen Norm abweichen.

In der Wissenschaft, Medizin und Therapie gilt der Begriff als unsachgemäß und wird aufgrund der negativen Färbung in der Regel nicht mehr verwendet. Im Grunde kann man keine Aussage darüber treffen, welche sexuellen Praktiken als „falsch" und somit pervers gelten, da dies voraussetzen würde, dass es ein „natürliches", „korrektes" Sexualverhalten gibt. Man spricht stattdessen von abweichendem Sexualverhalten. Andere Fachbegriffe hierfür sind sexuelle Deviation beziehungsweise Devianz oder Paraphilie. Behandlungsbedürftig ist ein abweichendes Sexualverhalten ja vor allem nur dann, wenn die Person selbst unter ihrer Neigung leidet oder andere gefährdet. Dies kann zum Beispiel bei Paraphilien wie

Exhibitionismus, Pädophilie, Voyeurismus, Sodomie, Nekrophilie, oder Fetischismus der Fall sein.

Erkenntnis-Fragen

- Rechte Rede, rechte Handlung und rechte Lebensweise: Wie stehe ich dazu?
- Bin ich achtsam im täglichen Verhalten und Miteinander?
- Welche Tabus habe ich?
- Was bedeutet für mich persönlich „unmoralisch“ oder „pervers“?

2. Begriffe begreifen

Um den Lesern ein besseres Verständnis einiger zentraler Begriffe dieses Buches zu ermöglichen, möchte ich die folgenden Begriffe im psychologischen und spirituellen Zusammenhang definieren.

2.1. Geschlecht

„Geschlecht“ ist im Deutschen ein sehr umfassender Begriff und bezieht sich auf viel mehr, als der eingedeutschte englische Fachbegriff „gender“, der präzise die gesellschaftliche, also die soziale Dimension von Geschlecht benennt. „Geschlecht“ meint unter anderem das biologische, das gesellschaftliche oder sogar das Adelsgeschlecht. Bei „Geschlecht“ handelt es sich auch um ein geistiges Gesetz, dem siebten Prinzip der Hermetik und hat in der Esoterik, bei Mystiker und Okkultisten eine wichtige Bedeutung.

„Geschlecht ist in allem;
alles hat sein männliches
und sein weibliches Prinzip;
Geschlecht manifestiert sich auf allen Plänen."
Kybalion

So steht es im *Kybalion* geschrieben, einer Sammlung von Einweihungsschriften der Hermetischen Lehre bzw. Hermetik[16]. Das Wort *Geschlecht* ist verwandt mit „zeugen, erzeugen, schaffen, hervorbringen, Schöpfung“. Die Hermetik kennt insgesamt *sieben hermetische Prinzipien*[17].

16. *Hermetik* (auch *Hermetismus* und *Hermetizismus*) ist die neuzeitliche Bezeichnung für eine antike, vor allem in der Renaissance stark nachwirkende religiös-philosophische Offenbarungslehre. Der Name bezieht sich auf die mythische Gestalt des Hermes Trismegistos (altgriechisch Ἑρμῆς Τρισμέγιστος *Hermes Trismégistos*), des „dreifach größten Hermes“, der als der Wissensspender galt.

17. Die *sieben hermetischen Prinzipien* oder *hermetischen Gesetze* lauten: 1. Geistigkeit, 2. Entsprechung, 3. Schwingung, 4. Polarität, 5. Rhythmus, 6. Kausalität, 7. Geschlecht.

Das siebte hermetische Prinzip „*Geschlecht*“ enthält die Wahrheit, das sich in allem Geschlecht manifestiert, dass das männliche und das weibliche Prinzip in allem gegenwärtig und aktiv ist und sich in allen und jeden Lebensplänen ausdrückt.

Im *Daoismus*[18] wird es *Yin-Yang* genannt und stellt das Gleichgewicht der Natur dar. Die ganze Schöpfung ist das Werk dieser beiden Prinzipien. Es ist der Himmlische Vater als das Absolute und das Licht – und es ist die Göttliche Mutter als das Nicht-Offenbarte und die Finsternis. In der Bibel steht, der Mensch wurde nach dem Bilde Gottes erschaffen, das heißt nach dem Bilde dieser bei der Prinzipen, und enthält in seinem Wesen einen männlichen und einen weiblichen Teil. Der eine ist sichtbar, der andere verborgen, einer im Licht und der andere in der Dunkelheit.

In der *Analytischen Psychologie* fand *C.G. Jung*[19] dafür die Archetypen *Animus-Anima* und definierte so den männlichen und den weiblichen Aspekt der menschlichen Seele. Das heißt, jeder Mann ist äußerlich betrachtet männlich und trägt einen weiblichen Anteil in sich, und jede Frau trägt einen männlichen Aspekt in ihrem Inneren. Gut nachvollziehbar im männlich geprägten Verstand und der weiblichen Intuition. So stellt der Mensch den *Mikro-Kosmos*, gegenüber dem *Makro-Kosmos* dar. Sonne als das männliches und Mond als das weibliche Prinzip.

2.2. Sexualität

„Der Pfad der Ausschweifung führt zum Turm der Weisheit.“
William Blake

Zwischenmenschliche Sexualität wird in allen Kulturen meist als ein intimer Ausdruck der Liebe zwischen zwei Personen verstanden und dient nicht nur der Fortpflanzung an sich, sondern auch der Bindung. Sexualität zählt zu den menschlichen Grundbedürfnissen, und zwar sowohl in physiologischer als auch in sozialer Hinsicht. Mit S. Freuds Psychoanalyse entstanden zu Beginn des 20. Jahrhunderts neue Vorstellungen der Rolle

18. *Daoismus* oder *Taoismus* ist eine chinesische Philosophie und Weltanschauung und wird in China als eigenständige Religion angesehen.
19. *Carl Gustav Jung* (1875-1961), Schweizer Psychiater

von Sexualität wie: Sie sei ein natürlicher Trieb, ihre Auslebung befreiend, notwendig und positiv, ihre Unterdrückung hingegen erzeuge Neurosen. Wilhelm Reich, ein Schüler Freuds, führte die Sexualkritik weiter und widmete später seinem verehrten Lehrer die Schriften zu „Die Funktion des Orgasmus" in der er über die Notwendigkeit der Triebstimulierung für die kulturelle Entwicklung über Freuds Erkenntnisse hinaus ging.

2.3. Höheres Bewusstsein und Geist-Selbst

„Ich bin, weil ich erkenne - deshalb erkenne ich mich als der, der ich bin!"
Akron

Unser Alltagsbewusstsein ist geprägt von Dualität, vom ich und du, von einer Aufeinanderfolge von Zeit und Raum, von der Wahrnehmung der Welt in drei Dimensionen und der Beschränkung der Dimensionen auf die physische Welt. Alltagsbewusstsein kann beispielsweise durch Meditation transzendiert werden, um höhere Wahrnehmungen in einer höheren Wirklichkeit zu erfahren. Das höhere spirituelle Bewusstsein, *höheres Selbst* oder theosophisch ausgedrückt *höheres Manas,* ist das, was oftmals als Seele bezeichnet wird. Eine höhere, geistige Bewusstseinsebene unseres menschlichen Wesens, durch die wir als Mensch das Göttliche auf Erden zum Ausdruck bringen können.

Dieses höhere Bewusstsein stellt unsere ungebundene, freie, feinstoffliche Existenz und göttliche Energie dar, die wiederum ein Teil der göttlichen Schöpfung ist und über noch höhere Teile der Seele *Buddhi* und *Atman*[20] mit der Urquelle allen Seins *Parabrahman*[21], verbunden ist. Ein Ausdruck dieses

---

20. *Buddhi*, Einsicht, Unterscheidungskraft, Vernunft, Geist. In der Sankhya-Philosophie ist die Buddhi eines der 25 Tattvas. Höchste Fähigkeit des Menschen in der materiellen Welt. Eine weitere Bezeichnung für die Buddhi ist Mahat. Atman, bedeutet Hauch, Seele, das (höchste) Selbst, Wesen, Natur. Atman ist die unsichtbare Grundlage, die Weltseele. Atman ist der göttliche Funken in jedem Menschen und frei von jeglicher Bindung. Er handelt nicht, besitzt nichts, stirbt nicht. Er ist unsterblich. Er ist das Wesen des Individuums, der Zeuge, jenseits von Zeit und Raum.

höheren Bewusstseins ist beispielsweise das Erkennen und Erleben von Verbundenheit mit der gesamten Existenz. Zwischenmenschlich zeigt es sich in der Fähigkeit zu Mitgefühl, Frieden, Achtsamkeit und bedingungsloser Liebe.

2.4. Psyche und Seele

„Und meine Seele spannte weit die Flügel aus,
flog durch die stillen Lande als flöge sie nach Haus."
Mondnacht, J. v. Eichendorff

Was ist Seele? Und was ist Psyche? Die „*Psyche*" wird in der Theosophie mit *Manas* (niederes/höheres Bewusstsein) gleichgesetzt, die Seele mit *Buddhi* (dem „Vehikel") und die höhere Seele mit *Âtmâ* (Geistseele)[22]. In der griechischen Philosophie ist „Psyche" gleichbedeutend mit „Seele" und bedeutet Wind, Luft, Atem, Hauch, Lebenshauch. Die Begriffe Seele und Psyche werden teilweise in der Fachliteratur als Synonym verwendet, obwohl sie im Sprachgebrauch unterschiedlich sind. Es ist wichtig, die Bedeutung von „Seele" oder „seelisch" und „Psyche" oder „psychisch" zu unterscheiden, was nicht immer leicht ist, da sie ja nicht voneinander getrennt sind.

Als *Psyche* kann man den „psychischen Apparat" nach Freuds Strukturmodell (Es, Ich, Über-Ich) bezeichnen, also die funktionalen Aspekte unserer Innenwelt. Die Psyche umfasst unsere Persönlichkeit mit ihrem individuellen Charakter, sowie die Gesamtheit der Gefühle, Emotionen und auch die Bedürfnisse und Verhaltensmuster einer sterblichen Person.

---

21. *Parabrahman*, ist eine der vielen Bezeichnungen für das Höchste, das Absolute. Parabrahman ist das hinter aller Form, hinter allen Namen Seiende. Es ist der stille Zeuge, reines Bewusstsein.

22. Atman oder *Âtmâ* (Geist). *Buddhi* (Seele), sein Vehikel, wie die Materie das Vâhan des Geistes, und *Manas* (Gemüt), das dritte, oder das fünfte mikrokosmisch. Auf der Ebene der Persönlichkeit ist Manas das erste. (Blavatsky Geheimlehre II, S.97 (Pt.34) digital - www.academia.edu)

Wir gehen mit Problemen oder Störungen der Psyche (Neurose) zum Psychotherapeuten und bei einer psychischen Erkrankung (Psychose) zum Psychiater.[23]

Als *Seele* kann man den spirituellen, *ewigen* Aspekt in uns bezeichnen. Das höhere Bewusstsein, die universelle Energie, die alles pulsierend durchströmt und erfüllt. Im *Transpersonalen Verständnis* kann Seele auch als das *energetische Feld* verstanden werden.

Die „Quelle" als geistige Repräsentanz aus der *Varda Hasselmann*[24] schöpfte, formuliert folgende Unterscheidung zwischen Seele und Psyche: „Mit *Seele* wird der unsterbliche, überdauernde Aspekt und mit *Psyche* ein nicht-materielles Organ des Körpers bezeichnet {...}, das sich erst in Kindheit und Jugend herausbildet. Die Psyche wird einem Verdauungsorgan gleichgesetzt, und ihre Aufgabe ist die Verarbeitung von Ängsten {...}. Psyche und Seele *wirken* zwar bei jedem von uns *zusammen*, sind aber doch ganz verscheiden zu verstehen. Die Psyche kann ihre festhaltende und unverdaute Angst zunehmend abbauen, die Seelenstruktur aber beschreibt ein dem Menschen *immer zur Verfügung stehendes Potential*, dessen Wirkung auf unsere Existenz im Körper möglichst zu verstärken ist." (Vgl. Hasselmann/ Schmolke, S. 10f, 16)

Unsere *Psyche* verarbeitet Traumen (*Traumata*), balanciert Gefühle und gestaltet die Entwicklungsprozesse unserer Persönlichkeit. *Seele* bezeichnet auch eine ganzheitliche Kraft die vielmehr von Liebe und tieferer Sinnhaftigkeit geprägt ist als die Psyche.

„Seele ist die grundlegende, allumfassende Energie des Kosmischen Lebensursprungs; sie ist das grenzenlose Bewusstsein, welches sich im Selbst des Menschen und in allen lebenden Wesen der gesamten Schöpfung

---

23. Der Unterschied zwischen *Neurose* und *Psychose*: Bei einer Neurose ist keine organische Ursache erkennbar. Abzugrenzen von einer Neurose (Ängste, Zwänge usw.) ist die Psychose (Arten der Schizophrenie, anhaltende Wahnstörungen). Dem *Neurotiker* ist seine Störung bewusst. Der *Psychotiker* hingegen nimmt die Realität gestört wahr – und ist sich dessen nicht bewusst.

24. *Dr. Varda Hasselmann*, Buchautorin, geboren 1946, bereitete sich nach dem Studium der Literaturwissenschaft und Mittelalterkunde zunächst auf eine Universitätskarriere vor. Doch sie folgte ihrer Berufung und machte ihre mediale Begabung zum Beruf. Seit 1983 arbeitet sie als *Trancemedium*, gibt Seminare und hält Vorträge.

verkörpert und schließlich wieder nach deren Tod entkörpert und in das kosmische Seelen-Feld zurückkehrt. Die Seele will gestärkt werden, dazu braucht es Seelen-Bewusstheit und kontinuierliche Seelenpflege." (Vgl. Croissier, S.95)

Platon spricht von der (Menschen-)Seele als Kugel, die in zwei Teile zerfällt, einem männlichen und einem weiblichen Teil. Hier ist sie die paradiesische Einheit, die sich um der Erkenntnis willen spaltet und sich im Irdischen in der gesamten Schöpfung manifestiert. In der Bibel ist es die Vertreibung aus dem Paradies.

Im 16. Jhdt. übernimmt das platonische Bild des Kugelmenschen der französische Gelehrte und Mystiker *Guillaume Postel*. Er postulierte, dass die Seele des Menschen zwei Teile habe, einen männlichen und einen weiblichen Teil, Animus und Anima.

Die männliche Hälfte sei bereits durch Christus erlöst, die weibliche Hälfte, Anima, warte noch auf die Erlösung durch einen weiblichen Heiland. Im theologischen Verständnis jener Zeit hatten nur Männer eine Seele, Frauen galten als „seelenlose Tiere". Guillaumes Postulat einer beseelten Frau war demnach unerhört revolutionär und gotteslästerlich. Und der arme Guillaume, der Frauen eine Seele, wenn auch nur eine unerlöste, zusprach, wurde selbst Opfer der Inquisition. (Vgl. Walker, S. 39)

Im materialistisch-patriarchalen Weltverständnis sind Erde und Universum eine komplexe Anhäufung von Materie und ist aus Zufallsprozessen entstanden. Für die Menschen der alten Kulturen, und ebenso für spirituell bewusste Menschen der heutigen Zeit, ist alles eine beseelte Welt, ein beseeltes Universum und eine erfahrbare Wirklichkeit. Das alte Wissen um die allseitige Beseeltheit der Schöpfung bezeichnet man als „*Animismus*". Dieser Begriff leitet sich von Anima ab, das „Seele", „Atem", „Hauch der Göttin" bedeutet. Es ist die Ebene des magisch-mythischen Bewusstseins, die erkennt, die gesamte Natur ist seelen-voll und voller Seelen: Tiere und Pflanzen, Bäche und Flüsse, Berge und Bäume, Sonne, Mond und Planeten, die Elemente und auch Natur-Wesenheiten sind ebenso wie der Mensch, alles beseelte Wesen, die auf der Seelen-Ebene miteinander verbunden und *eins* sind. Die gesamte Natur wird im Animismus als von göttlicher Kraft durchdrungen erlebt, wird geehrt und geachtet. All-Verbundenheit und All-Bezogenheit existiert und pulsiert energetisch-rhythmisch als Austausch aller Wesen, die sich gegenseitig in einem formenden und schöpferisch-gestaltenden Prozess befinden – das ist Leben.

Die meisten Menschen sind rational kultiviert und haben verlernt mit jedem Wesen eine freundliche und ebenbürtige Beziehung zu führen. Sie haben verlernt mit Tieren und Pflanzen zu sprechen. Sie haben sich selbst vom Leben abgeschnitten, sind aus dem „Netz des Lebens“ gefallen. So verroht die Menschheit und verfällt zusehends. Um uns wieder vom Lebensnetz getragen zu fühlen, um wieder in der All-Verbundenheit anzukommen, ist Mitgefühl – Liebe im höheren Bewusstsein – der Schlüssel.

2.5. Formen der Liebe

Das Wort „Liebe“ will differenziert betrachtet werden, damit wir verstehen können, welche Ebene der Liebe in welchem Zusammenhang gemeint ist. Aus der griechischen Philosophie kennen wir sieben Arten der Liebe. Eros, die sinnliche Liebe; Philia, die Freundesliebe; Agape, die selbstlos fördernde Liebe; Storge, die familiäre Liebe; Ludus, die spielerische Liebe, Pragma, die lebenslange Liebe und Philautia, die Selbstliebe.

Platon hat dargestellt, wie sich Liebe über die drei Stufen Eros, Philia und Agape, in denen sich die seelischen Wesensglieder (Auraschichten) des Menschen widerspiegeln, bis hin zu ihrer höchsten Form steigert:

Éros, die *sinnlich-erotische Liebe*, bezeichnet das leidenschaftliche Begehren des geliebten Wesens, verbunden mit dem Wunsch, auch selbst geliebt zu werden. Sie ist Ausdruck der Empfindungsseele (Ätherkörper).

Philía, die *Freundesliebe*, die auf gegenseitige Anerkennung und gegenseitiges Verstehen gegründet ist, wurzelt in der Verstandes- oder Gemütsseele (Emotional- und Mentalkörper). Zu dieser Ebene gehört auch jene Form der Liebe, die Platon *Stoika* genannt hat und die auf bestimmte sachliche Interessen bzw. Tätigkeiten, quasi auf eine Lieblingsbeschäftigung, gerichtet ist.

Agápe, die *selbstlos fördernde Liebe*, die als reine Nächstenliebe, bis hin zur Feindesliebe, ohne jeglichen Eigennutz auf das Wohl des geliebten Wesens gerichtet ist. Sie geht von der Bewusstseinsseele (Kausalkörper, Buddhi) aus, die sich bereits dem Geistselbst (Âtmân) zuneigt.

Im modernen Sprachgebrauch bedeutet der Ausdruck *platonische Liebe*, dass die Liebenden nur durch ihr wechselseitiges geistig-seelisches Interesse, aber nicht durch ein sexuelles Begehren miteinander verbunden sind.

Mitgefühl bedeutet, sich in andere Menschen (eigentlich in alle Lebewesen) hinein zu versetzen und auch in tätiger Nächstenliebe und Unterstützung, wohltätig mitzufühlen. Mitgefühl äußert sich im Zuhören und im Vergeben können. Mitgefühl drückt sich in tröstenden Worten, Umarmungen und dem Wunsch, anderen zu helfen, aus. Im Deutschen wird gerne unterschieden zwischen *Mitleid* und *Mitgefühl,* obwohl andere Sprachen hier keinen Unterschied machen. Mitgefühl ist auch *Empathie*, die Fähigkeit, mit einem anderen Menschen zu fühlen, ohne ganz in das Leid des anderen mit hineingezogen zu werden. Mitgefühl spielt in allen spirituellen Traditionen als Ausdruck spiritueller Erfahrung eine große Rolle.

Man kennt auch den Begriff *bedingungslose Liebe.* Sie ist reines Mitgefühl und wie der Name schon sagt, stellt sie keinerlei Forderungen oder Bedingungen. Sie kennt keine Form, keine Grenzen und ist auch nicht an ein Objekt gebunden das es zu lieben gilt.

Diese besondere Art der Liebe ist kein Gefühl an sich, eher ein innerer Zustand. Sie kommt aus dem höheren Bewusstsein, aus dem Bereich der Seele, die wiederum aus dem Göttlichen stammt. Der spirituelle Schüler kultiviert Mitgefühl und bedingungslose Liebe auf seinem inneren Weg ganz bewusst um Fortschritte zu machen. Sie bewirkt Herzöffnung, Bewusstseinserweiterung und spirituelle Verwirklichung. Sie ist in jeder Hinsicht die höchste Form der Liebe, die für einen Menschen, hier auf Erden, erfahrbar ist.

Erkenntnis-Fragen:

- Was bedeutet für mich Sexualität und wie gehe ich damit um?
- Was weiß ich über (m)ein höheres Bewusstsein?
- Wie würde ich „Seele" und „Psyche" für mich beschreiben?
- Wie lebe ich die unterschiedlichen Formen derLiebe?

Letztendlich strebt jede Liebe im Menschen nach Entwicklung, nach

Höherem. Denn das, was jeder im anderen zu finden hofft, ist Liebe und nicht „nur" einen Mann oder eine Frau. Ist es ja bekanntlich Tatsache, dass ein Mann seine Frau verlässt oder umgekehrt, weil er die Liebe bei einer anderen fand. Findet er sie nach gewisser Zeit auch dort nicht mehr, sucht er weiter bei einer dritten und so fort. Also, was wir suchen ist Liebe in einer höheren Form und nicht nur Sex. In ihrer niederen Form sehen wir den Partner als Projektionsfläche für unsere Wünsche, Erwartungen, und er muss Leistung erbringen.

Wirkliche, wahrhaftige Liebe ist im ganzen Weltall vorhanden, nur wir wissen zu wenig davon. Die höhere Liebe, wie auch das höhere Bewusstsein hängt naturgemäß auch mit Sexualität zusammen bzw. baut darauf auf. Wer also auf der Suche nach wahrhaftiger spiritueller Liebe ist und nach geistiger Höherentwicklung strebt, kommt auch nicht am Thema Sexualität vorbei, obwohl das im Besonderen die Religionen verneinen und Keuschheit zur Seligwerdung sogar voraussetzen. Aber ist das wirklich so? Dem möchte ich des Weiteren in der geheimen Symbolsprache nachgehen.

Ich bin die Zauberin, deren Zauber die Träume
des Bewusstseins schafft:
Alles ist in allem – nichts ist in mir!
Akron

Teil II

Mystische Symbolik

3. Mythos, Kult und Symbol

„Wenn die Seele etwas erfahren möchte,
dann wirft sie ein Bild der Erfahrung vor sich und tritt in dieses ein.“
Meister Eckhart

Wie wir wissen, beschreibt die Mythologie Götter- und Heldengeschichten und ist auch mit Mystik, dem direkten Erleben dieser göttlichen Realitäten verbunden. In unserem Sprachgebrauch verwenden wir das Wort „mythisch“ nicht selten im Sinne von erfunden, erdacht, unwahr, fantastisch, also den Naturgesetzen widersprechend. „Mythos“ heißt im Griechischen „Wort“ und steht polar zu „Logos“, was ebenfalls mit „Wort“ übersetzt wird und von dem sich die „Logik“ ableitet. Das Wort „Mythos“ stand ursprünglich jedoch in einem ganz anderen Zusammenhang. Das entsprechende griechische Verb heißt mythologein (μυθολόγος) und dieses bedeutet so viel wie „den wahren Sachverhalt erzählen“. Mythos ist also eine Erzählung über etwas Wahres, Wesentliches und Tatsächliches im Gegensatz zu „Logos“, was sich mehr auf Gedachtes bezieht. Der Begriff Mythos wurde daher ursprünglich nicht einfach auf eine fantastische oder wunderbare Geschichte oder Erzählung angewandt, sondern er war für ganz bestimmte Erzählungen, denen man den Charakter der Heiligkeit zumaß, vorbehalten. Diese Geschichten enthielten die Offenbarung des Göttlichen, des Transzendenten oder des Numinosen. Nicht der Mythos erzeugt oder erfindet das Göttliche, sondern das Göttliche offenbart sich im Mythos, tritt in ihm und durch ihn in Erscheinung.

Unsere materialistische Weltanschauung hat es sich zur Gewohnheit gemacht, jedes Phänomen auf das niederste, nämlich auf das allein ihr bekannte Niveau zu reduzieren. Doch mit solchen reduzierenden Theorien werden wir dem Mythos und den symbolischen Bildern, die mehr sind als bloße Gegebenheiten, nicht gerecht. Der Entstehungsort von Symbolen und Mythen liegt am anderen Ende des Kontinuums. Für den geistigen Menschen ist niemals die materielle Welt der Erscheinungen

Ausgangspunkt seiner Überlegungen, sondern bestenfalls Endpunkt. Ausgangspunkt ist das Nichtsichtbare, das Numinose, das Göttliche, das zurecht als einzig Wirkliches betrachtet werden kann, denn alles Materielle und Formale ist endlich und vergänglich. Die Gottheit steht am Anfang, denn „am Anfang war das Wort", und dieses Wort wird Fleisch, verdichtet sich also hinein in die Form, in die materielle Verhüllung.

Somit ist für den „mythischen Menschen" die sichtbare Welt mit all ihren Aspekten die in die Sichtbarkeit getretene göttliche Wirklichkeit, die sich durch die Form offenbart. Der mythische Mensch fühlt sich durch die Welt immer angesprochen und gemeint. Er sieht sich niemals durch eine neutrale Distanz von ihr getrennt, sondern er bezieht die Welt immer auf sich. Er erlebt das Sichtbare als Ausdrucksform des Unsichtbaren und ist bemüht, Sinn und Bedeutung zu erkennen. Dies ist eine völlig andere Grundhaltung der Welt zu begegnen. So wie der klassische Wissenschaftler daran interessiert ist, die atomare Struktur eines Stoffes zu enträtseln, so will der mythische Mensch die Bedeutung von etwas enträtseln. Er fühlt sich von der Gottheit angesprochen durch das Vehikel der Form. Die sichtbare Welt ist somit die Sprache des Unsichtbaren, der Gottheit. Fühlt man sich angesprochen, so versucht man zu verstehen, zu deuten und dann zu antworten. Aus dem Angesprochenwerden fühlt man den Anspruch und will Antwort geben. Dies ist die Verantwortung des Menschen. Verantwortlichkeit entsteht nur dort, wo man einem Anspruch antwortet. Im Moment des Antwortens entsteht Ausrichtung und Hinwendung – es entsteht Orientierung. Die Beliebigkeit verschwindet und der Mensch erfährt sich in der göttlichen Ordnung, in einem Kosmos.

Dieser erfahrene Bezug zum Göttlichen spricht sich in Worten aus und gerinnt zur Sprache. Der Mythos ist geboren, die heilige Geschichte die von einer Wahrheit kündet, dem Mystiker (Mystik) erlebbar werden kann und sich daher unseren Kategorien von richtig und falsch entzieht. Im Mythos erfahren wir vom göttlichen Anspruch an den Menschen, im Kult antwortet der Mensch der Gottheit. Er antwortet im Kult auf die gleiche Weise, wie er angesprochen wurde – durch die Form als Ausdruck von „Sprache". Die kultische Handlung ist genauso symbolhaft, wie die ganze Welt symbolhaft erlebt wird.

Symbole sind wesentlich älter als unsere Schrift und sind tief im

Unterbewusstsein der Menschen verankert. Symbole sind Raum für die Entfaltung der eigenen Fantasie und für unser Vorstellungsvermögen. Ob wir uns darüber bewusst sind oder nicht, ein Symbol löst immer ein Gefühl oder eine Assoziation in uns aus. In der Kunst sind Symbole Sinnbilder, die sich unterschiedlich interpretieren lassen. Paul Klee, ein sehr bekannter deutscher Maler und Grafiker, formulierte treffend: „Kunst gibt nicht das Sichtbare wieder, sondern Kunst macht sichtbar." Die Welt als Symbol zu erfahren, ist die höchste und entwickeltste Form von Welterfahrung. Das Symbol, vom griechischen Verb symballein (συμβολλέιν) stammend, das soviel heißt wie „zusammenwerfen", ist eben das, was die Kluft zwischen Mensch und Gott, zwischen Sichtbarem und Numinosen überbrücken kann. So wie für uns Buchstabe oder Zahl sichtbares Vehikel ist, um uns den Zugang zu einem Gedanken oder einer Idee zu vermitteln, so ist die Welt das sichtbare Vehikel, um Zugang zur geistigen Wirklichkeit zu finden. Die Kluft, die sich zwischen dem Sichtbaren und dem Unsichtbaren auftut, können wir dann überbrücken, wenn wir das Sichtbare als Symbol begreifen. So betrachtet wäre die Welt der große Kult der Gottheit, auf die der Mensch mit seinen kultischen Handlungen antwortet, um so in Verbindung mit dem Unsichtbaren zu bleiben. Hieraus sollte verständlich werden, dass Mythos und Kultus zwei Aspekte ein und derselben Sache sind und es daher keinen Mythos ohne Kult gibt oder umgekehrt.

Mythos und Kult sorgen somit für echte Religion im Sinne von Rückbindung zum Urgrund, zur Wirklichkeit des Seins, die niemals allein von dieser Welt sein kann. Nicht zufällig leitet sich das Wort Kultur von Kult ab und so stellt sich die Frage, ob wir überhaupt eine „echte Kultur" haben? Wir haben keinen Kult, somit auch keine Kultur in diesem Sinne, sondern eher einen „Kulturbetrieb". Wir haben unsere „Kultur" entstellt, verweltlicht, säkularisiert, ohne zu bemerken, dass wir damit die wirkliche Kultur verloren haben, denn diese hat immer einen Bezug zum Transzendenten. Hier sollte nicht unerwähnt bleiben, dass (vielleicht alle?) Probleme unserer Zeit von Bereichen genährt werden, die früher kultisch gebunden waren, während sie heute, ohne diese Bindung, ganz profan gelebt werden wie Orgien, ekstatische Feste, Rauschmittel und auch Alkohol. Der Mythos als Abbild der ganzen Wirklichkeit enthält jedoch alles, somit auch Wahnsinn, Eifersucht, Betrug, Raserei, Mord, Rache, ohne dass diese Bereiche wertend aus der göttlichen Gesamtordnung ausgeschlossen würden. Der Kosmos umschließt das ganze Sein – ein Gedanke, mit dem sich vielleicht nicht jeder befreunden kann. Da der Kult aber der menschliche Nachvollzug der göttlichen Ordnung ist, enthält auch er alle Seinsbereiche und kann diese bearbeiten, ohne aus der Gesamtordnung zu fallen. Ordnung ist Balance, Gleichgewicht. (Vgl. Dethlefsen 2017, S. 18 ff)

„Das Werdende, das ewig wirkt und lebt,
umfass' euch mit der Liebe holder Schranken,
und was in schwankender Erscheinung schwebt,
befestigt mit dauernden Gedanken."
J.W. v. Goethe

3.1. Schlange und Drache in Märchen und Mythen

Das Bild der Schlange oder auch des Drachen, die symbolisch in etwa dasselbe bedeutet, trifft man in vielen Mythen und Legenden bei fast allen Völkern dieser Erde an. Schon den Ägyptern galt die Kobra als heiliges Tier und sie zierte die Häupter der großen Pharaonen. Die Tolteken, Azteken und Maya in Süd- und Mittelamerika kannten *Quetzalcoatl* die gefiederte Schlange, die als Schöpfergott verehrt wurde. Im antiken Europa verehrte man Asklepios als Gott der Heilkünste. Sein Stab, umschlungen mit einer Natter (*Äskulapnatter*) weist ihn als *chthonische Gottheit*[25] aus, die Leben und Fruchtbarkeit spendet. Von China bis Amerika symbolisieren Schlangen und Drachen die mächtige (sexuelle) Urkraft und deshalb galten sie seit jeher für den „normalen Menschen" als unbesiegbar. Im Buch der Psalmen (Ps 104, 26) lesen wir vom *Drachen Leviathan* als *„der sich Windende"*, ein kosmisches Seeungeheuer das beim jüngsten Gericht alle Sünder verschlingt und nur von Gott selbst besiegt werden kann.[26]

Nicht nur Mythen aus aller Welt, sondern auch unsere europäischen

---

25. *Chthonische Götter* oder *Chthonioi,* altgriechisch Χθόνιοι θεοί, Χθόνιοι *Chthónioi theoí, Chthónioi*; von χθόνιος *chtónios*, deutsch 'der Erde zugehörig', sind in der griechischen Mythologie sowohl alle die Unterwelt repräsentierenden, todbringenden Götter als auch jene, die Leben und Fruchtbarkeit spenden.

Märchen erzählen von Drachen die schöne, unschuldige Prinzessinnen rauben. Die Prinzessin weint bittere Tränen und fleht den Himmel an, er möge ihr doch einen Ritter senden, der sie befreit. Die Helden, die kommen, werden einer nach dem anderen verschlungen und der Drache rafft ihre Reichtümer an sich und versteckt sie in dunklen Gewölben des Schlosses. Aber eines Tages kommt ein junger Prinz, ein Ritter, schöner und edler als alle andern, dem eine Zauberin das Geheimnis enthüllt hat, wie er den Drachen bezwingen kann.

Die weise Frau offenbarte dem Ritter, wo des Drachen Schwächen sind und wie man ihn verwunden oder gar besiegen kann. So geschieht es, dass die Schätze, die über lange Zeiten im Schloss angehäuft wurden, geborgen werden. … und sie lebten glücklich und zufrieden bis an ihr Lebensende. Jedes Kind kennt Geschichten über böse Drachen und falsche Schlangen, aber was wissen wir wirklich über ihre tiefere Bedeutung?

In Teilen Indiens werden auch heute noch Schlangen verehrt. Die Kobra galt im Besonderen buddhistischen Mönchen und Hindus als heilig. Meister *Peter Deunov*[27] erzählt in seinen Tagesgedanken folgende Geschichte über Buddha:

„Eine Sage erzählt, dass Buddha sich eines Tages in ein wunderschönes junges Mädchen verliebte. Er liebte das göttliche Prinzip in ihr. Doch einmal, als er sie voll Bewunderung betrachtete, wurde er von ihrer Schönheit so verzaubert, dass er, ohne es zu merken, einschlief. Da auf das Mädchen Arbeit wartete, verlies es ihn; anders gesagt, das göttliche Prinzip in ihr entfernte sich. Zurück blieb nur ihre menschliche Natur, was man Astralfrau nennt. Diese umwand ihn einer Schlange gleich und ließ ihn nicht mehr los. Buddha besaß ein großes Wissen, jedoch in diesem Falle war das einzige Mittel sich zu befreien die Demut, nämlich die Fähigkeit, sich klein und unscheinbar zu machen. Bislang verstand er sich aufs Größerwerden und Wachsen. Um jedoch der Schlange zu entkommen, musste er kleiner werden oder aber sterben. Nach und nach machte er sich

---

26. Eine ähnliche Vorstellung findet sich in der Gnosis, und ich finde die Deutung passt sehr gut in unser aktuelles Weltgeschehen. Dort umfasst der Leviathan die erschaffene Welt und trennt sie vom Pleroma der lichten Welt und Sitz der Götter und verschlingt die Seelen jener, die die materielle Welt nicht verlassen wollen.

27. *Petar Konstantinow Danow* (*Peter Deunov*) 1864-1944, war unter dem Namen *Beinsa Duno* ein bulgarischer spiritueller Lehrer und Gründer der okkultistisch-religiösen Gemeinschaft *Universelle Weiße Bruderschaft*.

kleiner, bis von ihm fast nichts mehr übrig blieb und er so der Schlange entrann.“

In dieser Erzählung wäre Buddha beinahe der Schlange erlegen. Interessant, dass auch ein so großer Meister wie Buddha mit einer Schlange zu kämpfen hatte. Ja, alle Eingeweihten mussten diesen Kampf führen und letztlich auch diese Prüfungen bestehen, um auf höhere Erkenntnisebenen zu gelangen. Früher oder später kommt jeder Mensch in seiner Entwicklung an diesen Punkt.

Die Schlange lauerte nicht außerhalb des Menschen, sondern in seinem Inneren. So wie in unseren Märchen beschrieben ist sie das Symbol der Sexualkraft, das Schloss ist der physische Körper und auch sein *Astralkörper*[28], die Prinzessin ist die Seele, welche der Ritter als das Ego des Menschen, befreien muss. Die Waffen, mit denen er den Drachen bekämpft, sind die Mittel, über die er verfügt, das heißt über Wille und Wissen, um diese Kraft zu bändigen. Dies ist die ewig gültige Sprache der Symbole.

Aber am Ende kommt noch ein wesentlicher Punkt: Der Ritter könnte den besiegten Drachen nutzbringend als seinen Diener einsetzen. Er könnte ihn zähmen, zu seinem Reittier machen und mit ihm durch das Universum reisen. Aber nein – er tötet den Drachen.

Sexualität wurden in den alten Mythen auch noch mit anderen Tieren verbunden. In der abenteuerlichen Sage von *Theseus* steht *Minotaurus*, der starke und fruchtbare Stier, für die Sexualkraft. Dank des Fadens, den Ariadne ihm gab, fand Theseus durch das Labyrinth und tötete den Minotaurus, die niedere Natur, die eingespannt werden soll wie ein Ochse, um die Erde zu bearbeiten und fruchtbar zu machen. Das Labyrinth hat dieselbe Bedeutung wie das Schloss als der physische Körper. *Ariadne* steht für die Seele, die den Menschen zum Sieg führt.

28. Der Astralkörper oder Astralleib ist der eigentliche Seelenleib des Menschen, gleichsam die Substanz, aus der die menschliche Seele gewoben ist. Er ist der Träger des Bewusstseins, der von Begierden ergriffenen Triebe und Empfindungen und des Egoismus. Triebe haben zwar ihren Ursprung im Ätherleib, sind aber seit dem Sündenfall teilweise so stark mit dem Astralleib verbunden, dass man diesen auch mit Recht als Trieb- und Empfindungsleib bezeichnen kann.

3.2. Die Kundalini-Schlange

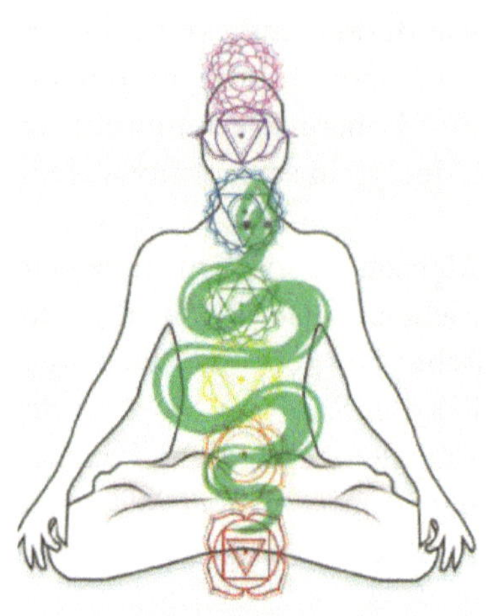

In der tantrischen Lehre[29] Indiens wird die Sexualkraft als Schlangenkraft oder *Kundalini*, von *kundala* „gerollt, gewunden", bezeichnet. Manchmal auch als *Shakti*, eine Erscheinungsform der Göttin Devi, die unter anderem die mütterlichen Reproduktionskräfte repräsentiert. Sie ist die Kraft, die der *Mater*, der Materie am nächsten steht und bildet die Brücke zwischen der physischen und astralen Substanz. Als *Kundalini-Feuer* verbindet es den physischen Körper mit dem Astralleib und als *Kundalini-Licht* offenbart sie das Astrallicht, das aus dem Inneren kommt, die geistige Welt beleuchtet und so die geistige Wahrnehmung erweckt.

Es ist die göttliche Kraft in ihrer individuellen Verkörperung im Menschen. Sie wird symbolisiert durch eine in dreieinhalb Windungen zusammengerollten Schlange, die am Ende der Wirbelsäule, im *Wurzel-Chakra*[30], ruht.

Wird sie erweckt, kann sie aufsteigen bis zum Scheitelpunkt des *Kronen-Chakra*[31] und zur höchsten Kraft der Liebe werden oder aber, sie wird im niederen Bereich zur im höchsten Maß gesteigerten Begierde.

---

29. *Tantra*, „Gewebe, Kontinuum, Zusammenhang" oder Tantrismus bezeichnet verschiedene Strömungen innerhalb der indischen Philosophie und Religion, die zunächst als esoterische Form des Hinduismus und später des Buddhismus innerhalb der nördlichen Mahayana-Tradition entstanden.

30. *Muladhara,* auch Wurzel-Chakra (Chakra = Rad, Diskus, Kreis) genannt, bezeichnet das unterste Energiezentrum des Menschen mit Lage am Steißbein bzw. Damm.

31. *Sahasrara*, Kronen oder Scheitelchakra am höchsten Punkt des Kopfes und verbunden mit der Zirbeldrüse.

3.3. Hermes- oder Merkurstab

Im Gegensatz zum bereits oben genannten Äskulapstab, den man aus der Medizin und Pharmazie kennt und der nur von einer Schlange umwunden wird, wird der *Hermesstab* oder auch bekannt als Merkurstab (*Heroldsstab*), von zwei sich oben zuwendenden Schlangen umschlungen. Auch hier finden wir wieder ein Symbol für Sexualität bzw. der *Kundalini*-Kraft. Die beiden Schlangen symbolisieren den Energiefluss von den linken und rechten Keimdrüsen des Menschen (Eierstöcke und Hoden), der sich im Menschen hoch transformiert, bis hinauf in die linke und rechte Gehirnhälfte.

Der Stab symbolisiert das Rückgrat des Menschen, das ihn vom Wurzel-Chakra unten, dem Irdischen, mit dem Kronen-Chakra, dem Himmlischen, verbindet. Die beiden Energieanteile, die in den männlichen und weiblichen Keimdrüsen gebildet werden, überkreuzen und verfeinern sich erstmals im *Hara-Zentrum* oder *Sakral-Chakra*[32], um dann durch die rechte und linke Niere durch den Nabel, Milz und Leber, sich im *Solarplexus*[33] wieder überkreuzend weiter durch die Lungenflügel nach oben aufzusteigen. Die oberste Überkreuzung im Nacken ist übrigens der Schulmedizin bereits bekannt. Die linke Gehirnhälfte steuert die rechte Körperhälfte und umgekehrt. So ist auch der *Hermesstab* oder *Merkurstab* ein verschlüsseltes Symbol für die Funktionsweise und Energieflüsse des menschlichen Körpers und dessen feinstofflicher Aufgabenerfüllung. (Vgl. Waltl, 2021)

---

32. *Svadhisthana*, Sakral- oder Sexualchakra, Lage unterhalb des Bauchnabels.
33. *Manipura*, Nabel- oder Solarplexuschakra, Lage oberhalb des Bauchnabels.

„Merkur ist der von Kether zu Binah
- dem Verstehen führende Pfad;
und daher ist er der Botschafter der Götter,
er repräsentiert den Lingam,
das Wort der Schöpfung,
dessen Sprache das Schweigen ist."
Aleister Crowley

3.4. Die Schlange in der Bibel

Die Bibel berichtet in Genesis 3 die Geschichte von Adam, dem ersten, von Gott geschaffenen Menschen und seiner Frau Eva, die Gott aus dessen Rippe bildete. Sie lebten im Garten Eden vollkommen gottesfürchtig, bis die Schlange, die schlauer war als alle anderen Tiere, die Frau in Versuchung führt. Sie sprach: „Hat Gott wirklich gesagt ihr dürft von keinem Baum des Gartens essen?" Eva antwortete: „Von den Früchten der Bäume im Garten dürfen wir essen; nur von den Früchten des Baumes, der in der Mitte des Gartens steht, nicht. Denn Gott hat gesagt: Davon dürft ihr nicht essen und daran dürft ihr nicht rühren, sonst werdet ihr sterben." Die Schlange erwiderte: „Nein, ihr werdet nicht sterben. Gott weiß vielmehr, sobald ihr davon esst, gehen euch die Augen auf. Ihr selbst werdet wie Gott und erkennt nun was Gut und Böse ist." Daraufhin wollte Eva verständig werden, aß die Frucht des Baumes und gab auch Adam davon zu essen. Da gingen beiden die Augen auf und sie erkannten, dass sie nackt waren.

Als Gott in den Garten kam, versteckten sie sich vor ihm. Daran erkannte er, dass sie die Früchte des Baumes der Erkenntnis gegessen hatten und er verwies sie aus dem Paradies. Zu Adam sprach er: „Weil du auf deine Frau gehört und von dem Baum gegessen hast, von dem zu essen ich dir verboten hatte, so ist verflucht der Ackerboden deinetwegen. Unter Mühsal wirst du von ihm essen alle Tage deines Lebens. Dornen und Disteln lässt er dir wachsen und die Pflanzen des Feldes musst du essen. Im Schweiße deines Angesichts sollst du dein Brot essen, bis du zurückkehrst zum Ackerboden; von ihm bist du ja genommen. Denn Staub bist du, zum Staub musst du zurück."[34]

Nach dem Sündenfall nannte Adam seine Frau Eva (hebräisch: Leben), was auf sie als Stammmutter aller Menschen verweist.

Dieses Ereignis bezeichnet die Theologie als *Sündenfall.* Er besteht darin, dass die Menschen, gegen Gottes Gebot, von der Frucht die Gut und Böse unterscheiden lässt, gegessen haben. Übrigens spricht die Bibel nicht immer von einem Apfel. In frühchristlicher Kunst finden sich stattdessen Sündenfall-Darstellungen mit einem Granatapfel oder auch einer Feige. Die Feige ist die erste namentlich genannte Pflanze in der Bibel. Adam und Eva bedeckten ihre Blöße ebenfalls mit einem Feigenblatt. Interessant ist auch ihr Name *ficus,* den der Hl. Isidor (*Isidor von Sevilla*) von latein *fecundus* übersetzt *fruchtbar,* ableitet. Und *Athenaios,* ein griechischer Schriftsteller, verglich eine *Hetäre*[35] mit einer Feige, denn sie bediene alle. Auch bei den Römern stand die Feige symbolisch für die menschliche Sexualität.

Eingang in das christliche Thema fand der Apfel eher durch die Erinnerung an die antiken Paradiesäpfel (Äpfel der Hesperiden) oder auch erst durch die lateinische Bibelübersetzung. Lateinisch heißt das Böse „malum“ und „Malus“ heißt Apfel. Nach christlicher Auffassung kam mit der Schlange die Ursünde oder Erbsünde in die Welt. Jeder Mensch wird als Nachkomme Adams in diese Sünde hineingeboren. Sie zieht aber auch eine Verbindung vom Baum der Erkenntnis zur Heilsgeschichte des Menschen. Der Baum wird gleichgesetzt mit dem Weltenbaum, der Himmel und Erde verbindet. Adam ist der Ungehorsame, weil er vom verbotenen Baum isst und Jesus, der Gehorsame, der sich an den Baumstamm des Kreuzes schlagen lässt, um Adams Sünde zu sühnen. In Mittelalter und Neuzeit findet sich der Apfel als Ausdruck der Überwindung der Erbsünde, oft dargestellt als Schlange mit dem Apfel im Mund, so im Schnitzwerk des „Englischen Gruss“ von Veit Stoss in der Lorenzkirche in Nürnberg. Viele Madonnen-Darstellungen zeigen Maria mit Apfel als neue Eva und als Symbol der überwundenen Sünde.

---

34. *Buch Genesis* siehe: https://www.uibk.ac.at/theol/leseraum/bibel/gen3.html.

35. Hetären waren weibliche Prostituierte im Altertum. Im Gegensatz zu Huren (πόρναι pornai, Singular πόρνη porne) waren sie sozial anerkannt. Die antiken Hetären waren gebildet und betrieben gewerbsmäßig Musik. Sie beherrschten die Kunst des Tanzes und des Gesangs. Musikalisch besonders berühmt als Aulosbläserinnen wurden die Hetären Lamia von Athen und Aphrodite Belestiche.

So steht die Schlange nicht nur für die weibliche List und Sexualität in der Bibel, sondern auch für das Aufbegehrens gegen Gott, für Überheblichkeit, Ungehorsam, Stolz und Hochmut.

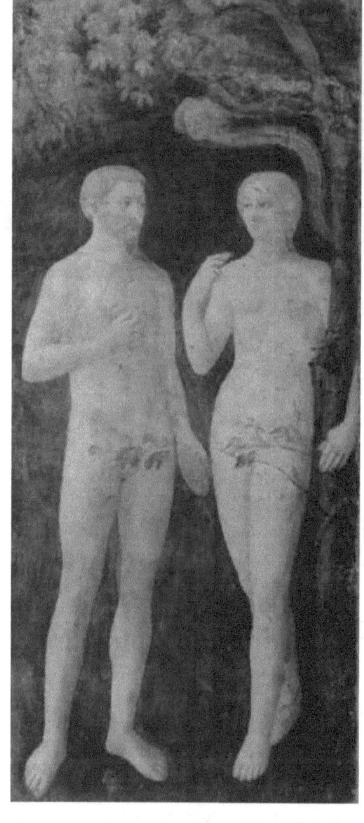

Abb. 5 Masolino: Brancacci-Kapelle: Versuchung von Adam und Eva[36]

Alles Attribute, die wir ebenso vom schönsten aller Engel, von Luzifer kennen. Wie die Schlange, ist auch er der Verführer schlechthin, der sich erdreistete, Gott gleich sein zu wollen. Er ist aber auch der Lichtbringer, der Erkenntnisbringer, wenn der Mensch bereit ist zu erwachen. So eröffnet die Schlange oder der Drache die Spirale der Heilung im Sinne der Ganzwerdung, indem sie Sünde und Tod in die Welt bringt. Sie wird ihn auch beschließen als apokalyptischer Drache, der am Ende aller Zeit erscheint und von den Heeren der Engel endgültig niedergerungen wird. Und so geht es in unzähligen Legenden und Mythen um die Urkraft der Sexualität, verpackt als Metapher in der Symbolik der sich windenden Schlange. Auch sehr deutlich zu erkennen im *Hermesstab* (3.3) als menschliche Evolution, als Aufstreben vom Niederen zum Höheren, vom Materiellen zum Geistigen, vom tierischen Menschen zum göttlichen Menschen. Ein Erkenntnis- und Heilungsprozess zugleich.

So kann bewusste Sexualität den Menschen verändern und veredeln, sogar zur Erleuchtung bringen, wenn er sich mit dem Herzen seinem Schöpfer

36. Der Maler Tommaso Masolino da Panicale stellt in seinem Gemälde „Die Versuchung von Adam und Eva“ die Schlange mit einem Frauenkopf dar. Ebenso bei Hugo van der Goes „Der Sündenfall“.

zuwendet. Das bedeutet aber auch sich seiner Schattenanteile zu stellen, diese zu beleuchten und zu integrieren, damit wir letztendlich die Erlösung finden nach der wir so viele Leben lang suchen. Um das besser zu verstehen, möchte ich noch über zwei wichtige mythische Wesen erzählen, die unsere Schattenseite und unsere „wilde Natur" verkörpern.

„Er konnte unser ungetrübtes Leben im Paradies nicht ertragen,
hinterging den Menschen durch List und Ränke,
bediente sich zur Verführung derselben Begierde,
die er hatte, nämlich Gott gleich zu sein."
Protokoll Basilius von Cäsarea im 4. Jahrhundert

3.5. Lilith und Samael – Schwarzmond und Lichtbringer

„Gott schuf zwei große Lichter. Die zwei Lichter entstanden mit gleicher Würde. Der Mond jedoch konnte mit der Sonne nicht in Frieden leben, und in der Tat fühlte sich jeder durch den Anderen gedemütigt. Der Mond fragte: „Wo weidest du?" Die Sonne antwortete: „Wo lässt du deine Herde zum Mittag ruhen? Wie kann eine kleine Kerze am Mittag leuchten?" Gott sprach darauf zum Mond: „Geh und verringere dich." Der Mond fühlte sich gedemütigt und erwiderte: „Warum soll ich mich selbst verschleiern?" Gott antwortete: „Geh deines Weges, folge immer den Spuren der Herde." Danach verminderte sich der Mond und senkte das Haupt. Seit dieser Zeit hat er kein eigenes Licht, sondern bezieht es von der Sonne. Anfangs waren Sonne und Mond gleich, später jedoch verminderte sich der Mond in all seinen Phasen von der Sonne, obwohl er immer noch das Haupt der beiden ist. Wenn der Mond in Beziehung zur Sonne stand, leuchtete er, aber sobald er von der Sonne getrennt und der Druck seiner Herrin von ihm genommen war, reduzierte er seinen Zustand und sein Licht, und Hüllen über Hüllen wurden geschaffen, um den Geist zu verbergen, alles zum Wohl des Geistes (Sohar I 20a). Nachdem sich das uranfängliche Licht zurückgezogen hatte, schuf es eine „Membrane für das Mark", eine K'alifah, Hülle oder Schale und diese K'alifah dehnte sich aus und schuf eine andere, welche Lilith war" (Sohar I 19b)

Zwischen Sonne und Mond herrschte also Krieg und um den Streit zu beenden, trennte Gott die beiden Lichter. Der Mond sollte abnehmen und der Herde folgen. *Barbara Black Koltruv* schreibt dazu, dass Gottes

Intervention zugunsten der Sonne, den Mond mit Wut und Zorn erfüllte. (Vgl. B. B. Koltuv 1994, S. 19f.)

Der Mond befreite sich aus Wut von seiner Hülle, der *K'alifah (böse Hülle)*. Daraus entstand *Lilith*. Sie schreibt: „*Aus diesen zoroastrischen Mythen können wir ersehen, dass die Lilithenergien aus dem Groll um die Herabsetzungen des Mondes gebildet sind. Sie sind dunkel, feurig und entstammen der Nacht.*" (Ebd. S. 21)

Und aus diesen Mythen stammt auch die Beschreibung von Lilith, der ersten Frau der Menschheit. Vom Kopf bis zur Taille war sie eine schöne Frau. Aber vom Unterleib abwärts bestand sie aus Feuer (Leidenschaft und sexuelles Verlangen). Lilith wird in der Mythologie, der Psychologie und der Astrologie für den dunklen Aspekt der Weiblichkeit gehalten. Sie ist die Frau, die aus Zorn und Wut geboren wurde. Lilith steht als Prinzip für die dunklen Kräfte, die in uns Menschen verborgen liegen. Sie wollte sich Adam nicht unterordnen und sich ihm im Geschlechtsakt nicht unterwerfen, sondern gleichberechtigt ihre Sexualität leben.

Im *Sohar* wird erzählt, dass Lilith, nachdem sie sich von Adam getrennt hatte, die Braut des Dämons *Samael* wurde. Samael ließe sich auch mit dem gefallenen Engel *Luzifer*, dem Lichtbringer, vergleichen. Aus diesem Grund werden Lilith-Themen in der Partnerschaftsastrologie auch mit Dreiecksgeschichten in Verbindung gebracht, egal, ob die dritte Person ein Mann oder eine Frau ist.

In der Psychologie steht Lilith für die Schattenseite der Frau bzw. Mutter oder Großmutter. Sie ist die Hexe oder die *Braut des Teufels*. Als Gemahlin von Samael ist sie die Königin der Hurerei. Die Kabbalisten berichten, dass ein Geist der Verführung aus Lilith entstand, als sie nach der Vertreibung aus dem Paradies allein in der Wüste weilte. Sie verführt die Männer, sobald diese mit nächtlicher Erektion im Schlaf liegen. Früher wurden die erotischen Träume als Lilith's böses Werk betrachtet. Es wird erzählt, dass Adam, nachdem Lilith das Paradies verlassen hat, um mit den Dämonen zu leben, seine Gemahlin vermisste und sie wieder zu sich zurückverlangte. Gott hatte Mitleid und schickte drei seiner Engel, *Sanvai, Sanssanvai* und *Semangloph* zu ihr mit dem Befehl, sie möge sofort zu ihrem Mann zurückgehen. Lilith jedoch erkannte, dass sie nicht mehr die Gleiche wie früher war, und deswegen war es ihr unmöglich, zu ihrem alten Dasein zurückzukehren. Und sie blieb bei Samael. Wegen ihres Ungehorsams wurde Lilith auf grausame Weise bestraft. Ihre Kinder wurden getötet. Aus Schmerz wahnsinnig geworden, schwor sie Rache gegen alle Menschenkinder. Sie wanderte daher von Stadt zu Stadt, um Neugeborene zu töten, und um mit ihrer unersättlichen Sexualität schlafende Männer zu quälen.

Lilith ist auch in unserem eigenen Leben erkennbar. Dann, wenn wir beispielsweise eine Entwicklung bzw. einen wichtigen Prozess hinter uns gebracht und uns dabei sehr verändert haben. Es ist uns nicht mehr möglich zu den alten Verhältnissen zurückzukehren.

Es gibt noch einen Mythos, der älter ist als die Geschichte über Lilith im Sohar: *Adam und Samael*. In diesem früheren Mythos wird erzählt, dass es sich bei dem ersten Paar um Lilith und Samael gehandelt hatte. Beide waren ein einziger Mensch, ein androgynes Wesen, das später getrennt wurde. (Auch *Platon* sprach in seinem literarischen Dialog von *Kugelmenschen*[37]). Dieser Mythos gleicht dem von der Erschaffung Adam und Evas, die zuerst ein einziger Mensch, als *Adam Kadmon*, erschaffen wurden. Sie sind aus theosophischer bzw. anthroposophischer Sicht in die *hyperboräische* Zeit, in die Zeit der dritten Menschheitsrasse, einzuordnen, wo das frühe *Lemurien* gebildet wurde, auf das das spätere Atlantis folgte.[38]

Die zwei göttlichen Paare entsprechen dem himmlischen und dem höllischen Aspekt der Partnerschaft zwischen Mann und Frau. Samael war dabei der Engel, der Gott näher stand. Wieder vergleichbar mit dem Mythos von Luzifer[39]. Er erhob sich gegen ihn und wurde wie später auch Lilith aus dem Himmelreich verstoßen. Daraufhin änderte er seine Natur vollkommen und wurde als Dämon zum Herren der Unterwelt.

---

37. Die *Kugelmenschen* sind mythische Wesen der Antike. Sie erscheinen nur in einem Mythos, den *Platon* in seinem fiktiven, literarisch gestalteten Dialog *Symposion* von dem berühmten Komödiendichter *Aristophanes* erzählen lässt. Dem Mythos zufolge war die menschliche Natur ursprünglich ganz anders als die den Zuhörern vertraute. Die Menschen hatten kugelförmige Rümpfe sowie vier Hände und Füße und zwei Gesichter mit je zwei Ohren auf einem Kopf, den ein kreisrunder Hals trug. Die Gesichter blickten in entgegengesetzte Richtungen.

38. Tatsächlich dürfte die *hyperboräische* Zeit bereits im mittleren Archaikum vor mehr als 3 Milliarden Jahren begonnen haben. Danach folgte die *lemurische* Zeit, die vermutlich vom frühen Proterozoikum bis zum Ende des Mesozoikums dauerte.

Lilith und Samael wurden später ein Paar, das in der Finsternis lebte und der Dunkelheit angehörte. Im Gegensatz zu diesem Paar ist in der kabbalistischen Tradition noch ein weiteres Paar bekannt: der männliche Gott und seine Gemahlin *Schechina,* vergleichbar mit Adam und Eva. In der Zeit als *Schechina* und ihr himmlischer Mann regierten, herrschte auf der Erde Harmonie und Frieden.

Durch den Sündenfall wurden sie getrennt und die Harmonie gestört. Lilith gelang es, an die Stelle der *Schechina* neben Gott zu treten. Als Ergebnis dieser Verbindung, herrschten auf der Erde das Chaos und das Böse. Symbolisch bedeutet dies, dass nichts auf der Erde nur gut und perfekt sein darf, Chaos und Harmonie können als zwei Aspekte der gleichen Medaille betrachtet werden. Die Ganzheit entsteht aus Gegensätzen. Als Polarität gehören Licht und Dunkelheit gleichwertig zusammen. Das Männliche wird somit durch Licht, Helle und der Farbe Weiß symbolisiert und das Weibliche mit Finsternis, Dunkelheit und der Farbe Schwarz assoziiert.

„Ich bin schwarz, deshalb schön."
Königin von Saba

Dies muss aber nicht bedeuten, dass Licht und Dunkel sich bekämpfen

39. *Luzifer*, der *„Lichtträger"* oder *„Lichtbringer"* auch *Demiurg* oder *„Herr der Welt"* ist in der römischen Mythologie die Personifikation des Morgensterns. *Luzifer* ist eine Gestalt, die in vielen Fällen mit dem Teufel, dem Satan oder dem Bösen gleichgesetzt wird. Der gefallene Engel, der zu stolz war und Gott gleich sein wollte. {…} *Luzifer* gilt auch als zweiter Gott, geboren aus Gott und damit ebenso Sohn wie Christus. {…} Bei *Platon* erscheint dieses Prinzip des Sohnes als Symbolfigur in Gestalt des *Demiurgen*, dem „zweiten Gott", der die Materie erschaffen hat. Dieser Zweite Gott braucht also einen ersten, dem er seine Existenz verdankt. {…} Auch in der jüdischen Mythologie gibt es einen zweiten Gott genannt *Metatron*, der über die Materie herrscht, wogegen der erste Gott rein geistig wirkt. {…} Luzifer wird auch als Ego interpretiert, was nicht zwangsläufig negativ sein muss. Ohne Ego gibt es keine Erkenntnis, keine Entscheidungsfreiheit und auch keine Lernprozesse. Die Lebensaufgabe ist „Materie" zu schaffen ohne in Knechtschaft der Materie zu geraten. *Rudolf Steiner* würde fragen: Enden wir als *Ahriman* („Satan") in der materiellen Bewusstlosigkeit oder gehen wir durch das Licht *Luzifers* im *„Christusbewusstsein"* auf ? Zu bedenken gilt: der Lichtbringer darf nicht mit dem Licht verwechselt werden.

müssen. Sie ergänzen sich und sollten unzertrennlich sein. Das Licht befruchtet die dunkle Erde und aus ihrer Dunkelheit keimt das neue Leben. Deswegen wird die Farbe Schwarz auch mit Weiblichkeit und Fruchtbarkeit verbunden. Erst später wurde mit dieser Farbe die „schwarze Macht der Frau" im negativen Sinn assoziiert, eine Macht, die im Mann Furcht hervorruft.

Im *Thalmud* finden wir eine ähnliche Version des oben genannten Mythos. Es wird berichtet, dass Adam sich von Eva entfernte nachdem Kain seinen Bruder Abel getötet hatte und 130 Jahre in der Wüste allein lebte. In dieser Zeit von 130 Jahre erschien ihm Lilith jede Nacht im Traum. Sie verführte ihn und zeugte mit ihm Kinder, die als Plagen der Menschheit ihr Unwesen auf der Erde trieben. (Vgl. Laun, 2002, S. 9-13)

Was immer wieder auffällt: In allen patriarchalen Kulturen finden wir immer wieder die Gestalt der furchtbaren Frau und der göttlichen Dirne, die für alles Böse in der Welt verantwortlich gemacht wird. Aus ihrem Beischlaf entstehen böse Geister, die Übel und Zwietracht über die Erde bringen. Die jungianische Psychoanalytikerin *Maria Teresa Colonna* erklärt dies in ihrem Buch *Lilith, La Luna Nera e l'eros rifiutato* so:

> *... In allen patriarchalen Religionen sucht man einen Sündenbock für das Scheitern der Beziehung zwischen Mensch und Gott. Die Verantwortung für alles Unglück in der Schöpfung wird dabei einer Frau aufgeladen; wir finden dieses Thema auch im griechischen Mythos von Pandora. Sie war die erste Frau, die Zeus als Plage der Menschheit erschaffen lies. Hephaistos modellierte sie in dessen Auftrag aus Schlamm und Wasser, und sie war an Schönheit den Göttinnen des Olymps gleich. Hermes verlieh ihr die Eigenschaften der Untreue und Lügenhaftigkeit. Zeus sandte sie mit einer Büchse als Geschenk zum Titan Epimetheus, dem Bruder von Prometheus, der den Göttern das Feuer geraubt und es den Menschen geschenkt hatte. Mit seiner Gabe wollte Zeus sich für die Demütigung durch Prometheus rächen. Die beiden Titanenbrüder fürchteten seine Rache und beschlossen, das Geschenk niemals anzunehmen. Epimetheus nahm Pandora zur Frau, und diese öffnete die Büchse schließlich aus Neugier: alle Übel, die die Menschheit geißeln, entwichen daraus – Krankheit, Tod, Wahnsinn usw. ... (Colonna, 1980, S. 27)*

Die Gestalt Lilith's steht ferner in Verbindung zu den *Sirenen*, welche die

Matrosen mit ihren Gesängen verführen, um sie schließlich in den Tod oder zum Wahnsinn zu treiben. (Macioli, 1992, S. 42)

Abb. 6: Odysseus und die Sirenen (Vasenbild, ca. 475–450 u Chr.)
Abb. 7: Griechische Sirene (340–300 v. Chr.)

Interessanterweise waren *Sirenen* nicht immer Frauen mit Fischschuppen und Flossen: In älteren Versionen waren diese Wesen halb Frau, halb Vogel, deren Beine in Krallen endeten. Es heißt, sie wären früher die Freundinnen der *Persephone* gewesen. Nachdem das Mädchen von *Hades* entführt worden war, baten sie die Götter, in Vögel verwandelt zu werden, auf dass sie hoch aus der Luft nach ihrer verlorenen Gefährtin suchen könnten. Gemäß einer anderen Version der Sage war es hingegen die erzürnte *Demeter*, welche sie aus Rache in Zwitterwesen verwandelte, weil die Mädchen nicht imstande gewesen waren, ihrer Tochter *Persephone* zu helfen und tatenlos zugesehen hatten, wie *Hades* sie entführte. *Demeter* verwandelte sie also in Vogelfrauen, und erst später wurden sie zu Fischwesen. (Laun, 2007, S. 11)

Abb. 8: Die Göttin Isis schützt mit ihren Flügeln ihren Gemahl Osiris, Tempel von Philae

Zu diesen, von Laun angesprochenen älteren Visionen der „Vogelfrauen", gesellt sich auch *Isis*, eine Göttin aus der ägyptischen Mythologie und die Gemahlin des *Osiris*. Sie war die Göttin der Geburt, der Wiedergeburt und der Magie, aber auch Totengöttin.

In all diesen Mythen erkenne ich die „Seelenpartner-Themen" meiner Klienten wieder, die Beziehungsprobleme aus meinem Freundeskreis und ehrlich gesagt auch aus meinem eigenen Leben. Es geht immer um zwei Liebende, die Aufgrund unterschiedlicher Denkweisen und Charaktere nicht friedlich miteinander leben können. Sie müssen sich deswegen trennen, sind aber dennoch sehr auf einander bezogen und meist auch sexuell stark voneinander angezogen. Auch nach einer Trennung schaffen sie es nicht ganz voneinander loszukommen. Viele meiner Klienten sprechen von ihren „On/Off-Beziehungen" voller Leidenschaft, schaffen aber keine längerfristige feste Bindung, weil sie wissen, dass, so wie der andere ist und denkt, es sie nicht glücklich werden lässt. Die Gefühle in einer Partnerschaft, in der Lilith/Samael eine Rolle spielt, sind immer sehr ambivalent. Man liebt den Partner, aber gleichzeitig lehnen wir ihn innerlich ab, weil uns so viele Dinge am Gegenüber nicht gefallen und wir nicht akzeptieren können. Wir können diese andere Sichtweise nicht annehmen, weil sie nicht zu unserem Weltbild gehört, weil dieses Andersdenken und Anderssein uns tief verletzt und einfach überfordert. Deswegen bleibt als einzige Möglichkeit nur die Trennung, auch wenn diese Entscheidung wahrscheinlich beide sehr schmerzt.

Aus meiner heutigen Sicht und Situation finde ich es überaus wichtig, dass wir dieses mythologische Bild von Lilith und Samael (Luzifer), so wie auch die anderen Archetypen, wieder auf unserer inneren Ebene integrieren, damit wir in uns selbst zur Ganzheit zurück finden. Wir dürfen diese Bilder weder verdrängen, noch sollen sie von uns Besitz ergreifen, denn dann besteht die Gefahr, dass wir uns allein mit diesen Aspekten identifizieren. Das würde bedeuten, wir verlieren die Vielfältigkeit und Einzigartigkeit unserer Persönlichkeit. Integration bedeutet für mich: *Ich bin viele.* Ich bin Rebellin und Kriegerin, ich bin Königin und ich bin Geliebte, manchmal bin ich die Närrin und auch die Unschuldige, ebenso gehört die Weise, die Priesterin und auch Lilith zu mir. Sie ist meine, seit Kindertagen so geliebte 13. Fee, die ein wichtiger Aspekt für mich, aber eben nicht alles ist. Das habe auch ich von ihr lernen dürfen.

Als Schlusswort zu Lilith, möchte ich noch eine schöne Geschichte von *Jacov Lind* in meine Arbeit einbinden, die mich sehr berührt:

Lilith

Es war einmal ein Mann, der wurde von Lilith verfolgt. Der Dämon hatte sich mit den Kleidern einer normalen, einfachen, angenehmen Frau verkleidet und besuchte Adam, als dieser allein war. Warum bist du allein? fragte Lilith. Wo ist deine Frau, die kam, um mich zu ersetzen?

Sie ist draußen, auf dem Land, sie ging, um Verwandte zu besuchen, und sie wird bald zurückkommen. Sie wird sich nicht freuen, dich hier zu treffen, denn sie fürchtet dich. Warum sollte meine Schwester Angst vor mir haben? fragte Lilith. Ich bin im Herzen so einfach wie sie. Ich bin so gut und freundlich wie sie. Ich liebe meine Eltern und Kinder, genauso wie sie es tut. Doch ich denke nicht wie sie, der Unterschied zwischen uns ist im Geist verborgen, nicht in unseren Körpern.

Ich glaube dir, sagte Adam, und ich liebe dich, doch ich brauche ein friedliches Leben. Mach das, wie du willst, sagte Lilith, führe dein friedliches Leben. Ich bin einfach nur deine andere Frau, und ich werde dich nicht verlassen, sondern werde dich lieben, wie ich dich immer geliebt habe. Adam sah ihr in die Augen und sagte nichts mehr. Ihre Augen waren wie Türen, weit geöffnet in eine Welt, die er beinahe vergessen hatte, und er trat ein.

Ihre Arme und Münder umfingen einender, als Eva zurückkam. Sie dachte, Adam und Lilith sind vereinigt. Bleibe bei mir, Schwester. Ich werde etwas zu essen an euer Bett bringen. Sie brachte zu essen und zu trinken an ihr Bett, zog sich in eine entfernte Ecke des Hauses zurück, wo sie sich neben dem Ofen zusammenkauerte um warm zu bleiben, und verfiel in Trance. Sie verließ ihren Körper und trat in den Körper ihrer Schwester Lilith ein, und so umarmte und küsste sie Adam und spürte seine Liebe zu ihr, wie sie sie vorher nie gespürt hatte. Aber ich bin deine Eva, sagte Lilith. Warum liebst du mich so leidenschaftlich? Du hast mich noch nie zuvor mit so viel Leidenschaft geliebt.

Adam lachte und sagte: Du wirst in der Morgendämmerung fortgehen, und ich werde dich lange nicht sehen. Wenn ich leidenschaftlich bin, kommt das daher, dass unser Glück nur von kurzer Dauer ist. Wie kannst du das sagen? erwiderte Lilith. Ich werde morgen und am nächsten Tag und auch weiter für den Rest deines Lebens hier sein. Warum liebst du mich so leidenschaftlich? Glaubst du, ich bin diejenige, die du siehst? Ich bin Eva, die durch den Mund ihrer Schwester spricht. Du machst Witze, lachte Adam. Ich weiß, du wirst mich bei Tagesanbruch verlassen und wirst für ziemlich lange Zeit nicht wiederkommen.

Lilith, die jetzt Eva war, küsste ihn und sagte: Ich wünschte, das wäre so, doch leider kann ich dich nicht verlassen. Ich werde bei dir bleiben, weil du voller Feuer für diese andere Frau bist, deren Körper ich jetzt angenommen habe. Sieh mich genau an und sage mir, ob du nicht sehen kannst, dass ich deine Frau Eva bin?

Eva sitzt in einem abgelegenen Winkel des Hauses, sagte Adam. Doch als er nachsah, konnte er sie dort nicht sehen. Was er sah, waren die Flammen des Ofens.

Jacov Lind: Lilith and Eve. Avon: New York 1976

Teil III

Von Edlen und Unedlen

4. Die Reise der Helden

Zu unserer persönlichen Weiterentwicklung brauchen wir Geschichten und Erzählungen voller Götter, Magier, Könige und Helden in Form von Märchen und Mythen. Die Kinderseele braucht zur Involution[40] auf dieser Erde Märchen, denn sie dienen ihr als Wegweiser in der materiellen Welt. Der Erwachsene braucht zu seiner Evolution Mythen, denn im Laufe seiner vielen Leben wird er die „Rückreise" als Seele antreten, das bedeutet, er verspürt eine gewisse Sehnsucht nach dem Göttlichen und will zur Ganzheit zurück finden. Der junge Mensch findet in den Geschichten und Märchen eine Anleitung, um in der materiellen Welt anzukommen, sich zu orientieren und sich mit dem Irdischen zu verbinden. Später findet er kollektives Wissen in Form alter Mythen, um sein ganzes Bewusstseins-Potential zu entfalten und seine menschliche Entwicklung voranzubringen. Was wir als erwachsener Mensch unter dem Begriff „Liebe" verstehen und wie wir unsere Sexualität zum Ausdruck bringen, hängt stark von unserem Bewusstsein ab. Auch davon, wie wir den Archetypen, den wir gerade am meisten verkörpern, leben. Dazu gleich mehr.

Erwachsene Menschen jeden Alters können ihre Beziehungen sehr unreif und infantil leben. Wenn einer oder gar beide Partner ihr „Göttliches Kind", das gerne mal ein richtiger „Hochstuhl-Tyrann" sein kann, ausleben, dann sind Schwierigkeiten vorprogrammiert. Eine Partnerschaft kann jedoch auch sehr reif und hochentwickelt gelebt werden. Wenn beispielsweise ein Mann, der den Archetypen des guten Königs verkörpert, eine Verbindung mit einer ebensolchen Königin eingeht. Viele spirituelle Paare streben eine sogenannte „Seelenpartnerschaft" an, wo Wertschätzung, Respekt, Liebe und Erotik auf höchstem Niveau zum Ausdruck kommen möchte. Damit so eine ersehnte Partnerschaft glücken kann, muss aber erst ein weiter Weg

---

40. In diesem Zusammenhang ist *Involution* als die „Hereinentwicklung" der menschlichen Seele, aus dem rein Geistigen herein in diese verdichtete materielle Welt, zu verstehen. *Evolution* ist der Prozess der geistigen Entfaltung des Potentials und die Sehnsucht und Suche nach Gott oder Gottverwirklichung.

gegangen werden, den jeder für sich allein gehen muss. Um dies weiter auszuführen, möchte ich über die Archetypen und über die „Reise der Helden und Heldinnen" berichten, die uns zu unserer inneren Reife bringen können.

In jedem von uns steckt ein Teil, der etwas aus seinem Leben machen will, der Veränderung und Weiterentwicklung sucht. Unsere Energie strebt immer, sofern nicht gewaltsam unterbunden, nach Entwicklung und Höherem. Es gibt aber auch einen anderen Teil in uns, der die Bequemlichkeit und die Sicherheit des Vertrauten schätzt, einen Teil, der lieber leidet statt anzupacken. Wird dieser innere Konflikt nicht gelöst, so sind Stillstand, Energielosigkeit und Unzufriedenheit die sichere Folge. Dieser seelische Konflikt zwischen Sehnsucht nach Höherem und unserem Sicherheitsbedürfnis wird in den Heldenmythen und Übergangsritualen (Initiationen) der Menschheit widergespiegelt.

4.1. Die vier großen männlichen Archetypen: König, Krieger Magier und Liebhaber

Den Begriff „*Archetyp*" verwende ich hier in der Bedeutung als ein *Urbild der Seele*, als Vorbild im höheren Sinne und als ein Ideal eines in der Seele gereiften Menschen. In der Folge möchte ich jeweils vier große Archetypen als Entwicklungs- und Reifeweg für Männer und Frauen näher beschreiben.

Wo sind heute die eingeweihten Männer voller Kraft und Energie? Und wo sind die Frauen voller Anmut, Würde und Schönheit? Gibt es noch wahre Könige und Königinnen?

Nun, wo liegen die Probleme? Werfen wir einen Blick auf die heutigen Familienstrukturen, so erkennen wir hier als Tatsache einen stetigen Zusammenbruch. Die modernen Patchwork-Familien und auch die tapferen Allein-Erziehenden sind mehr als man vermutet. Oft richtet das psychische und emotionale Verwüstungen bei Eltern und Kindern beider Geschlechter an und die positive Entfaltung der Geschlechtsidentität sowie die Fähigkeit zur Aufnahme positiver Beziehungen wird verzerrt, gehemmt oder gar blockiert. Jedoch wäre es zu einfach, allein diese Faktoren dafür verantwortlich zu machen, wenn man die Krisen von Mann/Frau erklären wolle, auch wenn diese sicher mitverantwortlich sind.

Robert Moore und Douglas Gillette benennen in ihrem fantastischen Buch über die vier Archetypen als das Fehlende das einweihende Ritual – die Initiation. Im Besonderen die Initiation des Jungen in das Mannsein. (Vgl. Moore, Gillette 2018,S. 10)

Männer sterben im Schnitt immer noch sechs Jahre vor den Frauen und diese Tatsache hat zweifellos auch damit zu tun, wie Männer ihr Mannsein leben. Fit sein ist das eine, heil sein im spirituellen Sinn das andere. Die unverantwortlichen Visionen der transhumanistischen Medizin und auch der Psychologie verdeckten die wahren Freuden und Hoffnungen der Männer von heute ebenso wie ihre Trauer und ihre Ängste. Diese Defizite betreffen letztendlich beide Geschlechter, da ein enormes Ungleichgewicht entsteht. Wenn ein Mann kein Mann werden darf, sondern ewig Kind bleibt, dann kann die Frau auch nicht Geliebte sein, sondern wird zur Mutter für ihren Partner. Wird das nicht erkannt, entstehen bei beiden unbewusste Sehnsüchte, die aber ohne weitere Entwicklung unstillbar bleiben. Es gibt sie zwar, diese „Pseudo-Einweihungen", ich denke hier an Cliquen, Straßengangs oder bei Burschenschaften, aber diese Art der Einweihungen stellen eher einen Missbrauch der Männlichkeit dar, als dass sie das Mannsein fördern.

Was fehlt ist die echte Bewusstseinswandlung durch die der Mann, ebenso wie auch die Frau, in bereichernder Weise ihre gereifte Geschlechtsidentität erlangt. Indem sich unsere Gesellschaft ja von rituellen Prozessen und Initiationen schon längst abgewandt hat und diese auch noch entwertet, wie soll sich da eine reife Identität bilden? So übernimmt oft das Kinder-Bewusstsein das Ruder. Wir sehen es in unserer Gesellschaft doch von allen Seiten und es ist mühelos erkennbar: Das beleidigende bis gewalttätige Verhalten gegenüber anderen Menschen, die gegenteiliger Meinung sind, bei Frauen ebenso wie bei Männern oder der Mann ist zu passiv, zu schwach und unfähig ein erfolgreiches und zufriedenes Leben überhaupt führen zu können. (Ebd. S.10 f)

Häufig schwingt das Pendel zwischen den beiden Polen Missbrauch und Schwäche, und ich denke, dass hier eine wesentliche Ursache für die allgemeine psychische Schwäche in unserer Gesellschaft zu finden ist.

„In der Liebe wie in der Freundschaft zählt weniger, wie sehr wir den anderen bewundern und seine Eigenschaften schätzen. Worauf es wirklich ankommt: Wie fühle ich selbst mich an, wenn ich mit diesem Menschen zu tun habe? Zu wem werde ich, wenn ich mit ihm zusammen bin? In einer gelungenen Beziehung bestätigen die Partner einander in dem, was sie sind, und helfen einander zu werden, was sie sein könnten …"

Oli Baba

Damit Männer Zugang zu den wichtigen maskulinen Urkräften finden, raten *Moore* und *Gillette* zu Meditation, Gebet und aktiver Imagination der inneren Archetypen gereifter Männlichkeit. So können sich Männer von diesen patriarchalen Strukturen lösen und persönliche Erfahrungen zum Archetypus sammeln, um dabei die eigene wahre Männlichkeit reifen zu lassen. Es gehört Mut dazu, sich von den sich selbst und andere verletzenden Gedanken, Gefühlen und Verhaltensweisen zu lösen. Was man(n) aber dadurch gewinnt ist so viel größer als alles andere, nämlich authentische Stärke, Ausgeglichenheit und Schöpferkraft gegenüber sich selbst und anderen. Ist nicht die globale Überlebenskrise auch ein Ausdruck unserer Mann-Frau Krise? Wir Frauen dürfen lernen, reife Männlichkeit anzuerkennen, zu lieben und uns von ihr lieben zu lassen. Männer sollten ihre Kraft und Potenz zelebrieren, nicht nur um ihrer selbst willen, sondern zum Wohlergehen unserer Beziehungen.

Was wir also dringend brauchen sind reife Männer und reife Frauen die selbstsicher und mutig sind und Lust haben ihre Archetypen zu leben. So lasst uns die Verbindung zu den Urquellen der Kraft wieder aufnehmen. Auf den folgenden Seiten werde ich vier Archetypen gereifter Männlichkeit vorstellen und auch ihre Hemmungen in Form des unreifen Jungen-Bewusstsein, das sterben muss, damit das Mann-Bewusstsein geboren werden kann. Dazu ist Selbstreflexion das geeignete Herangehen. Männern sollten wieder beginnen sich mit den geheilten Urbilder zu identifizieren. Es darf gerade dort Verantwortung übernommen werden, wo sonst ein unreifes Jungen-Bewusstsein weiter Schaden anrichtet.

Wie Sie mit den Archetypen der gereiften Männlichkeit arbeiten können, ist im Grunde genommen ganz einfach. Lesen Sie sich im Folgenden die Beschreibung jedes einzelnen Archetypus genau durch, so, wie wenn ein Schauspieler sein Manuskript studiert. Studieren Sie den Charakter, nutzen

Sie Ihre Vorstellungskraft und denken Sie, wenn möglich, auch an eine echte Person, an ein Vorbild. Fühlen Sie sich in das Urbild des Königs hinein, so als wäre es Ihre Rolle am Theater einen König zu spielen.

Schlüpfen Sie in diese Rolle hinein, lesen Sie den Text zum König, setzen Sie sich auf einen Thron, nehmen Sie die Haltung eines Königs ein und handeln Sie wie ein König. Tun Sie so, als ob. Haben Sie Mut sich so zu zeigen! Sie werden überrascht sein wie gut es Ihnen tut, wenn Sie zu Ihrer neuer und wahren Größe finden.

Hier noch einige Beispiele: Vielleicht brauchen Sie mehr Zugang zum Liebhaber aber gleichzeitig lassen Sie Sonnenuntergänge und Romantik kalt, dann gehen Sie raus und betrachten einmal einen Sonnenuntergang und tun Sie so, als ob Sie ihn schön finden. Klingt das für Sie merkwürdig? Ist es aber gar nicht, Sie haben sich nur noch nie dazu Gedanken gemacht. Dann ist jetzt gerade der richtige Zeitpunkt gekommen, also achten Sie auf die Farben, betrachten Sie deren Schönheit und sagen Sie zu sich selbst: „Oh ja, sind das schöne Rot-Orangetöne." Staunen Sie wieder so freudig wie ein Kind, dass eine neue Entdeckung macht! Möglicherweise merken Sie, dass Ihr Interesse für romantische Sonnenuntergänge oder für die Natur im Allgemeinen bereits geweckt wurde.

Oder brauchen Sie vielleicht mehr Zugang zum Krieger? Dann geht es um Bewegung, Kraft und Stärke. Vielleicht gehen Sie laufen oder einfach nur spazieren. Vielleicht erlernen Sie eine Kampfkunst oder Sie stürzen sich einfach nur auf die unbezahlten Rechnungen und räumen den Schreibtisch auf. Stehen Sie auf! Bewegen Sie sich! Fangen Sie was Neues an – Jetzt! Vielleicht stellen Sie auch fest, in wie vielen Bereichen Ihres Lebens Sie sich auch schon wie ein Krieger verhalten.

Möchten Sie beispielsweise Zugang zum Magier", dann geben Sie sich selber und anderen auf ihre Fragen einen weisen Rat. Halten Sie Ihren Geist von Oberflächlichkeiten frei. Hören Sie anderen bei Problemen aufmerksam zu und konzentrieren Sie sich bewusst auf eine Antwort die Lebensweisheit zum Ausdruck bringt. Wir alle haben mehr davon als wir glauben. (Ebd. 194 f).

„Diejenigen, denen die Einheit offenbart wird,
sehen das absolute Ganze in den Teilen.
Betrachte die Welt als ganz in dir enthalten!“
Mahmud Shabistari

Vielleicht fragen Sie sich jetzt welchen Archetypen Sie persönlich am ehesten verkörpern? „Am ehesten“...weil alle Archetypen in uns enthalten sind, aber in unterschiedlicher Gewichtung. Sind Sie neugierig geworden? Dann sind Sie herzlich eingeladen tiefer in Ihre Seele zu spüren und weiter zu lesen.

4.2. Die Struktur der Archetypen

„Vier Machtvolle wohnen in jedem Manne,
das vollkommene Einssein kann nur der
universellen Bruderschaft Edens entspringen,
dem universellen Mann, dem Ruhm sei auf ewig. Amen“
William Blake

Jedes der archetypischen Kraftpotentiale der männlichen Psyche ist in drei Teile gegliedert – sowohl in unreifer Kind-Form, als auch in der gereifter Form des Mannes. Als Beispiel sehen Sie bitte die Grafik 4.3.1. Die Spitze des Dreiecks zeigt den voll entwickelten Archetyp. Am Fuß des Dreiecks erfährt man den Archetyp in seiner bipolaren (zweipoligen) dysfunktionalen Schattenform. Diese wird meist nicht integriert oder in ungefestigter seelischer Verfassung repräsentiert – sowohl in Kind-Bewusstsein wie im Mann-Bewusstsein. Mangelnde Festigkeit in der Psyche ist stets Symptom einer unvollständigen Entwicklung. Mit der Reifung der Persönlichkeit des Kindes/Jungen und später des Mannes, hinein in das angemessene Entwicklungsstadium, verschmelzen die Pole der Schattenformen und vereinen sich.

Manche Jungen wirken beispielsweise reifer als andere und haben einen höheren Grad an innerer Integration und Einheit erreicht. Sie haben, unbewusst, einen offeneren Zugang zu den Archetypen des Jungen-Bewusstseins als ihre Altersgenossen. Andere wirken unreifer, selbst wenn man die natürliche Unfertigkeit der Heranwachsenden berücksichtigt. Es ist in Ordnung, wenn sich ein Junge heroisch fühlt, wenn er sich als *Held* sieht. Andere Jungen schaffen das nicht und bleiben in den bipolaren Schattenformen des Helden stecken im *Klassen-Tyrann* und im *Feigling*. In verschiedenen Entwicklungsstadien kommen diese unterschiedlichen Archetypen zum Zuge.

Der erste Archetyp, der sich beim unfertigen Mann „anschaltet", ist das *Göttliche Kind*. Das *Wissbegierige Kind* und das *Ödipale Kind* folgen und in der letzten Phase des Jungenalters regiert der *Held*. Interessanterweise bahnt jeder Archetyp des Jungen-Bewusstseins, durch Lebenserfahrung verwandelt und bereichert, den Archetypen gereifter Männlichkeit den Weg. Der *Held* wird zum KRIEGER, das *Wissbegierige Kind* zum MAGIER, das *Ödipale Kind* reift zum LIEBHABER und das *Göttliche Kind* wird der KÖNIG. (Ebd. 28 ff)

4.3. Der Krieger im Mann

Der *Krieger in Vollendung* ist ein friedvoller Krieger, ein Ritter im besten Sinne des Wortes und verkörpert einen Lebensstil, den die Samurai „do" nannten. Diese Charakteristika formen das „*Dharma*" oder „*Tao*" des Kriegers, dies meint seinen seelisch-spirituellen Pfad durchs Leben. Auf den ersten Blick klingt der Begriff *friedvoller Krieger* wie ein Widerspruch in sich. Wie kann man gleichzeitig friedlich und ein Krieger sein?

In allen Kulturen haben die berühmten Krieger sich stets durch Mut, Entschlossenheit und Stärke ausgezeichnet, doch nur wenige hatten ein friedliches Herz. Die Friedensstifter der Menschheit waren dagegen meist gütige Menschen voller Liebe und Mitgefühl, doch oft fehlte ihnen der Mut des Kriegers. Der friedvolle Krieger vereint beides. Er besitzt einen kämpferischen Geist und ein Herz, in dem der Friede wohnt. Mut und Liebe sind die Grundlagen des Pfades die zu Frieden führen. Friede bedeutet aber nicht, frei von Konflikten zu sein. Frieden ist die Fähigkeit, Konflikte zu bewältigen.

Der Krieger in Vollendung strebt danach, die Wege seines Lebens mit Mut zu gehen. Aber gleichzeitig ist ihm auch klar, dass wahre Heilung nur mit dem Herzen geschehen kann. Auch *Aggression*[41] und Angriffslust sind vorrangige Eigenschaften des Kriegers und eine Haltung gegenüber dem Leben, die ihn wach macht, kräftigt und motiviert. Im positiven Sinne bringt Aggression uns aus der Defensive in die Offensive um die Aufgaben und Schwierigkeiten des Lebens gut zu bewältigen. Der vollendete Krieger stellt der Angst und Unsicherheit vor Veränderungen, seine Flexibilität, Ruhe und Gelassenheit gegenüber. Er hat begriffen, dass er selbst der Gestalter seines Lebens ist und, dass er die gewünschten Veränderungen im Außen herbeiführen kann, wenn er selbst sich verändert. Dan Millman schreibt in seinem Buch „Die goldenen Regeln des friedvollen Kriegers" folgende Worte: *„Manchmal kommt mir die Erde vor wie eine Art spirituelles Ausbildungslager – ein Ort, an dem wir alles über das Reich der Materie, das Reich der Veränderungen lernen. {…} Die Anforderungen, die das Leben an uns stellt, fördern unsere besten Seiten zutage. Die Erde schult uns, das tägliche Leben ist unser Trainingsplatz. In jedem von uns schlägt das Herz eines friedvollen Kriegers. Wenn wir in den Spiegel schauen und uns tief in die Augen sehen, erkennen wir darin schon jetzt einen kleinen Schimmer des Menschen, der wir einmal sein werden."* (Millman, 22 f)

Der Weg beginnt immer dort wo wir gerade stehen. Man kann ihn auf jeder Ebene gehen, man muss nur etwas tun! Der richtige Zeitpunkt ist jetzt, in diesem Augenblick, über die bipolaren Schatten zu reflektieren, sie zu integrieren und dadurch den vollendeten friedvollen Krieger zu wecken.

---

41. *Aggression* kommt vom lateinischen „aggredor" heranschreiten, sich nähern, angehen.

4.3.1. Archetypen im Krieger-Bewusstsein

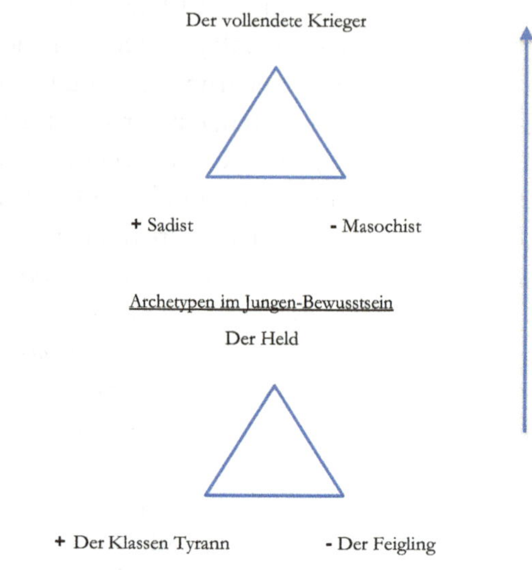

(+/- unreife bipolar dysfunktionaler Schatten als aktiver/passiver Pol)

Kurz und bündig steht der vollendete Krieger für Kraft im physischen und psychischen Sinne, für Erfolg, Mut und Stärke in Verbindung mit Mitgefühl und Liebe; für Selbstvertrauen und Erfahrung, Orientierung, Flexibilität, handeln, umsetzen, machen. Er hat eine tragende, ruhende und aufrichtige Kraft, kennt seine Grenzen und lebt Aggression im positiven Sinn. Sie sollten sich mit Ihrem inneren Krieger mehr beschäftigen wenn …

- Sie es im Alltag vermissen, klar für sich einzustehen.
- es Ihnen schwer fällt Entscheidungen zu treffen.
- Sie oft das Gefühl haben, zu kurz zu kommen.
- Sie Angst vor Ihrer eigenen Kraft haben.
- Sie Ihre Wut nicht unter Kontrolle haben.
- Sie die Verantwortung Ihrer Situation auf andere schieben.
- Sie mit Männern wenig emotionalen Kontakt haben.
- Sie „kämpfen“ für etwas Schlechtes halten.
- Sie in Ihrer Sexualität aktiver sein möchten.

Affirmation zum Krieger: Ich bin wertvoll! Ich bin es wert, erfolgreich zu sein!

4.3.2. Seiko – die Sexualität des Kriegers

Seikō[42] ist das japanische Wort für *Erfolg*. Wird es in einem bestimmten Zusammenhang oder mit einer bestimmten Betonung ausgesprochen, bedeutet es auch, in sexueller Hinsicht vom Glück begünstigt zu sein. So steht *Seiko* auch für Glück und Erfolg im Sex. Erfolg im Arbeitsleben und Glück im Sex gehen beim vollendeten Krieger Hand in Hand. In Japan wird oft gescherzt, dass, wenn der Mann morgens gut gelaunt ins Büro kommt, er eine glückliche Nacht und „Erfolg" bei seiner Frau hatte. (Spezzano 2016, S. 163)

Zwischen Erfolg im Leben und einer erfolgreichen sexuellen Beziehung besteht ein natürlicher Zusammenhang. Beides wird durch Selbstvertrauen erst möglich und beides durch Selbstvertrauen auch vergrößert. Seiko bedeutet eine erfolgreiche und ausgeglichene Beziehung zur Arbeit, zur Partnerin und zum Leben selbst.

Für den Archetyp des Kriegers ist es eine ganz natürliche Sache, im Sex die Führung zu haben. Kraft und Leidenschaft vereinen sich in diesem Archetypen mit dem klaren Bewusstsein was er will. Er zeigt seiner Frau deutlich, dass er *sie* haben will und keine andere! Dies genießt und zeigt er auch und durch seine Erfahrung und sein Selbstbewusstsein kann sich die Frau dem vollendeten Krieger ganz anvertrauen, auch wenn es mal wilder zugeht. Der Erfolg des Kriegers entspricht dem Maß, wie er sein Seiko empfangen kann, und dem, wie es seine Partnerin empfangen und genießen kann. Seiko kann eine „Hymne des Triumphes" sein und der Krieger darf und soll seinen Erfolg auch genießen. Wenn Seiko den ihm angemessenen Platz im Leben des Kriegers eingenommen hat, bringt das auch alle anderen Bereiche seines Lebens voran.

Oft führt jedoch eine zu große Hingabe an andere Pflichten zu Problemen in Ehe und Beziehung. Zum Beispiel wenn ein Chef überpersönliche Hingabe und lange Stunden disziplinierter Arbeit und Selbstaufopferung verlangt. Manager, Ärzte, Rechtsanwälte, ehrgeizige Handelsvertreter und viele andere führen oft ein zerrüttetes Privatleben. Ihre Frauen fühlen sich oft entfremdet, regelrecht abgewiesen und rivalisieren erfolglos mit der „wahren Liebe" des Mannes, seiner Arbeit.

---

42. *seikō*, Erfolg (Langenscheidt)

Getreu der sexuellen Einstellung des Kriegers haben diese Männer zudem noch vielfache Affären mit ihren Sekretärinnen, Krankenschwestern, Kolleginnen und anderen Frauen, die aus sicherer Distanz ihr Kriegertum und ihr Engagement bewundern.

4.3.3. Der Schattenkrieger – Sadist und Masochist

Wenn ein Mann sich in den bipolaren Schatten des Kriegers verstrickt, wirken sich die Probleme bitter und zerstörerisch für ihn und sein Umfeld aus. Als Sadist „befehligt" er seine Frau, seine Kinder und spricht abwertend und kritisch im Kommandoton der darauf abzielt, zwischen sich und der Familie, die nach wie vor liebevoll mit ihm umgehen will, Distanz zu schaffen. Oft ist spontane Gewalttätigkeit gegen die Schwächeren das Ergebnis der eigenen Unfähigkeit, zärtlich und unbefangen zu sein. In der Losgelöstheit der Kriegerenergie, die nicht unbedingt von vorne herein negativ sein muss, öffnet sich nicht selten die Tür zur Grausamkeit. Dieser vom Schattenkrieger gelenkte Mann, der in Bindungen und Beziehungen so sehr verletzlich ist, muss unter allen Umständen lernen, sein Denken und seine Gefühle unter Kontrolle zu halten, nicht verdrängen, sondern annehmen, kontrollieren und transformieren. Sonst schleicht sich die Grausamkeit schnell durch die Hintertür wieder herein.

Es gibt zwei Arten von Grausamkeit: Grausamkeit ohne Mitgefühl und Grausamkeit mit Mitgefühl. Beispiel für ersteres ist eine Praktik die nicht nur von den SS-Offizieren der Nazis angewendet wurde, sondern auch heute noch in diversen Ausbildungslagern, beispielsweise der Fremdenlegionen, erfolgreich praktiziert wird, wie ich mich selbst an die Aussage eines ehemaligen Soldaten der französischen Legion erinnern kann. Die Auszubildenden zogen junge Hundewelpen auf, spielten, fütterten und sorgten für sie. Zu einem willkürlichen, vom Ausbilder gewählten Zeitpunkt, erhielten sie den Befehl, die Hundewelpen ohne jede Gefühlsregung qualvoll zu töten. Von Seiten mancher Geheimdienste, Militärs oder Legionen ist dies eine „einfache Dressur" zu eiskaltem Sadismus, die aber volle Wirkung zeigt. Man bedenke, dass diese vorerst so sensiblen Männer, sich in regelrechte Tötungsmaschinen verwandeln und auf Befehl zu den Folterknechten skrupelloser Politiker werden. Ein weiteres bedenkliches Beispiel ist, wenn sich Halbstarke und Jugendliche mit Vorbildern aus Neonazi-Gruppen und Gangs identifizieren und deren Gewalttätigkeit verherrlichen (Archetyp Klassen-Tyrann).

Aleksandra Tulej schreibt in ihrem Artikel „Jung, brutal, kriminell. Jugendgangs in Wien“[43] einen Auszug aus einem Text des Deutschrappers *Samra*: *„Fick die Strafanstalt, wir roll'n im Benz. Und das Koks in der Nase knallt, Kriminalgewalt.“* Auffällig auf den Profilen der Jugendlichen ist die öffentliche Bewunderung für kriminelle Banden. Auf Instagram und vor ihren Freunden spielen die Jugendlichen, ganz wie ihre Vorbilder, gern die großen kriminellen Macker. Am Ende steht oft der Jugendknast.

Manchmal jedoch ist die Grausamkeit des Sadisten nicht gefühllos, schreiben *Moore* und *Gillette*. Die Mythologie erzählt von rächenden Göttern und vom „Zorn Gottes“.

In Indien tanzt *Shiva* den Tanz der Weltzerstörung. Im Alten Testament lässt ein rachedurstiger und wütender Gott die Erde durch eine Sintflut zerstören, die fast alles Leben vernichtet. Der Krieger kommt als Racheengel zu uns, wenn wir sehr ängstlich und sehr wütend sind. Im wirklichen Kampf wie auch in stressbeladenen Lebenslagen, befällt den Sadisten in heiklen Situationen eine Art Blutdurst. Hand in Hand mit der Leidenschaft der Zerstörung und Grausamkeit geht ein Hass auf alles „Schwache“, auf Hilflosigkeit und Verletzlichkeit, in Wahrheit auf den verborgenen Masochisten im Sadisten.

Derselbe Sadismus zeigt sich auch in der Rekrutenausbildung, wenn es um eine angeblich unerlässliche Erniedrigung geht, die die Soldaten ihrer Individualität beraubt. Nur allzu oft sind die Motive des Ausbildners die Motive des sadistischen Kriegers, der die Männer unter seinem Kommando verletzen und demütigen will. Was sollen wir zu dem grauenerregenden Verhalten sagen, wenn Soldaten in den vergangenen Kriegen (1. Weltkrieg, türkische Armee) schwangere Frauen aufschlitzten, die ungeborenen Babys herausrissen und sich um den Hals hängten? Oder Anfang der 90er Jahre im Bosnienkrieg Massenvergewaltigungen regelmäßig stattfanden. Mirsad Tokaca, Leiter des *Research and Documentation Center* in Sarajewo meint in Bezug auf den Bosnienkrieg: *„Vergewaltigung ist kein isoliertes Ereignis. Es war geplant, gut geplant, und ausgeführt. Und es ist nicht – so sagen wir es hier – es ist nicht*

43. *AleksandraTulej,* Journalistin, https://www.dasbiber.at/content/jung-brutal-kriminell-jugendgangs-wien

die Befriedigung sexueller Bedürfnisse von Soldaten. Es ist sexueller Ausdruck von Aggression."[44]

Es mag nicht plausibel klingen, aber die Grausamkeit des sadistischen Kriegers ist direkt an die fehlgeleitete Heldenenergie gekoppelt. Zwischen Schattenkrieger und Held gibt es Gemeinsamkeiten wie die adoleszente Unsicherheit, die rabiate Emotionalität und die Verzweiflung des Helden, der gegen die überwältigende Kraft des Weiblichen zu bestehen sucht was stets den masochistischen oder angsterfüllten Pol des Heldenschattens auf den Plan ruft. Genau das überträgt der Schattenkrieger in sein Erwachsenendasein, da er sich seiner rechtmäßigen phallischen Kraft nicht sicher ist. Er kämpft gegen das, was er als das *übermächtig kraftvolle Weibliche* erfährt, und gegen alles vermeintlich „Weiche" und Verbindende. Er fürchtet noch als Erwachsener davon verschlungen zu werden und seine verzweifelte Angst davor führt zu ungezügelter Brutalität. Im Alltag treffen wir diese zerstörerische Kriegerenergie dort, wo ein Chef seine Untergebenen erniedrigt, quält, schikaniert und zu Unrecht feuert. Hinter der Wohnungstür begegnet uns der Sadist sichtbar an den Statistiken der misshandelten Frauen und besonders im Kindesmissbrauch.

Ein Persönlichkeitstypus neigt besonders zum sadistischen Krieger, nämlich der durch eine zwanghafte Persönlichkeitsstörung charakterisierte Mensch. Diese Persönlichkeiten sind oft Workaholics, nehmen nie den Fuß vom Gaspedal, können oft auch beispiellos viel Schmerz ertragen und leisten im Beruf oft Unglaubliches. Der Treibstoff dazu ist aber eine tiefsitzende Angst – die Verzweiflung des Helden. Das Selbstwertgefühl ist sehr schwach, oft wissen sie nicht genau, was sie wirklich wollen, was ihnen fehlt und was sie sich wünschen. Im Laufe der Zeit richten sie viel Schaden bei sich selbst an, denn sie verschleißen sich gnadenlos und landen früher oder später in einem Burnout, und alle anderen werden natürlich ihren unrealistischen Normen von Leistung sowieso nie gerecht und somit weder gewürdigt noch geachtet. Sollten Sie, lieber Leser, sich in den letzten Zeilen wieder finden und sich eingestehen können, dass sie ihrem eigenen geistigen und körperlichen Wohl wenig bis keine Beachtung schenken, dann

---

44. Lesen Sie mehr dazu unter: https://www.deutschlandfunkkultur.de/vergewaltigung-als-kriegswaffe-der- koerper-der-frau-ein-100.html

befinden sie sich ziemlich sicher im Griff des Schattenkriegers.

Jeder Beruf, der einen Menschen so unter Druck setzt, dass er ständig sein Bestes geben muss, öffnet dem Schattenkrieger Tür und Tor. Wenn wir uns in der Seele nicht sicher genug fühlen, werden wir zur Festigung unseres Selbstvertrauens auf Leistung im Außen setzen – manchmal bis zur Zwanghaftigkeit. Der Mann, der vom Erfolg besessen ist, hat schon verloren. Er will den inneren Masochisten verdrängen, zeigt aber selbstbestrafendes Verhalten. Der Masochist ist der passive Pol des Kriegers, der „arme Hund“, der dicht unter der Oberfläche des Sadisten liegt. Er projiziert Kriegerenergie auf andere Menschen und ist selbst unfähig, sich seelisch zu schützen. Er lässt sich herumschubsen und gestattet anderen, oftmals in jedem Lebensbereich, seine geistigen und körperlichen Grenzen zu überschreiten.

Wer unter dem Einfluss des masochistischen Kriegers steht, wird viel zu viel Missbrauch viel zu lange ertragen und irgendwann in sadistische Ausbrüche verbaler oder gar physischer Gewalt explodieren. Dieses Schwanken zwischen dem aktiven und passiven Polen beschreibt das Grundmuster des Schattenkriegers. (Vgl. Moore, Gillette 2018, 117 ff)

„Leben ist Leiden. Aber es gibt einen Ausweg aus dem Leiden!“
Buddha

Sie werden als Mann davon träumen, aber nicht handeln können um Ihre Träume Wirklichkeit werden zu lassen. Darum suchen Sie den Zugang zum Krieger. Die Frage ist nicht, *ob* Sie im Banne eines oder beider Pole stehen, sondern *in welcher Weise* Sie keinen richtigen Zugang zu Ihrem maskulinen Kraftpotential finden? Wenn Sie den richtigen Zugang zum Krieger gefunden haben, werden Sie entschlossen, energisch, mutig, ausdauernd und beharrlich sein. Ihr Pflichtgefühl gilt dann einem höheren Wert als nur Ihrem persönlichen Vorteil. Gleichzeitig müssen Sie Ihrem Krieger auch mit den anderen gereiften Formen, den des Magiers, Liebhabers und Königs, verschmelzen. Wenn Sie auf diese Weise Zugang zum Krieger finden, werden Sie als Mann kraftvoll und warmherzig, mutig und verständnisvoll, aufrichtig und fruchtbringend wirken. Sie werden auf sich selbst und auf andere achtgeben. Ihre Kämpfe werden gute Kämpfe sein, für eine bessere Welt und für jedes Lebewesen gleichermaßen. Ihre „Kriege" führen Sie nur dann, um Neues, mehr Gerechtigkeit und Freiheit zu schaffen.

4.4. Der Magier im Mann

Welche Funktion übernimmt nun die vollendete Magier-Energie? Der Magier ist unter anderem der Archetyp der Wahrnehmungskraft und der Einsicht. Er hat Wissen um alles, was nicht sofort sichtbar und dem Verstand zugänglich ist. Er ist der Archetyp, der über das regiert, was die Psychologie als das „beobachtende Selbst" kennt. Es beobachtet das Leben und drückt zur richtigen Zeit die richtigen Knöpfe. Durch dieses beobachtende Selbst schirmt uns der Magier-Archetyp von der überwältigenden Kraft der anderen Archetypen ab. Er ist der innere Mathematiker, der Ingenieur, der die Lebensfunktion der Psyche als Ganzes reguliert. Er kennt die Kräfte der inneren „Sonne", und weiß, wie man ihre Kraft am zweckmäßigsten kanalisiert. Der Magier reguliert die Energieströme des Kriegers, Liebhabers und des Königs im Interesse unserer Lebensführung.

Magier und Okkultisten setzen bewusst ihr Wissen und ihre (technischen) Fähigkeiten zum Vorteil für sich und andere ein. Ob Elektriker, Installateure, Forscher, Psychologen oder Ärzte, sie alle sind bemüht rohe Energie für andere aufzubereiten.

Das gilt im Übrigen für Schamanen mit ihren Rasseln, Trommeln, Amuletten und Beschwörungsformeln, wie auch für den Wissenschaftler in der medizinischen Forschung, der nach Heilmitteln für Krankheiten sucht. Magier-Energie macht sich in Form von Klarheit im Denken bemerkbar. Für sich allein ist der Magier nicht handlungsfähig. Die Tatkraft ist die Domäne des Kriegers, aber der Magier besitzt die Fähigkeit klar zu denken. Jedes Mal, wenn es in unserem Alltag um verzwickte Situationen und Entscheidungen geht, angefangen von „wie werde ich in der Firma eine Beförderung bekommen" über „wie kann ich meinen lernfaulen Sohn motivieren" bis über „wie gestalte ich mein Haus" zur „perfekten Finanzierung des neuen Projektes " jedes Mal, wenn wir mit sorgsamer Einsicht und Überlegung Entscheidungen treffen, zapfen wir die Energie des Magiers an.

Beim Magier geht es um Besinnung und Reflexion und auch um Introvertiertheit. Er kann sich vom Äußeren, vom Offensichtlichen lösen und zu den inneren Kraftquellen, zu der tief innen liegenden Wahrheit vordringen. Der Magier lebt stark aus seiner inneren Mitte heraus, lässt sich nicht leicht entwurzeln oder gar herumschubsen. Er tritt oft in Krisenzeiten auf den Plan. Er handelt auch in Ausnahmesituationen gefasst und sicher, weil er auf seine innere Stimme vertraut.

In schwierigen Situationen treten Menschen oft in eine Raum-Zeitebene ein, die die Bezeichnung „heilig" verdient. Vom Magier gelenkte Menschen kennen diesen „heiligen Raum" gut, denn sie versetzen sich absichtlich in diesen besonderen Raum hinein. Das Betreten kann durch bestimmte Beschwörungsformeln oder Gebete, durch ein besonderes Musikstück oder ein Hobby, durch einen Waldspaziergang oder durch Meditation betreten werden. Wenn sie zurückkommen, können sie sehen, was bei einem Problem zu tun ist und wie sie die Dinge umsetzen.

Der heutige Magier ist nur ein Bruchteil von dem, so glaube ich es zumindest, was in früheren Zeiten ein Schamane an Können hervorgebracht hat. Der Schamane der traditionellen Gemeinschaft war Heiler, er erweckte wieder zum Leben, spürte verlorene Seelen auf, erkundete verborgene Ursachen von Missgeschick, war Lehrer und gab dem Einzelnen wie der Gemeinschaft Ganzheit und Fülle zurück, dort wo sie verloren ging. Auch heute noch folgt die Magier-Energie diesem Ziel, aber in anteilnehmender Anwendung von Wissen und Technologie. So stellt der Magier das vollendete menschliche Gefäß des ganzheitlichen Seins aller Dinge dar. (Vgl. ebd. 138 ff)

4.4.1 Die Archetypen im Magier-Bewusstsein

(+/- unreife bipolar dysfunktionaler Schatten als aktiver/passiver Pol)

Kurz und bündig steht der vollendete Magier für: Heilung, Magie, Visionen, Erfindergeist, Kreativität, waches Beobachten und Phantasie. Er ist zentriert und verbunden mit dem Urwissen, gibt Rat und kann Rat von anderen annehmen, hat einen offenen Geist und transformierende Kraft, ist Heiler und Künstler zugleich, glaubt an Wunder, verurteilt nicht, ist vielseitig, setzt neue Impulse, findet Wege und Möglichkeiten, schaut über den Tellerrand, wägt Vorteile und Nachteile ab ohne voreingenommen zu sein, entdeckt sich immer wieder selbst, verwandelt Wissen in Weisheit und er weiß, dass Liebe die Grundlage aller Magie ist. Sie sollten sich mit dem Archetyp Magier beschäftigen wenn:

- Ihnen Veränderung schwer fällt (egal in welchem Bereich).
- Sie Entscheidungen treffen oder neue Wege finden möchten.
- Sie neue Sichtweisen und Erkenntnisse suchen.
- Sie sich selbst in der Tiefe entdecken möchten.
- Sie Verständnis und Toleranz üben möchten.

- Sie Weisheit erlangen wollen.
- Sie auch Magie in der Sexualität erfahren möchten.

Affirmation: Ich vertraue mir. Ich lebe aus der Weisheit meines Herzen heraus.

4.4.2. Transzendenz in der Sexualität des Magiers

Sexualität und Geist sind nicht Gegensätze, sondern zwei Dimensionen einer einzigen Wirklichkeit. Das weiß der Magier und kann sich auch jenseits aller Körperlichkeit mit seiner Partnerin verbinden. Es geht ihm nicht um die perfekte Technik, sondern vielmehr darum, den Wesenskern des anderen zu finden und sich dort mit ihm zu verbinden. *Transzendenz*[45] im Sex bedeutet, dass wir unseren Körper überschreiten und uns mit unserem Partner und dessen Körper verbinden, bis wir an einem Punkt gelangen, an dem unser Geist mit dessen Geist eins wird. Es geht dem Magier nicht alleine darum, sich von den körperlichen Freuden mitreißen zu lassen, sondern um die Freude die sich bei ihm einstellt, wenn in der Verbindung mit der Partnerin die Mauern des Egos fallen. Es geht ihm darum, sich von der magischen Kraft der Liebe mitreißen zu lassen und darum, Yin und Yang bei Mann und Frau ins Gleichgewicht zu bringen.

Aus dieser Verbindung heraus entsteht eine Magie die Türen öffnen und durch die Gnade einströmen kann. Der Magier weiß sich in einer besonderen Art tief zu verbinden, die nichts zurückhält und alles willkommen heißt. Dies kann dazu führen, dass sich alle Illusionen, in Sanskrit *Maya*[46] genannt, auflösen. In der reifen Verbindung mit dem

---

45. *Transzendenz*, lat. *transcendentia* „das Übersteigen", beschreibt den Bezug auf einen Gegenstandsbereich, der jenseits möglicher Erfahrung bzw. vorfindlicher Wirklichkeit liegt. In Philosophie, Theologie und Religionswissenschaft wird damit auf ein metaphysisches Wesen des Wirklichen an sich selbst Bezug genommen, das sich in der philosophisch-theologischen Tradition mit dem Begriff eines göttlichen, unendlichen Grundes erfahrbarer, endlicher Wirklichkeit verbindet.

46. Insbesondere im *Advaita Vedanta* stellt *Maya* die Illusion des begrenzten, verblendeten Ich dar, dass die Realität als nur physisch und mental versteht und das wahre Selbst, *Atman*, das eins mit *Brahman* ist, nicht erkennt. Um *Moksha* (Erlösung) zu erreichen, muss *Maya* überwunden werden.

Archetypen des Liebhaber ist der Magier dazu fähig, seine körperliche Erscheinungsform aufzulösen und in das göttliche Strahlen der Liebe und des Lichtes einzutreten, deren Teil wir alle, wenn auch meistens unbewusst, sind. Solch magische Sexualität verändert uns und unsere Beziehung zum Partner.

Der Magier glaubt auch nicht an Trennung, denn er weiß um die Einheit. Die Sexualität des Magiers verändert das Selbstkonzept, löst es auf, sogar dass, was wir manchmal von uns selbst glauben zu sein. Der Magier tritt selbst in den Hintergrund und betrachtet die Dinge nicht mehr aus der Ich-Perspektive, sondern von dem Standpunkt der absoluten Verbundenheit, dem „All-Eins-Sein" aus. Das Ego des Magiers tritt vollkommen in den Hintergrund und so wird der Himmel in höherem Maße in ihm präsent. Er stellt sich nicht die Frage, *wie* er Sex macht, sondern eher *was* Sex mit ihm tut. Er lebt seine Sexualität im tiefen Miteinander mit seiner Partnerin und heißt Gnade und Führung willkommen, denn es öffnet ihn für ein neues Maß an Transzendenz.

4.4.3. Der Schattenmagier – Manipulant und Verweigernder „Ahnungsloser"

So positiv der Magier-Archetyp erscheint, auch er besitzt eine bipolare Schattenseite die uns sogar in unserer aktuellen Zeit besonders betrifft. Denken wir an die Verschmutzung der Ozeane, an das Abholzen der Regenwälder in Brasilien und auch anderswo in der Welt, an Ozonlöcher und an die ansteigende Flut toxischer Abfälle, die das Leben von Mensch und Tier gefährdet. Die Beherrschung der Natur und Umwelt ist eine wesentliche Funktion des Magiers, die, wenn sie aus dem Ruder läuft, unabsehbare Folgen mit sich bringt. Heutzutage gibt es eine Menge unreife *Wissbegierige Kinder* im Sinne des *Altklugen Schelms*, die glauben alles zu wissen und zu kennen. Es sind die „Zauberlehrlinge" dieser Welt, doch die Konsequenzen deren Handelns tragen wir alle gemeinsam.

Hinter den Informationsministerien und ihren gelenkten Pressekonferenzen, zensierten Nachrichten und den von außen gesteuerten politischen Aufmärschen verbirgt sich zuweilen das Gesicht des Schattenmagiers als Manipulant. Dieser aktive Pol ist im besonderen Sinne ein „Schatten der Macht". Ein Mann im Banne dieses Schattens unterweist und lehrt andere nicht, so wie es der Magier tut, der Menschen schrittweise in Wissen einweiht, die diese verarbeiten und verinnerlichen können, um ein besseres und erfüllteres Leben zu haben. Der Manipulant zieht seine unsichtbaren Fäden, indem er den Menschen vitale Informationen vorenthält. Er gibt nur spärlich Informationen, in der Regel gerade so viel, um jeden von seiner Überlegenheit und großen Gelehrtheit zu überzeugen und dafür verlangt er nicht selten einen hohen Preis.

Der passive Pol ist der Verweigernde „Ahnungslose", der Naive. In ihm lebt der passive Pol des *Wissbegierigen Kindes,* der Trottel von der Kindheit, bis ins Erwachsenenalter fort. Auch der Ahnungslose will Macht und Prestige, doch die Verantwortung will er nicht übernehmen. Er will sich erst gar nicht mitteilen, will nicht lehren und verweigert sich der Aufgabe anderen zu helfen. Dadurch verweigert er sich der Selbsterkenntnis und will auch nicht die Anstrengung auf sich nehmen, die eine Kanalisierung und Bändigung von Geisteskraft mit sich bringt. Er lernt selbst nur so viel wie nötig ist, um jene vom Weg abzubringen, die ihrerseits fruchtbringende Anstrengung auf sich nehmen. Er selbst sieht sich als „zu gut" um echte Anstrengung zu übernehmen, beteuert und sieht sich als untadelig, dies ist sein verborgener Machttrieb. So blockiert der „Ahnungslose" andere Menschen in ihrem Tun und betreibt damit ihren Fall.

Der Antrieb des „Ahnungslosen" entspringt dem Neid auf alles, was handelt, lebt und sich mitteilen kann. Sein Neid auf das Leben führt ihn in die Angst, die Leute könnten seine Kraftlosigkeit bemerken und ihn von seinem wackeligen Podest stoßen. Sein oft „eindrucksvolles Benehmen", die versteckt betriebenen Sticheleien, die Antipathie gegen Fragen sogar zu seinen erworbenen Kenntnissen, sollen seine innere Starre, Trostlosigkeit und Verantwortungslosigkeit vor den Augen der Welt verbergen. Ein Mann im Banne des „Ahnungslosen" begeht sowohl Handlungs- als auch Unterlassungssünden, versteckt aber seine negativen Beweggründe hinter vorgetäuschter Naivität. Solche Männer wirken aalglatt und unwirklich. Sie weichen jeder echten Konfrontation aus, ziehen unsere intuitiven Wahrnehmungen über ihr Verhalten in Zweifel und halten uns so außer Gleichgewicht. Wenn wir ihre Ahnungslosigkeit in Frage stellen reagieren sie nicht selten mit tränenreicher Verstörtheit und lassen uns im eigenen Saft schmoren. Wir schämen uns niedrige Motive unterstellt zu haben und denken, dass wir paranoid sein müssen. Doch das dumpfe Gefühl, dass man uns manipuliert hat, bleibt.

Dieser Mann erfährt sich meist als innerlich chaotisch und äußerlich unter Druck gesetzt. Er wird sich anderen Menschen gegenüber passiv-aggressiv verhalten, aber jede böse Absicht bestreiten. Um Zugang zum Magier in Vollendung zu finden, weil er sich verstrickt in den unaufrichtigen verweigernden Pol seines Schatten wahrnimmt, ist, Festigkeit, Gelassenheit und nüchterne Klarheit anzustreben. Er erhält die schwierige Aufgabe zu lernen seine Emotionen loszulassen, ohne dabei aber seine Gefühle zu verdrängen. Er muss lernen sich zu differenzieren, seine Gefühle zu betrachten, sie anzuschauen und wahrzunehmen, aber nicht verdrängen. Erst dann kann er seine Gefühle und Emotionen verwandeln und kann so zum Magier werden.

Nicht selten stecken tiefe Ängste aus der Kindheit dahinter, die sich in „Wirbelsturmträumen“ ausdrücken und ihn auf den Zorn seiner Kindheit aufmerksam machen möchten. Vielleicht waren die Eltern Alkoholiker oder übernahmen aus anderen Gründen nicht die volle Verantwortung, vielleicht wurde er in irgendeiner Weise missbraucht und zu viel Verzweiflung, Angst und Wut lastete auf ihm. Die Kraft dieser unterdrückten Emotionen kann kanalisiert und zu einem Potential umgewandelt werden. Die „schwarze Magie“ der Kindheits-Wut kann in die Kraft der Gelassenheit und Festigkeit transformiert werden.

Im richtigen Zugang zum Magier wird sein Berufs- und Privatleben mit einer Dimension der Klarsicht ergänzt, die ihn tiefe Einsicht in sein Selbst beschert. Aber kein Archetyp funktioniert gut für sich alleine. Erst in Verbindung der anderen reifen männlichen Qualitäten gewinnt er an Fruchtbarkeit und Großzügigkeit, an Entschlossenheit und Courage in tiefer Verbundenheit mit allen Dingen. Bezähmt und kanalisiert er diese Kräfte und gelingt ihm die Verbindung, dann macht er sich für seine Mitmenschen dienstbar und kann zur Bereicherung der Welt beitragen. (Vgl. ebd. 143 ff)

„Suche das Innere der Erde auf,
und durch richtige Ausrichtung wirst
Du den verborgenen Stein finden."
Die alchemistische Formel V.I.T.R.I.O.L. für Transmutation

4.5. Der Liebhaber im Mann

Der vollendete Liebhaber ist der Archetyp des Spiels und des „Schauspiels", der gesunden Körperlichkeit, der sinnlichen Freude, des Lebens im eigenen Körper ohne Schamhaftigkeit. Er ist somit *zutiefst sinnlich* und sensibel für die materielle Welt in all ihrem Glanz. Der Liebhaber ist durch seine Sensibilität mit allen Dingen intim verbunden, dadurch ist er sehr emphatisch und anteilnehmend. Für den Mann, der Zugang zum Liebhaber gefunden hat, sind alle Dinge auf geheimnisvolle Weise untrennbar eins. Er sieht die „Welt in einem Sandkorn". Er hat erkannt, dass sich das Große im Kleinen reflektiert. Nicht nur, dass er die Welt in einem Sandkorn *sieht* – er *fühlt,* dass es so ist. So sind auch die Erfahrungen der großen Mystiker.

Der Liebhaber hat einen ganz natürlichen Zugang zum kollektiven Unbewussten[47]. Östliche Philosophen haben uns Menschen mit *Wellen auf der Oberfläche eines endlosen Ozeans* verglichen. Die Liebhaber-Energie befindet sich in unmittelbarem und intimen Kontakt mit diesem „ozeanischen" Verbundensein. Er fühlt sich eins mit der Natur, der Tier- und Pflanzenwelt und kann selbst das Empfinden einer Ameise nachfühlen. Die Sensitivität gegenüber allen inneren und äußeren Dingen ist auch begleitet von der Leidenschaft. Das Verbundenheitsgefühl des Liebhabers ist nicht primär eine Sache des Intellekts. Es wurzelt im Empfinden. Zumindest hinter der Fassade empfinden wir alle archaische Hungergefühle mit Leidenschaft, doch der Liebhaber weiß es aus tiefster Einsicht. Nah am Unbewussten

47. Das *kollektive Unbewusste* ist ein von *Carl Gustav Jung* geprägter Begriff für eine unbewusste psychische „Grundstruktur" des Menschen und ein Basiskonzept der Analytischen Psychologie. Das Konzept des kollektiven Unbewussten ist bei Jung nicht trennbar von seiner Theorie der Archetypen.

heißt „Feuer“ – nahe den Feuern des Lebens und auf biologische Ebene den Feuern der lebensspendenden Vorgänge. Liebe ist, wie wir alle wissen, „heiß“, oft „zu heiß“ für uns. Dieser Mann will alles körperlich und emotional berühren und er will von allem berührt werden. Grenzziehung akzeptiert er nicht, denn er möchte Verbundenheit mit der Welt ausleben. Innerlich im Kontext seiner starken Gefühle und äußerlich in seiner Beziehung zu den Mitmenschen. Letztlich will er die Welt sinnlicher Wahrnehmung in ihrer Ganzheit erfahren.

Der Liebhaber-Archetyp besitzt auch ein ästhetisches Bewusstsein. Was es auch sein mag, dieser Mann erfährt es auf schöngeistiger Ebene. Alles Leben ist für ihn Kunst und wo wir uns mit Hell- oder Dunkelbraun begnügen, erblickt er in allem hunderte Farben in subtilen Nuancen. Die Liebhaber-Energie entwickelt sich aus dem *Ödipalen Kind*, aus ihm kommen die Spiritualität und die Mystik. Die mystische Tradition, die *Theo-Sophia*, bildet das Fundament aller Weltreligionen und ist in ihnen gegenwärtig.

In den Mysterien offenbart die Liebhaber-Energie das wesenhafte Einssein von allem, was ist und strebt, während sie noch im sterblichen, endlichen Menschen wohnt, aktiv nach der Erfahrung dieses inneren Einsseins im Alltag. Der Liebhaber verspürt die Sehnsucht, eins zu werden mit dem Geheimnis des dunklen Unbekannten, mit der bedrohlichen, jedoch seltsam besänftigenden Dunkelheit. Diese Dunkelheit steht für nichts anderes als für die Weiblichkeit selbst, für die große Göttin und Mutter. Ebensolche Empfindungen beschreiben Mystiker aller Religionen, wenn sie über ihren Drang sprechen, eins mit dem Mysterium zu werden. Sehr interessant finde ich, dass *Moore* und *Gillette* (S. 158) das Sprachtalent Männern mit dem Archetyp Liebhaber zuordnen. Sie „erfühlen“ vielmehr eine Fremdsprache, als dass sie diese mechanisch erlernen. So können unsere Sinne uns sogar den Zugang zu hochabstrakten philosophischen und wissenschaftlichen Gebieten ermöglichen.

Der Mann mit Zugang zum Liebhaber erfährt letztlich alles im Leben auf diese Weise. Er fühlt den Weltschmerz, empfindet aber auch höchste Freude. Das Entzücken und die große Freude *an allen* sinnlichen Erfahrungen des Lebens. Beispielsweise ist es für ihn ein sinnlicher Genuss eine Zigarrenkiste zu öffnen und das exotische Tabakaroma zu riechen. Auch schätzt er gutes Essen und Trinken. Ebenso kann eine besondere Musik, vielleicht ein ganz besonderes Lied, ihm Tränen der Freude und Ergriffenheit weinen lassen. So ist alles Schöpferische, ob Kochen, Malen, Werkeln oder auch Schreiben für ihn eine höchst sinnliche Erfahrung. Übrigens rauchen viele Schriftsteller, Autoren und auch Journalisten. So bekam ich von einem Literaten, auf meine Frage warum er rauche, als Antwort: Es entspanne ihn nicht nur, sondern Tabakrauch öffne ihm die Sinne für die Nuancen, Eindrücke und Gefühle dieser Welt. Er fühle sich dadurch mit ihr verbunden und kreativ. Kein Wunder, dass der indigenen Bevölkerung Amerikas Tabak heilig war und ist, denn auch Naturvölker leben eine tiefe Sinnlichkeit.

Der Mann mit Zugang zum Liebhaber leidet nicht selten unter dem Stimmungswechsel seiner Mitmenschen. Er ist beinahe quälend empfindsam und „liest" in Menschen wie in einem Buch. Es kann oft auch sehr schmerzhaft für ihn sein, wenn er durch seine Verbundenheit auch den Schmerz des anderen erlebt. Wo andere Männer fähig sind Schmerzen zu vermeiden, muss der Liebhaber den Schmerz ertragen. Er fühlt den Schmerz des Lebendigseins an sich selbst und am anderen. Wir alle wissen um die Wahrheit, dass die Liebe in gewisser Weise Freude und Schmerz zugleich bringt. In seinem berühmten *„Hohelied der Liebe"* beschreibt *Paulus* die *wahre Liebe* und dass diese Liebe alles trägt, man könnte sagen alles „erträgt" und allem standhält. Und das zeichnet auch den Archetyp des Liebhabers aus. (Vgl. ebd. 154 ff)

„... Sie erträgt alles, glaubt alles,
hofft alles, hält allem stand.
Die Liebe hört niemals auf ..."
Paulus v. Tarsus - Hohelied der Liebe

4.5.1. Die Archetypen im Liebhaber-Bewusstsein

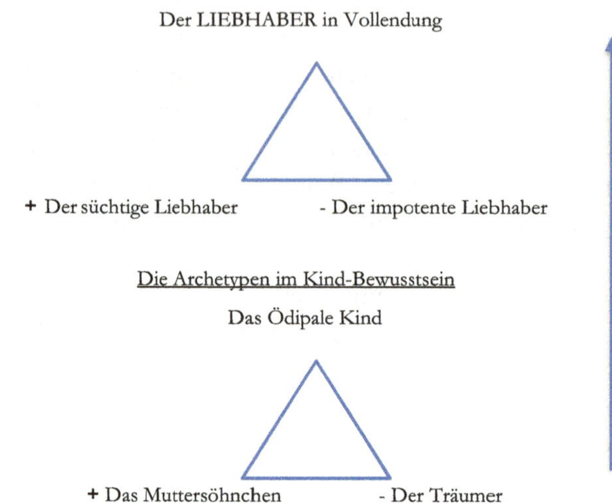

(+/- unreife bipolar dysfunktionaler Schatten als aktiver/passiver Pol)

Kurz und bündig steht der vollendete Liebhaber für Herzverbundenheit, Gleichgewicht zwischen Geben und Nehmen, Verbindung zum Weiblichen und Intimität in allen Aspekten des Lebens (Natur, Menschen, Tiere, usw.), Mitgefühl, Spontanität, Sinnlichkeit, Innigkeit, Leidenschaft, Genuss, Neugier, Kreativität; er kann seine Gefühle wahrnehmen und mitteilen; er kann Liebe geben und annehmen; er kennt die eigenen Grenzen, Stärken und Ziele; er ist gleichzeitig Künstler und Medium. Sie sollten den Liebhaber in sich erwecken wenn …

- Sie denken, dass Sie zu wenig Fülle im Leben haben (zu wenig bekommen).
- Sie nicht gut geben und teilen können.
- Sie Ihre Gefühle mehr zum Ausdruck bringen möchten.
- Ihnen Spontanität und Verspieltheit fehlen.
- Sie die weibliche Seite besser kennen lernen möchten.
- Sie mehr Lust und Sinnlichkeit in Ihre Sexualität bringen möchten.
- Sex für Sie nur eine physische Angelegenheit ist.
- Sie innige Liebe in allen Bereichen leben möchten.

Affirmation: Ich liebe mich und erkenne das Schöne in mir. Ich erlaube mir zu fühlen.

4.5.2. Die inspirierte Sexualität des Liebhabers

Der Archetyp des Liebhabers macht sich natürlich am meisten im Liebesleben bemerkbar und Sexualität spielt hier eine wesentliche Schlüsselrolle. Der vollkommene Liebhaber begibt sich bewusst in die Wogen der ekstatischen Liebe. Für ihn ist Sex unbedarfte Lust und Spiel, und gleichzeitig etwas zutiefst Heiliges. Er erlebt Sex als etwas ganz Natürliches und ist nicht in Verlegenheit und Scham gefangen, er zeigt sich weder aufreizend noch schüchtern und hinter seiner Natürlichkeit verbirgt sich weder Lüsternheit noch Prüderie. Nackt sein ist für ihn kein Tabu sondern ein göttlicher Zustand. Der Liebhaber befindet sich vollkommen im offenen Fluss einer natürlichen Sinnlichkeit, gleich wie ein unschuldiges Kind. Er erkennt, dass er nicht sein Körper *ist*, sondern er einen Körper *hat.* Der Körper ist eher ein Kommunikationsinstrument um die Welt an sich und den anderen zu erfahren. Er erhöht weder den Körper, noch setzt er ihn herab, aber er ist sich seiner Verantwortung über ihn völlig bewusst.

Für den Liebhaber in Vollendung ist Sex höchste Inspiration. Sex erzeugt energetischen Fluss, erhebt ihn und er lässt sich mit offenem Herzen und offenem Geist davon tragen. So löst sich auch ein zu starres Ego auf. Inspirierter Sex lässt ihn auch immer wieder neu verliebt sein. Inspiration ist eine Muse der Kreativität, die ihn dazu bringt, mehr zu empfangen und dadurch auch mehr zu geben. So macht diese Art von Hingabe es auch möglich, dass der Partner urteilsfrei gesehen wird und so die gemeinsame Lebensaufgabe erkannt und der Weg dorthin gefunden wird. Der Liebhaber lebt seine wahre Schönheit und erkennt die der Partnerin, ist rückhaltlos offen und teilt sein Herz.

Wenn Sexualität mit so inniger Liebe gelebt wird, findet eine neue Art der Kommunikation statt. Diese baut eine innere Brücke auch zu den Teilen in uns selbst, die wir abgeschnitten haben, und auch zu dem, was zwischen uns als Liebende (noch) nicht verbunden ist. Diese Liebe erzeugt einerseits Spannung und Abenteuer, lässt dabei Ganzheit und Integrität entstehen, öffnet unser Herz, unseren Geist und vertieft die Freude an der Sinnlichkeit, wodurch Sex zur Liebeskunst wird. In solch einer Verbindung geht es nicht mehr nur darum, etwas zu bekommen oder darum, etwas (für den anderen) zu tun, nur um etwas zu bekommen.

Der Liebhaber erkennt in der Verbindung zur Partnerin, dass im Akt der Verbindung sich die Trennung zur Welt ein wenig auflöst und ein Blick auf das Göttliche möglich wird. Die Süße unserer Verbindung im Geschlechtsakt ruft die Erinnerung an den Himmel in uns wach. Und je tiefer wir uns verbinden, umso mehr ist die sexuelle Begegnung von Mystik durchdrungen und geht über das körperliche Vergnügen hinaus zur spirituellen Liebe hin, bis diese schließlich das Tor zur Erleuchtung öffnet. Dies ist es, wonach unsere Sehnsüchte und Bedürfnisse in Wirklichkeit streben.

4.5.3. Der Schattenliebhaber – der Süchtige und der Impotente

Der drängendste Gedanke, der sich dem vom süchtigen Liebhaber „infizierte" Mann stellt, ist sicherlich: „Warum soll ich meiner sinnlichen und sexuellen Erfahrung dieser großen, weiten Welt Schranken setzen, einer Welt, die endlose Genüsse für mich bereithält?" Warum wird ein Mann süchtig? Der wesentlichste Punkt des Süchtigen Liebhabers ist seine Verlorenheit, die sich in vielfacher Weise zeigt. Er ertrinkt buchstäblich in seinen sinnlichen Emotionen und wie ein Herbstblatt im Wind verliert er die Herrschaft über sein Schicksal, er wird zum Opfer seiner Sensibilität.

Oft genügt ein flüchtiger Eindruck der Außenwelt, um ihn aus dem Gleichgewicht zu bringen. Seien es die schönen Worte von Frauen, eine emotionale Auseinandersetzung im Büro, die Verzweiflung an der unaufgeräumten Wohnung, die unangenehmen Geräusche von der Straße oder eine andauernde Melodie im Kopf – das alles macht ihn verrückt und kann sich bis zur Panik steigern. Er verfängt sich regelrecht in der Welt der Bilder und Klänge, der Gerüche und auch der Tastempfindungen.

Der süchtige Liebhaber liebt auch Tabak, Alkohol, Drogen, das Spiel und den Sex und hat auch eine Sammlerleidenschaft. Er ist verstrickt in die Freuden des Augenblicks, dem er nicht entrinnen kann. Der Theologe *Reinhold Niebuhr* nannte es die *„Sünde der Sinnlichkeit"* (Neubauer 1963, S. 63) und im Hinduismus wie auch in der Theosophie wird es als *Maya,* als Illusion bezeichnet, als den berauschenden und süchtig machenden Tanz sinnlicher Dinge. Er betört und benebelt den Geist und bannt uns in den Kreislauf von Schmerz und Leid. Es ist nicht möglich, sich nach dem physischen Tode vom Irdischen zu lösen, denn „... zu schwer wiegt das Herz, das leicht wie eine Feder sein soll damit die Seele aufsteigen kann ..." so lese ich im Ägyptischen Totenbuch.

Wer in der Glut der Liebe und in Abhängigkeiten schmort, kann sich nicht mehr von seinen Emotionen lösen und Abstand gewinnen. Der süchtige Liebhaber kann innerlich keinen Schritt zurück treten, nicht mehr handeln um „zu sich zu kommen". Hat man das Gefühl in einer süchtig machenden Beziehung verstrickt zu sein, ist man ziemlich sicher Opfer des Schattenliebhabers geworden. In seiner Verlorenheit ist er zu ewiger innerlicher wie äußerlicher Unruhe verdammt. Wir begegnen ihm im Mann, der ständig auf der Suche ist. Was er sucht, weiß er nicht und er ist unfähig zur Ruhe zu kommen, da immer wieder neue Verlockungen und neue Abenteuer auf ihn warten.

Er verspürt einen unstillbaren Hunger nach etwas Nebulösem, das vielleicht schon hinter dem nächsten Hügel auf ihn wartet und er kann nicht aufhören, Grenzen hinauszuschieben. Nicht die des Wissens, denn das wäre befreiend für ihn, sondern die Grenzen seiner Sinnlichkeit, egal wie hoch der Preis ist. Er ist der Cowboy, der am Schluss einsam in den Sonnenuntergang reitet, der Indiana Jones oder auch James Bond – liebend und verlassend, um wieder zu lieben und wieder zu verlassen. Hier begegnen wir auch dem *Don-Juan-Syndrom*[48], das Monogamie-Polygamie-Thema. Monogamie hier positiv betrachtet als tiefe Verwurzelung und Zentriertheit eines Mannes. Er fühlt sich ver- und gebunden, jedoch nicht an äußere Regeln, sondern durch sein inneres Gefüge, sein Gefühl für männliches Wohlbefinden, männliche Gelassenheit und durch innere Freude.

Der Mann andererseits, der von Frau zu Frau tanzt und zwanghaft sucht, ohne zu wissen nach was, ist ein Mann, dessen inneres Gefüge noch nicht gefestigt ist. Er ist innerlich zersplittert und unausgeglichen. Die illusionäre Ganzheit, die er in den sinnlichen Erfahrungen mit weiblichen Formen vermutet ist eine innere Täuschung und so taumelt er von einer zur anderen. Er lebt in einer Fassade und der Blick hinter die Kulissen bleibt ihm solange

---

48. *Satyriasis* oder *Satyromanie*, benannt nach den *Satyrn* der griechischen Mythologie, später *Donjuanismus* oder *Don-Juan-Syndrom* (nach der Figur Don Juans), wurde in der Medizin und Psychologie als ein krankhaft gesteigerter männlicher Geschlechtstrieb bezeichnet.

versagt, bis er erkennt, dass er nichts anderes als ein „Götzendiener" ist, so würden es die alten Religionen bezeichnen. Er versieht die vergänglichen Fragmente seiner zersplitterten Wahrnehmung mit der Kraft der Ganzheit, die er selbst niemals erlebt hat. Als Beispiel meine ich hier Männer, die umfangreiche Sammlungen pornographischer Bilder nackter Frauen anlegen. Oft feinsäuberlich in Brüste und Po's unterteilt die dann schwelgend miteinander verglichen werden. Sie ergötzen sich an anatomischen Teilen, können aber eine Frau nicht als ein physisch und psychisch ganzheitliches Wesen erfahren.

Der Süchtige versteht sich selbst nicht als eine einfache menschliche Einheit von Körper, Seele und Geist, sondern identifiziert sich, verstrickt in seine Hybris und Selbstherrlichkeit, selbst mit Gott. Der süchtige Liebhaber sucht, meist unbewusst, nach dem „ewig währenden Orgasmus". Deshalb wandert er von einer Frau zur anderen und immer, wenn sie ihn mit seiner Sterblichkeit konfrontiert, mit Vergänglichkeit, Schwachheit und Begrenztheit, lässt sie damit auch seinen Traum vom Superorgasmus platzen. Mit anderen Worten, wenn die Illusion ein Gott anstatt ein Mensch zu sein sowie die Erregung dadurch nachlassen, dann macht er sich wieder auf die Suche nach Erneuerung seiner Ekstase. So braucht er wieder seinen „Schuss" maskuliner Freude. Leider ist das Ende nahe, wenn er seine Spiritualität in einem Häufchen Kokain sucht.

Wie bereits erwähnt, kann ein Mann im Bann des süchtigen Liebhabers Grenzen nicht annehmen, denn er erträgt Begrenztheit nicht. Warum? Eine mögliche Antwort: es geht um die Mutter und um das klaustrophobische Gefühl des kleinen Jungen mit ihr zu verschmelzen. Der Mann fühlt sich in Wahrheit durch die Kraft seines eigenen Mutterkomplexes bedroht. Für ihn gilt es die männlichen Ich-Strukturen außerhalb des Weiblichen herauszubilden. Dazu muss er zur „Helden-Phase" in seiner kindlich-männlichen Entwicklung zurückkehren und den „Drachen" seiner übermäßigen Bindung an seine sterbliche Mutter und an die Über-Mutter töten.

„Wenn einer nicht den Mut hat, seine Mutter zu ficken,
sollte er wenigsten seinen Vater erschlagen!"
Heinz Sobota

Der Mann wird von der Energie des süchtigen Liebhabers genau an der Erfüllung dieser Aufgabe gehindert, denn mit Grenzen hat er nichts im Sinn. Doch genau diese Grenzen, errichtet durch die heldenhafte Anstrengung sich von der Mutter zu lösen, braucht er für seine Weiterentwicklung. Das wird am meisten sichtbar, wenn das Muttersöhnchen das Aufgehen in der Mutter ins Erwachsenenalter überträgt. Er braucht nicht noch mehr Einssein mit allen Dingen, davon hat er schon zu viel. Er braucht Differenziertheit und Distanz, sonst lebt der Schattenliebhaber als Muttersöhnchen oder als Süchtiger immer noch in seiner Mutter und müht sich ab, sich von ihr zu lösen. Die Notwendigkeit, sich von der chaotischen Kraft des weiblichen Unbewussten zu lösen und sie zu bändigen, kann möglicherweise auch männliche Perversionen von gewalttätigen sexuellen Erniedrigungen erklären, insbesondere das Fesseln (*Bondage*)[49] von Frauen. Zu diesen Themen gibt es von *Siegmund Freud* (psychoanalytische Betrachtung) bis zu *Roy Baumeister*[50] viele Erklärungsmodelle verschiedenster Denkschulen.

Der Wunsch des Muttersöhnchens ist es zu berühren, was es nicht berühren darf (die Mutter) und Grenzen zu überschreiten, die er als künstlich betrachtet – das Inzest-Tabu. Der süchtige Liebhaber, der sich aus dem Muttersöhnchen entwickelt, wird die Grenzen auf die harte Tour erfahren. Er muss lernen, dass ihn sein Mangel an Disziplin und maskuliner Strukturiertheit, die daraus resultierenden Affären und seine Autoritätsprobleme ewig in Schwierigkeiten bringen. Er wird aus seinen Anstellungen fliegen und schließlich wird ihn seine Frau, die ihn sehr liebt, (zumindest innerlich) verlassen.

---

49. *Bondage* bezeichnet die Praktiken zur Fesselung oder Einschränkung der Bewegungsfreiheit. Die Bezeichnung stammt aus dem Englischen und steht dort unter anderem für *Unfreiheit* oder *Knechtschaft.* Das Ziel ist überwiegend die sexuelle Stimulation; es gibt allerdings Sonderformen, bei denen Bondage aus ästhetischen oder anderen Gründen eingesetzt wird wie z. B. beim japanisch inspirierten Shibari in dem Ästhetik, Empfindung und Konzentration als Schwerpunkt gilt. Der selten verwendete Ausdruck *Vincilagnia* (aus dem Lateinischen: *vincio*, „ich fessele" und dem Altgriechischen: λαγνεία (*lagneia*), „Wollust") bezeichnet die sexuelle Erregbarkeit durch Restriktionen oder Fesselungen.

50. *Roy Baumeister* in *Journal of Sex Research.* Band 25, Ausgabe 4, 1988, S. 478–499. (englisch)

Der Mann, der gar keinen Kontakt zum vollendeten Liebhaber findet wird zum impotenten Liebhaber. Dieser lebt in Sterilität und Flachheit ein kaltes undleidenschaftsloses Leben, wie man es von einem Buchhalter erzählt. Die Psychologie spricht hier vom „abgeflachtem Affekt", vom Mangel an Schwung und Lebendigkeit. Lustlos steht er morgens auf und gelangweilt, träge und gleichgültig geht er abends zu Bett. Seine Stimme ist sehr monoton und er wird sich immer mehr von seiner Familie, Mitarbeitern und Freunden entfernen bis er endgültig und chronisch in Depression verfällt. Dieser Mann fühlt sich abgeschnitten von den Menschen und er ist abgeschnitten von seinen Gefühlen, von denen er nicht die geringste Ahnung hat. Zwischen seinem bewussten Ich und Gefühl erhebt sich ein Schild und es kommt zu einer Abspaltung ernsten Ausmaßes, bezeichnet als „dissoziatives Phänomen", das notwendigerweise psychologische Maßnahmen erfordert. Es kann so weit gehen, dass sich der impotente Liebhaber selbst als Illusion empfindet und, wenn überhaupt, über seine Gefühle in der dritten Person spricht.

Jeder Mensch hat es schon erlebt, wie es ist, wenn man deprimiert ist, wenn der Schwung fehlt für die Dinge, die wir tun wollen oder müssen. Oft betrifft dies ältere Menschen durch körperliche Probleme, Einsamkeit, es fehlen sinnvolle Aufgaben. Auch die Lust ist aus dem Leben verschwunden. Ältere Männer hören auf sich selbst Essen zu kochen, weil es sich nicht lohnt, es schwindet die Lust an allem, letztlich die Lust am Leben. Er ist sexuell inaktiv und es gibt kein Geschlechtsleben, denn dem impotenten Liebhaber fehlt es an einem bereitwilligen und erigierten Penis. Vielleicht haben Sorgen seine sexuellen Empfindungen betäubt und er ist dadurch mit dem Impotenten Liebhaber verschmolzen.

Mögliche Auslöser sind auch Langeweile, ein Mangel an Lust und Leidenschaft beim Partner, schwelende Wut über die Beziehung, dauernde Anspannung und Stress im Beruf, Geldsorgen, das Gefühl der Kastration durch allzu dominante Weiblichkeit oder auch durch andere Männer. Je fordernder sich seine sexuelle Partnerin verhält, desto stärker zieht er sich in den passiven Pol des Schattenliebhabers zurück. Manchmal „erlöst" ihn auch der entgegengesetzte Pol des Schattens und er betreibt die Jagd des süchtigen Liebhabers nach vollkommener Befriedigung seiner Sexualität jenseits der profanen Welt seiner Partnerbindung.

Der richtige Zugang zum Liebhaber lässt den Mann sich verbunden fühlen, lebendig, mitfühlend energisch und schwungvoll, weil er seine Ich-Struktur gefestigt hat. Die lässt ihn den Sinn im Leben erkennen und den Sinn der Spiritualität. Der Liebhaber ist die Quelle der Sehnsucht nach einer „besseren Welt“ für ihn und alle Wesen. Er ist der Idealist und Träumer und wünscht sich Gutes für alle im Überfluss. Er würde sagen:

„Ich aber bin gekommen, um ihnen das Leben zu geben, Leben im Überfluss“ (Joh.10:10b).

Der Liebhaber sorgt dafür, dass die übrigen Archetypen Krieger, Magier und König human und gefühlvoll, und in der Alltagswirklichkeit auch miteinander verbunden bleiben. Ohne den Liebhaber würden sie getrennt vom Leben arbeiten. Erst der Liebhaber erweckt sie wirklich zum Leben, macht sie menschlich und gibt ihnen ihr großes Ziel – die Liebe. Sie brauchen den Liebhaber um nicht sadistisch zu werden und auch der Liebhaber braucht sie. Er selbst ist ohne Grenzen und droht im Chaos seiner Sinnlichkeit und Gefühle zu versinken. Also braucht er den König, der ihm Grenzen setzen muss, ihm Festigkeit gibt, um die Schöpferenergie zu kanalisieren und um Ordnung ins Chaos zu bringen, denn ohne Grenzen wird der Liebhaber zerstörerisch und negativ. Und er braucht den Krieger, um entschlossen zu handeln. Der Krieger hilft ihm dabei, sich mit einem Schwertstreich aus der Verstrickung lähmender Sinnlichkeit zu lösen. Er braucht ihn um ins Tun zu kommen. Ebenso braucht er den Magier, der ihm dabei hilft, die Knoten seiner Verstrickung zu reflektieren, um erkennen zu können und eine objektivere Sichtweise der Dinge zu gewinnen. Zumindest soweit, dass er das größere Bild dahinter, die Wirklichkeit hinter dem Schein erkennen kann. (Vgl. ebd. 167 ff)

Viele Männer haben leider den Liebhaber oft schon in sehr jungen Jahren verdrängt, so dass es ihnen schwerfällt zu „leuchten“ und für die schönen Dinge im Leben eine gesunde Leidenschaft zu entwickeln. Sie spüren ihre Freude nicht, spüren ihre Gefühle nicht und auch ihre Spiritualität nicht, oder können nur schwer Zugang und die richtigen Worte dafür finden. Manche Männer denken sogar, es sei „unmännlich“ und für einen Mann nicht angemessen. So frag ich mich, warum leben so viele Männer in dieser kindlichen und unreifen Phase oder sollte ich sagen die ganze Menschheit? Ich bin sicher, Frauen finden es sehr schade, wenn Männer ihren Zugang zu Gefühlen nicht finden können und alles als Gefühlsduselei abtun. Dabei gab es offenbar in früheren Strukturen diese hohen männlichen Prinzipien. Zumindest kannte die Vergangenheit heilige Könige, die den Männern ihres Reiches als Projektionsfeld für den *inneren König* dienten und ihnen halfen, diese hohe Reifeform der Männlichkeit auch in sich selbst zu entwickeln. All das ist heute anders.

Die inneren Werte und ritterlichen Tugenden wurden eingetauscht gegen persönlichen Reichtum und Selbstverherrlichung. Werden Männer unserer Zeit sie jemals wieder finden? Beruhigend ist, die Evolution hat die machtvollen Kräfte der vier Archetypen in jeden Mann gelegt, hat sie zu verschiedenen Zeiten in der Geschichte aufgerufen um schwierige Probleme zu lösen und das Undenkbare zu wagen. Vielleicht bereitet gerade die schwere Zeit von Covid-19 unsere Männer wieder darauf vor, sich aus dem Bannkreis des Jungen-Bewusstseins oder der Schattentypen heraus zu entwickeln und sich von den Archetypen des reifen Mann-Bewusstseins führen zu lassen. Es wird für den Fortgang der Weltentwicklung entscheidend sein.

4.6. Der König als der vollendete Mann

„Ich kann vor keinem Abgrund dich bewahren, hoch in die Wolken hängt Gott den Kranz.
Nur eines nimm von dem, was ich erfahren, wer du auch seist, nur eines, sei ganz!“
Mascha Kaléko

Der König ist eine Urkraft in allen Männern. Er ist von größter Wichtigkeit, er bildet im vollkommenen Gleichgewicht das Fundament und vereint in sich alle anderen Archetypen. Der gute und fruchtbar-schaffenskräftige König ist gleichzeitig ein guter Krieger, positiver Magier und großartiger Liebhaber. Er ist weise und selbstlos. Der gute König besitzt die *„Weisheit Salomons“*. Er nähert sich dem Gottsein, dem Gott in maskuliner Form in jedem Mann. Er ist der archaische Mann, Adam, der *Anthropos* in uns, in der Sprache der Philosophen. In der Theosophischen Lehre und im Hinduismus spricht man von *Atman*; Juden und Christen sprechen von *Imago Dei,* dem Abbild Gottes. In vielerlei Hinsicht – obwohl vielschichtiger und elementarer – entspricht die Königsenergie auch der Vaterenergie.

Historisch gesehen waren Könige stets geheiligt und so auch das Königtum und die Königsenergie. *„Der König ist tot, es lebe der König!"* hieß es. Der sterbliche Mann, der die Königsenergie inkarnierte, stand im Dienste der Mitmenschen, des Reiches, des Kosmos und war gleichsam eine austauschbare Größe, der den ordnenden und fruchtbringenden König-Archetyp in die Welt und ins Leben der Menschen tragen sollte. *Sir James Fraser*[51] und auch andere haben festgestellt, dass Könige der Antike oft einen rituellen Tod sterben mussten, wenn ihre Fähigkeit nachließ, den Archetypen des Königs mit Leben zu erfüllen. Mit der Erhebung des neuen Königs erfuhr die Königsenergie ihre Wiederverkörperung. Der König als Archetyp erneuerte sich im Leben der Menschen seines Reiches. Diese Muster – die rituelle Tötung und Neubelebung – finden wir auch als Auferstehung Christi, des *Erlöser-Königs.* Von dieser Energie besessene Männer setzen sich der Gefahr aus, dieses traditionelle Muster ebenso zu erfüllen und einen vorzeitigen Tod zu erleiden. (Vgl. ebd. 71 ff)

Viele unserer alten Männer in „königlichen Positionen" entsprechen dem Idealbild des guten Königs natürlich nicht einmal entfernt. Dennoch lebt dieser Archetyp unabhängig von uns fort und versucht in unser Leben zu treten, um zu festigen, zu erschaffen und zu segnen. Wie könnte man am besten das Merkmal des guten König beschreiben? Greifen wir zurück auf alte Mythen, Märchen und Legenden, welche Eigenschaften zeichnen diese gereifte männliche Energie aus?

Der König besitzt die Eigenschaft des Geordnet-Seins, des besonnenen und rationalen Gestaltgebens, der Integration und der Integrität in der männlichen Psyche. Er glättet chaotische Gefühle, bremst unmäßiges Verhalten. Er bringt Festigkeit, Zentrierung und Gelassenheit. Sein „Befruchten" und seine Zentrierung machen ihn zum Kanal für Vitalität, Lebenskraft und Freude. Er bringt Ausgeglichenheit und Fürsorglichkeit. Er wahrt unser Gefühl für Ordnung, unsere Integrität des Seins und der

---

51. *Sir James George Frazer* (1854-1941), war ein schottischer Ethnologe und Klassischer Philologe. Er vertrat eine evolutionistisch orientierte Anthropologie und gilt neben *Edward B. Tylor* und *Émile Durkheim* als Mitbegründer der *Religionsethnologie.*

Sinnhaftigkeit, unsere primäre Gelassenheit angesichts der Frage nach unserem Wesen und die grundlegende Unangreifbarkeit und Selbstsicherheit der maskulinen Identität. Er sieht die Welt mit Augen die Festigkeit, aber dabei Freundlichkeit ausstrahlen. Er sieht andere mit all ihren Schwächen, und auch mit all ihren Talenten und ihrem Wert. Dabei ehrt und fördert er sie. Er nährt sie und weist ihnen den Weg zur eigenen Seins-Vollendung. Weil er als König seiner selbst gewiss ist, kennt er keinen Neid. Er belohnt und ermutigt das Schöpferische in uns und in anderen Menschen.

Wenn es nötig sein sollte – weil etwa die Ordnung bedroht ist – repräsentiert er in der zentralen Verkörperung und Äußerung als Krieger angriffslustige Macht. Er besitzt aber die Kraft innerer Autorität. Er weiß und differenziert (sein Magier-Aspekt) und handelt auf der Basis tiefer Weisheit. Er freut sich an anderen Menschen (sein Liebhaber-Aspekt) und zeigt die Freude mit aufrichtigem Lob, mit Worten und Taten, die unser aller Leben bereichert. Diese Kraft ist es, die sich in einem Mann äußert, der die notwendigen finanziellen und psychologischen Schritte unternimmt, um das Wohlergehen von Frau und Kindern zu sichern. Es ist die Kraft, die die Frau ermutigt, wenn sie sich weiterbilden oder einen neuen Beruf erlernen möchte. Es ist die Energie des Vaters, der sich freinimmt, um am Schultheater seines Kindes teilzunehmen.

Es ist ebenso die Kraft in einem Chef, der sich mit aufsässigen Angestellten konfrontiert, ohne sie gleich zu entlassen. Es ist die Energie, die im Vorarbeiter am Fließband zutage tritt, wenn er mit den ihm unterstellten Alkoholikern oder Junkies nach ihrem Entzug arbeitet. Er hilft ihnen ihren Erfolg zu festigen und gibt kräftigende, männliche Anleitung dazu. Es ist die Energie – manifestiert in den alten Mythen – des „Hirten seines Volkes", des „Gärtners", des Schutzherrn der Pflanzen und Tiere im Königreich. Es ist die Stimme, die klar, gelassen und mit Autorität als Fürsprecher der Menschenrechte für alle auftritt. Es ist die Stimme, die geringste Strafen und höchstes Lob ausspricht. Es ist die Stimme, die aus unserer Mitte, vom archaischen Berg des höheren Selbst in jedem Menschen erschallt. Somit ist der gereifte König die gelebte Verbindung von Krieger, Magier und Liebhaber in Vollendung. (Vgl. ebd. 86 ff)

4.6.1. Die Archetypen im König-Bewusstsein

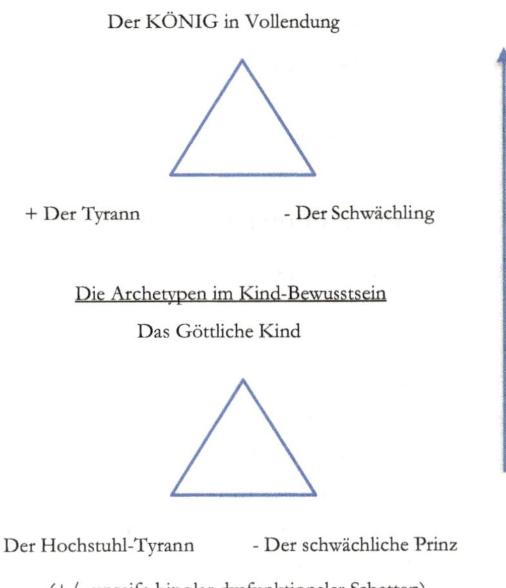

Kurz und bündig steht der König in Vollendung für Ordnung, Friede, Werte, Sicherheit, Kontinuität, Anerkennung, Verantwortung für Leben und Gemeinschaft. Er bringt Segen, lebt seine Bestimmung, ist selbst fruchtbringend und hat Freude am Wachstum anderer als der gute Vater. Er kämpft für eine gerechte Sache, dient mit seinem Wissen und seiner Weisheit anderen, verbindet in seiner Sexualität Kraft und Magie mit tiefer Liebe.

Sie sollten den König in sich stärken wenn …

- Sie über Ihre (finanziellen) Verhältnisse leben oder zu wenig „fruchtbringend" sind.
- Sie Selbstsicherheit und Kontinuität in Ihrem Leben vermissen.
- Sie Probleme mit Ihren Eltern haben, speziell mit Ihrem Vater.
- Sie sich schlecht Fehler eingestehen oder sich und anderen nicht verzeihen können.
- Ihnen Verantwortung übernehmen und Führungsrollen schwer

fallen.

- Sie schwer Struktur finden und schlecht Ordnung halten können.
- Sie dauernd Lob und Anerkennung suchen oder anderen schwer geben können.
- Sie mehr Tiefe und Liebe in der Sexualität finden wollen.

Affirmation: Ich gebe meine Verantwortung mir selbst. Ich bleibe im Selbstvertrauen.

4.6.2. Sexualität ist die Himmelsleiter für den König

„Ein jegliches hat seine Zeit, und alles Lebendige unter dem Himmel hat seine Stunde."

Salomon

Manche Menschen betrachten Sex als ein kleines Stück von Himmel. Aber eine Himmelsleiter entsteht dadurch, dass zwei Menschen sich in einer dauerhaften, verpflichtenden Partnerschaft miteinander verbinden, um einen Weg der Liebe zum Himmel und zur Liebe selbst zu erschaffen. Und der König, unterstützt vom Liebhaber, Magier und Krieger, erkennt Sexualität als eine Art Himmelsleiter, als einen Weg der die körperliche Ebene gänzlich überschreitet, um zu dem zu gelangen, was jenseits der Welt liegt, zu den Feldern des Lichts – ins *Pleroma.* Er benutzt das, was innerhalb der Zeit liegt, um in die Zeitlosigkeit durchzubrechen.

Der König kann diese Himmelsleiter der Liebe erschaffen, indem er eine Partnerschaft aufbaut, die ihn von der Vision zur Meisterschaft und von dort zur Einheit, zur Vereinigung und zum Erwachen führt. Er möchte von einem höheren Maß an Sexualität, von göttlicher Liebe und göttlicher Präsenz erfüllt sein. Ein Entwicklungsprozess, der ihn von der körperlichen Ebene, hin zur geistigen Ebene, und von banalem Sex zur höchsten Liebe führt, in der er schließlich, in transzendenter Schönheit und Zärtlichkeit, *selbst* zur Liebe wird.

Die Himmelsleiter beginnt mit Sex und endet im Himmel. Der König sieht seine Sexualität als geheiligt, als ein Sakrament an, weil seine Absicht darin besteht, Ganzheit und damit Heiligkeit in die Beziehung zu seiner Partnerin hineinzutragen. Das bedeutet nicht weniger, als dass alle Hindernisse, die zwischen ihm und seiner Partnerin und letztlich zwischen ihm und Gott stehen, in seiner sexuellen Beziehung zu Tage treten.

Aber er ist nicht auf sich allein gestellt. Der König wird von der Gnade Gottes bei jedem Schritt unterstützt, wenn er sie willkommen heißt. Er weiß, dass Gott will, dass er glücklich ist und er kann sich bedingungslos dem höheren Willen anschließen, der eine glückliche sexuelle Beziehung für ihn vorgesehen hat, weil dies seine Beziehung zur Liebe und zum Leben widerspiegelt. (Vgl. Spezzano 2016, 151 f)

4.6.3. Der Schattenkönig Tyrann und Schwächling

In Ansätzen hat sicher jeder Mann schon die Energie gereifter Männlichkeit kennengelernt. Innerlich in Augenblicken, in denen er sich integriert, gelassen und im Gleichgewicht fühlte, oder auch von Zeit zu Zeit beim Vater, beim gütigen Onkel oder Großvater, Chef, einem Lehrer oder Pfarrer. Aber wir müssen uns eingestehen, dass die wenigsten etwas von der Energie des vollendeten Königs mitbekommen haben. Bruchstückhaft vielleicht, denn es ist eine traurige Tatsache, dass die meisten Männer Erfahrungen mit der Kehrseite machten, dem Tyrannen und dem Schwächling. Den Machenschaften eines Tyrannen begegnen wir schon bei der Geburt Jesus. Als *König Herodes* erfährt, dass das Kind auf der Welt ist - auf *der* Welt, die *er*, *König Herodes* beherrscht! Er schickt seine Soldaten nach Bethlehem, um den neuen König, das neue Leben, töten zu lassen. Weil Jesus ein göttliches Kind ist, kann es rechtzeitig entkommen. Die Soldaten jedoch töten alle männlichen Kinder in der Stadt.

Immer wenn das Neue geboren wird, schlägt der Herodes im Mann der besetzt ist vom Schattenkönig, zu. Der Tyrann hasst, fürchtet und beneidet neues Leben, weil er fühlt, dass es eine Bedrohung für sein labiles Königtum ist. Der tyrannische König ist nicht im Gleichgewicht, er fühlt sich nicht gelassen und fruchtbringend. Seine Destruktivität löscht das Schöpferische aus. Wäre er sich seiner Schöpferkraft, inneren Geordnet-Seins und seiner Selbst sicher, würde er die Geburt neuen Lebens in seinem Reich willkommen heißen. Hätte Herodes damals erkannt, dass für ihn seine Zeit gekommen ist,wäre er zur Seite getreten, damit sich der Archetyp im neuen König *Jesus Christus* inkarnieren kann. Ein ähnliches Motiv auch bei König Saul, er reagierte auf den frisch gesalbten David ähnlich wie Herodes auf Jesus – mit Angst, Zorn und dem Wunsch David zu töten. Und auch in der römischen Antike finden wir ein wunderbares Beispiel im Kaiser Caligula, der ungeheure Macht besaß und sich selbst zu Lebzeiten zum Gott ausrief.

Menschliche Tyrannen nehmen auch heute noch königliche Stellungen ein, ob Zuhause, im Büro, in den Amt- und Regierungsgebäuden, sie identifizieren sich immer mit der Königsenergie und begreifen nicht, dass sie kein König sind. Der Schattenkönig als Tyrann zeigt sich im Vater, der der Freude und Kraft, der Fähigkeit und Vitalität seiner Söhne und Töchter den Krieg erklärt. Er fürchtet ihre Frische, das Neue in ihrem Sein, die Lebenskraft und will sie ersticken. Das geschieht mit unverblümten verbalen Attacken, durch die Herabsetzung ihrer Interessen, Hoffnungen und Talente oder alternativ, indem er ihre Leistungen einfach ignoriert, ihrer Frustration den Rücken kehrt, nur Langeweile und Interesselosigkeit zeigt, wenn sie etwa aus der Schule eine gute Note mitbringen. Manchmal bleibt es nicht bei verbalen oder psychologischen Angriffen und es kommt körperliche Gewalt hinzu. Auch die Gefahr sexueller Misshandlungen besteht, denn der Vater im Banne des Tyrannen missbraucht auch hier die Schwäche und Verletzlichkeit seiner Töchter und Söhne.

Bei uns allen zeigt sich manchmal ein Tyrannen-König, etwa dann, wenn man uns an unsere Grenzen bringt, wenn wir erschöpft sind, wenn wir überheblich werden. Aber natürlich sind manche Persönlichkeitsstrukturen anfälliger dafür. Am sichtbarsten kommt es bei der narzisstischen Persönlichkeit zum Ausdruck. Diese Menschen halten sich wirklich für den Nabel der Welt, obwohl sie selbst nicht in der Mitte sind. Sie sind überzeugt, dass andere dazu da seien, ihnen zu Dienste zu stehen. Statt andere zu bestätigen, gieren sie maßlos nach Bestätigung ihrer selbst durch andere. Statt andere zu sehen, wollen sie nur von anderen gesehen werden.

Auch manche „Berufe" sind von Tyrannen durchdrungen wie der Drogenkönig, Mafia-Boss und Zuhälter. Es geht ihnen ausschließlich darum, auf Kosten ihrer Mitmenschen das eigene Prestige, die Macht und das Vermögen zu heben. Aber auch der Angestellte oder Lehrer, der nur an *sein* Gehalt, *seine* Leistung und an *seinen* Einfluss denkt ohne auch nur im Geringsten Interesse an anderen Menschen zu haben, ebenso diejenigen, die im Gespräch nur von sich selbst sprechen, ohne dem anderen auch nur eine einzige Frage zu stellen, befinden sich im Banne des Tyrannen. Der Mann in der Energie des Tyrannen ist sehr empfindlich gegenüber Kritik. Oft reagiert er jähzornig, aber das ist nur die Reaktion an der Oberfläche. In seinem Inneren verbirgt sich Wertlosigkeit, Verletzlichkeit und Schwäche, denn hinter dem Tyrannen steckt auch der Schwächling, die andere Hälfte des bipolaren Schattens. Wenn er nicht mit der Königsenergie identifiziert sein kann, dann hält er sich für ein Nichts.

Diese verborgene Präsenz des passiven Pols, des Schwächlings, macht den Hunger nach Bestätigung begreiflich. „Himmle mich an! Bete mich an! Schau doch wie großartig ich bin!“ sind die unausgesprochenen Forderungen an die Partnerin und an die Mitmenschen. Das erklärt wiederum die Zornesausbrüche und Angriffe auf Menschen, die sie für schwach und dumm halten, genau genommen auf die sie ihre eigene Schwäche und Dummheit projizieren. Dem vom Schwächling besessenen Mann fehlt es an Zentriertheit, Gelassenheit und Sicherheit und das treibt ihn in die Paranoia. Sie wandern in der Nacht schlaflos auf und ab, haben nur mehr Angst als Chef oder Familienoberhaupt hintergangen zu werden oder Angst vor der Untreue der Ehefrau. Eine ungeheure Missbilligung des Königs und Gottes, der sie selbst zu sein glauben. Und der Schattenkönig hat allen Grund zur Furcht, denn sein tyrannisches Verhalten und seine Grausamkeit provozieren seine Mitmenschen zu Reaktionen gleicher Sorte.

Unschwer ist das Verhältnis von Hochstuhl-Tyrannen zum Tyrannen erkennbar, der sich aus dem infantilen Grundmuster erhebt. Ein gewisser Größenwahn ist für das göttliche Kind ganz normal. Dem Göttlichen Kind, wie etwa dem Jesuskind, ist der Wunsch und die Notwendigkeit eigen, angebetet zu werden – sogar von Königen.

Eltern sind mit der schwierigen Aufgabe konfrontiert, dem Göttlichen Kind in ihrem Sprössling gerade so viel Anbetung und Ermutigung zukommen zu lassen wie nötig, damit sie ihr menschliches Kind vom „Hochstuhl“ stetig abseilen können, hinab in die reale Welt, wo Götter nicht als Sterbliche leben können. Die Eltern müssen dem kleinen Jungen dabei helfen sich vom Göttlichen Kind zu lösen und er wird sich gegen den Sturz vom Thron wehren. Die Eltern müssen ihn sowohl bestätigen und anerkennend loben, als ihn auch „Sprosse für Sprosse“ herunter zu holen. Wenn die Eltern ihn nur innig anbeten, verwehren sie ihm die Entwicklung seines Ichs außerhalb des Archetyps. Wenn er dann aufgebläht mit der Energie des Hochstuhl-Tyranns ins Erwachsenenleben eintritt und sich dabei für „Cäsar“ hält, wird er unweigerlich im Außen damit schmerzhaft konfrontiert werden.

Der andere Weg als Schattenkönig wird beschritten, wenn die Eltern den kleinen Jungen missbrauchen, wenn sie seine Grandiosität und seinen Glanz attackieren. Diese Grandiosität im Göttlichen Kind/Hochstuhl-Tyrannen spaltet sich dann ab und wird im Unbewussten aufbewahrt. Die Folge ist, dass der Junge in den Bann des Schwächlichen Prinzen gerät. Als Erwachsener dann mit dem Schwächling identifiziert, kann es später unter dem Druck der Erwachsenenwelt, zum Durchbruch der Grandiosität kommen, aber in roher, primitiver und völlig unverarbeiteter Form. Das ist der junge Mann, der einen völlig besonnenen und vernünftigen Eindruck macht, und der sich nach seiner Beförderung jäh in einen „kleinen Hitler" verwandelt. Hier gilt: „Macht korrumpiert, absolute Macht korrumpiert absolut."

Die wichtigste Aufgabe als Zugang zum König ist Distanz zu jeder Königsenergie. Um die realistische Größe des Königs im Erwachsenenalter finden zu können, ist die Einsicht in die korrekte Beziehung zu diesem und zu den anderen Energien gereifter Männlichkeit wichtig. Das Ich des gereiften Mannes muss sich ohne Rücksicht auf Ansehen oder Macht als Diener eines überpersönlichen Willens oder Ideal begreifen. Er muss sich als Sachwalter der Königsenergie begreifen, nicht zum eigenen Vorteil, sondern im Dienste der Menschen in „seinem Reich", wie immer es aussehen mag. Männer leben weitgehend noch immer in einer Kinderwelt, wo Jungs an den Schalthebel der Macht in Wirtschaft und Politik ihre gefährlichen Spiele treiben in der vergeblichen Hoffnung, dabei erwachsen zu werden und Liebe zu finden. (Vgl. Moore, Gillette 2018, 88 ff)

„Wer sich immer nach mir sehnt, soll aufbrechen, um mich zu suchen; er wird mich finden und mir in die Augen blicken dort wird er keinen anderen entdecken als sich selbst!"

Akron

Ich habe hier in erster Linie deshalb über die männlichen Archetypen geschrieben, weil es für unsere Beziehungen, für unsere Familien und unsere Kinder notwendig ist, dass Männer die Zerstörungskraft der unreifen Formen von Männlichkeit erkennen und die Verantwortung dafür übernehmen. Wahrheitsgemäß muss gesagt werden, dass nicht nur unreife

Männer die Welt bevölkern, sondern auch tyrannische und ausbeuterische kleine Mädchen und Prinzessinnen, die sich als erwachsene Frauen ausgeben.

Ich denke, dass es besonders für die Männer unserer westlichen Welt an der Zeit ist, damit aufzuhören, sich ständig an allem die Schuld zu geben oder geben zu lassen, wenn irgendetwas schiefgeht. Denn das läuft nur auf eine Verleumdung der Männlichkeit an sich hinaus. Frauen sind auch nicht von Natur aus verantwortlicher oder reifer als Männer und ich darf bemerken, dass die „Muttersöhnchen“ ja auch von einer Mutter großgezogen werden. Der Hochstuhl-Tyrann beispielsweise, zeigt sich im vollen Glanz auch als Hochstuhl-Tyrannin, also in beiderlei Geschlechter.

Niemals sollten sich deshalb Männer für ihr Geschlecht schuldig fühlen oder rechtfertigen müssen. Sie sollten vielmehr Wert auf das Reifen und Kultivieren ihres Geschlechts in ihrer Umwelt legen. Der „Feind“ beider Geschlechter ist ja nicht das jeweils andere, sondern der infantile Größenwahn und die daraus resultierende Spaltung des Selbst. Jeder Wandlungsprozess erfordert, so wie das Leben selbst, eben auch Zeit und Mühe. Wir alle sollten unsere Hausaufgaben in diesem Leben machen und an uns bewusst arbeiten, denn unbewusst wirken sich diese Kräfte meist negativ auf unser Zusammenleben aus.

Das Ringen um Reifwerdung ist im Menschen bereits auf der Seelenebene angelegt. Es ist ein mentaler, emotionaler und geistig-spiritueller Prozess und führt uns hin zu einem globalen Erwachen, das uns kollektiv ein vertieftes menschliches Gefühl von Verantwortung und Reife bringen wird. Letztendlich wird es eine Entdeckungsreise sein, die uns schon ein wenig ahnen lässt, was Liebe und Menschsein eigentlich bedeutet. Noch stehen wir erst am Anfang.

Der Mann ist die höchste der Kreaturen,
die Frau ist das Erhabenste der Ideale.
Gott machte für den Mann einen Thron,
für die Frau einen Altar.
Der Thron preist, der Altar heiligt.

Der Mann ist das Gehirn, die Frau das Herz.

Das Gehirn erzeugt Licht, das Herz die Liebe.
Das Licht befruchtet, die Liebe erweckt.

Der Mann ist ein Genie, die Frau ein Engel.
Das Genie ist der höchste Ruhm –
das Bestreben der Frau die äußerste Tugend.
Der Ruhm drückt Größe aus, die Tugend Göttlichkeit.

Der Mann hat Überlegenheit,
die Frau das Vorrecht.
Die Überlegenheit bedeutet Macht,
das Vorrecht bedeutet Recht.

Der Mann ist stark durch den Verstand
– die Frau unbesiegbar durch die Träne.
Der Verstand überzeugt, die Träne bewegt.

Der Mann ist jeder Heldentat fähig,
die Frau jeder Opfertat.
Das Heldentum adelt, die Opfertat erhebt.

Der Mann ist das Gesetz,
die Frau das Evangelium.
Das Gesetz verbessert,
das Evangelium vervollkommnet.

Der Mann ist ein Tempel,
die Frau ein Heiligtum.
Vor dem Tempel entblößen wir uns,
vor dem Heiligtum knien wir nieder.

Der Mann ist ein Ozean, die Frau ein See.
Der Ozean hat die Perle die ihn schmückt,
der See hat die Poesie die ihn betört.

Der Mann ist der Adler der fliegt,
die Frau die Nachtigall die singt.
Fliegen heißt, den Raum beherrschen,
Singen heißt, die Seele erobern.

Der Mann hat eine Leuchte, das Gewissen.
Die Frau einen Stern, die Hoffnung.
Die Leuchte leitet, die Hoffnung rettet.

Kurz, der Mann steht, wo die Erde endet,
die Frau, wo der Himmel beginnt.

Victor Hugo

5. Auch Heldinnen reisen

Wir projizieren unsere Schatten immer gleichgeschlechtlich, das heißt Männer projizieren ihre Schatten auf bestimmte Männertypen und Frauen auf bestimmte Frauentypen, die insgeheim in gewissen Situationen, das Ruder übernehmen. Wichtig für Ihre Reflexion ist, dass Sie ein Gefühl für die Schattengestalten bekommen. So finden Sie sich als Leserin vielleicht in jedem der vier weiblichen Archetypen wieder oder aber auch nur in einem oder zwei. Letztendlich sind sie alle Teil unserer Seele und unseres Frauseins, möchten erkannt und heilsam integriert werden. Ich bin überzeugt, dass die geschätzte Leserin sich nicht scheut und gerne tief in den Spiegel ihrer Seele schaut. Übrigens braucht es immer einen zweiten Spiegel – den berühmten kleinen Handspiegel – um auch wirklich sehen zu können, was am Hinterkopf los ist. Welche geheime Steuerfrau steuert wohl Sie unbewusst?

5.1. Die Kriegerin

So wie der vollendete Krieger, steht auch der weibliche Archetyp, die vollendete Kriegerin, in ihrer höchsten Form für die mutige und friedvolle Kämpferin. Sie ist äußerlich gerne sehr sportlich und attraktiv, wählt sich ihren Beruf auch mit Vorliebe in den beruflichen Männer-Domains, wo sie ihre Stärke zeigen kann. Aber auch im Sozialbereich setzt sie ihre Kräfte ein, dient dabei selbstlos einem höheren Ziel, wobei sie ganz vollendete Kriegerin bleibt und Ihre Durchsetzungskraft nutzt. Sie ist zielstrebig und erfolgreich in allem was sie tut, arbeitet oft in führender Position oder ist ihr eigener Boss und beruflich völlig unabhängig. Diese Frau weiß, was sie will und wie sie es bekommt. Sie ist auch Amazone, eine wilde unabhängige Frau.

Das primäre Ziel dieses unabhängigen weiblichen Geistes ist es, Freiheit und Souveränität über ihr Leben zu erlangen. Es ist ihre nach vorne tretende männliche Seite, ihr Animus bzw. ihr marsischer[52] Aspekt. Hier möchte ich klar sagen, dass auch die Frau ein gutes Maß an Aggressivität und

Geltungswillen braucht, denn erst das, führt sie zu einem eigenständigen Wesen. Es ist ihr fester Wille sich durchzusetzen, um die eigene Entwicklung selbst in die Hand zu nehmen.

Die friedvolle vollendete Kriegerin gebraucht Aggressionskräfte und ihr Adrenalin im Blut dazu, Blockaden und Hemmschwellen zu überwinden – im Innen und Außen. Erst in ihrer Abenteuerlust und Risikofreude kann die Kriegerin ihre Schöpferkraft wirklich erkennen, mit der sie sich die Welt erobern kann. Ihre innere Wahrheit ist ihr ein Schatz und so steht sie auch immer für das ein, woran sie wirklich glaubt. Auch sie ist in ihrer schönen und reifen Form eine natürliche Beschützerin anderer Frauen, insbesondere derer, die verletzlich sind oder leicht Opfer werden. Oft relativiert sie persönliche Beziehungen, weil ihr Treue und Loyalität zu einer Sache mehr gilt, die sie über den einzelnen stellt. Sie kämpft für sozial Schwache, für das Recht der Tiere, den Naturschutz und für eine bessere Welt, jedoch kämpft sie nicht blind, sondern setzt sich für etwas ein – dies ist ein wesentlicher Unterschied. Ihr Ziel ist der Erhalt des Lebens und der Wahrheit zu dienen. Aber um zu dieser Reife zu gelangen, musste auch sie ihre Schatten und Schwächen erst überwinden.

5.1.1. Die Schattenkriegerin – Furie und Opfer

Die Schattenkriegerin ist ebenso bipolar wie ihr männliches Pendant. Auch sie neigt in ihren dysfunktionalen Formen einerseits zu Sadismus und andererseits, in ihrer passiven Form, zum Masochismus. Ihre kindliche Polarität repräsentiert sie in der *zickigen Tyrannin* und im *feigen Mädchen*, die ihren Entwicklungsweg zur *jungen Heldin* erst finden muss. In ihrer erwachsenen Form würde ich sie als "*Furie*" und " *Opfer*" bezeichnen. Laut Siegmund Freud liegen die Ursachen dieser mangelnden Seelenfestigkeit in der phallischen Phase[53] der Kindheit. Fehlt das gute Vorbild der Mutter- bzw. Vaterrolle, wird das spätere Beziehungsleben einer Kriegerin schwierig. Als erwachsene Frau erscheint ihr vielleicht ein „normaler" Mann als zu schwach, weshalb sie sich nur mehr auf sich selbst verlässt und dadurch im

---

52. Den Ausdruck *marsisch* leite ich hier von *Mars* ab, dem Kriegsgott in der antiken römischen Religion, der auch mit dem griechischen *Ares* gleichgesetzt wird. *Mars* steht in der *Astrologie* vor allem für Energie, Kraft, Vorwärtsstreben, Leistung und Kampfkraft.

Alter verbittert werden kann. Die Schattenkriegerin zeigt sich der Welt oft mit einem falschen Selbstbewusstsein, das übertrieben mutig wirkt und damit signalisiert sie, dass sie keinen Partner braucht. Sie wird auch Menschen wegstoßen, indem sie emotional distanziert und unerreichbar auftritt, weil sie ihr Herz verschlossen hat. Sie denkt, sie kann ihre Verwundbarkeit vermeiden, indem sie versucht, völlige Unabhängigkeit zu wahren. Eine ihrer größten Schwächen ist nicht bloß die Sehnsucht nach einem Mann, sondern ihre Sehnsucht nach dem "starken Mann", nach dem einen Mann, der ihr das Wasser reichen kann.

Manche Männer, meist natürlich auch Schattenpersönlichkeiten, suchen genau diese dominante, selbstbewusste Frau, die vor allem ihr sexuelles Begehren zeigen kann. Erlebt der Mann das Begehren der Frau jedoch als

---

53. Die *ödipale* oder *phallische Phase* geht auf *Dr. Sigmund Freud* zurück und benennt ca. die Zeit vom dritten bis zum sechsten Lebensjahr des Kindes, wo es lernt, das eigene und auch das jeweils andere Geschlecht, zu entdecken. (Der Begriff geht auf eine mythologische Geschichte zurück, in der Ödipus seine Mutter heiratet und seinen Vater umbringt. All das geschieht aus einem Konflikt heraus, der seit Freud als *Ödipuskomplex* bezeichnet wird.) Die *ödipale* oder *phallische Phase* ist ein wichtiger Zeitpunkt in der Entwicklung des Kindes, dessen Ziel es ist, die eigene Identität zu finden, um auf diese Weise später ein gesundes Verhältnis zur Sexualität zu finden. Mädchen stellen sich dabei vor allem die Frage, warum sie keinen Penis haben und ob dieser im Laufe der Jahre noch wächst. Sie beginnen auch damit, in allem der Mutter nachzueifern und die typisch weibliche Geschlechterrolle anzunehmen. Jungs haben zu dieser Zeit den Konflikt, dass sie merken, dass Mädchen keinen Penis haben. Sie entwickelt dadurch Angst, dass ihnen ihr Geschlechtsteil wieder genommen wird. Dies wird von Freud als *Kastrationsangst* bezeichnet. Während Jungs versuchen, die Gunst der Mutter zu erlangen, den Vater aber als einen Konkurrenten sehen, träumen die Mädchen davon, ihren Vater zu heiraten. Kommt es in dieser Zeit zu Störungen (diese kann bis zu drei Jahre andauern), entsteht laut Freud eine verklemmte Sexualität. Bei einer gesunden Entwicklung finden sich sowohl der Junge, als auch das Mädchen, mit der eigenen Identität ab. Das Kind hat nun die eigene Geschlechtsidentität gefunden, sodass es sich daraufhin wieder mehr dem gleichgeschlechtlichen Elternteil zuwendet. Die Beziehung untereinander wird wieder liebevoller und beruht auf gegenseitigem Respekt. Schaffen es Kinder gut durch diese Phase, haben sie viel für ihr weiteres Leben gelernt. Sie können besser mit Neid und Rivalität umgehen und erkennen, dass beide Geschlechter auf einer Ebene stehen.

zu starke Forderung, dann löst es Angst in ihm aus, „nicht genug (für sie?) zu sein“. Er fühlt sich dann überfordert, hat Angst davor “kastriert“ zu werden und wertet deshalb die Frau ab, indem er sie erniedrigt und zum Objekt degradiert. Hier erlebt sich die Kriegerin in ihren beiden Schattenpolen. Zum einen wird sie vielleicht das Verhalten des Mannes masochistisch ertragen und ihren daraus entstehenden Sadismus bei anderen Frauen und Schwächeren ausleben. Zum anderen kann sich ihr der Mann durch Impotenz und Erektionsstörungen verweigern, für die er letztlich ebenso die Frau verantwortlich machen wird.

So bekommt das „Phallische“ sozusagen eine Eigenmächtigkeit, nimmt überhand und die Verweigerung, sich aufzurichten, lässt beide ohnmächtig zurück. Solange Mann und Frau in diesen Rollenklischees, speziell was die Sexualität betrifft, verhaftet sind, kreieren beide zwingend diese Kastration. Er sucht in der Frau regelrecht Lilith. Er sucht die Aspekte, die nicht unterliegen wollen und hat, wie Adam auch keine Lösung für “Oben und Unten“ gefunden. Ebenso sucht sie „den starken Mann“, nur um in sich zu unterwerfen. Ein Dauerkampf wird inszeniert und aufrechterhalten, leidenschaftlich und intensiv. Der jeweils andere wird zum Kampf gebraucht und die eigene Stärke am Ringen gemessen. Solche Begegnungen können zu Beginn in jeder Weise erotisch heiß und leidenschaftlich sein, aber meistens endet die Beziehung für beide schmerzvoll, destruktiv und nicht selten sogar tödlich.

„Am Ufer des Schwarzen Meeres lebten die Amazonen[54]*, ein Volk, das nur aus kriegerischen Frauen bestand. Sie ließen von ihren Kindern nur die Mädchen bei sich aufwachsen. {…} Eine ihrer Königinnen hieß Hippolyta. Die Amazonen verrichteten im Tempel des Mondes ihre Gebete und opferten Mars, dem Gott des Krieges. Hippolyta trug den Gürtel der Venus, den die Göttin der Liebe ihr gegeben hatte.*

Eine der Aufgaben des Herkules war es, den Gürtel der Amazonenkönigin zu rauben. Hippolyta hörte davon und sie war sogar geneigt, Herkules den Gürtel freiwillig zu geben. Sie wusste um seine Kraft und Stärke und entschied, ihn (sich?) Herkules zu schenken. Sie ging in dieser Absicht auf den herannahenden Helden zu, doch der begann sofort mit der Königin zu kämpfen. Herkules wusste von ihrer Stärke und Dominanz

54. Als Amazonen werden in griechischen Mythen und Sagen einige Völker bezeichnet, bei denen Frauen „männergleich“ in den Kampf zogen. Antike Autoren verorteten Amazonen in verschiedenen Regionen am Schwarzen Meer.

und war, voll von diesen Bildern, auf Kampf eingestellt. So hörte er die schönen Worte nicht, die sie ihm bringen wollte. Den Gürtel der Einheit und der Liebe, den sie ihm mit den Händen bot, entriss er ihr und dann tötete er sie.

Herkules ließ die um ihre Königin trauernden Amazonen zurück. Auf dem Heimweg sah er am Ufer des Meeres ein Ungeheuer in der Tiefe, dass zwischen seinen Kiefern ein Mädchen – Hesione – festhielt. Ihre Schreie drangen zu ihm und er stürzte sich in die Flut und griff das Ungeheuer an. Er presste sich durch den Schlund in den Bauch und fand dort Hesione. Er packte sie mit der linken Hand, mit der rechten führte er sein Schwert und kämpfte sich aus dem Bauch des Drachens. So rettete er ein Mädchen, zum Ausgleich für den Tod der Amazonenkönigin."

(Vgl. Traugott, S.87)

Diese Geschichte spiegelt Lilith in der Sphäre von Mars. Die starke Frau tritt dem Mann im Bewusstsein ihrer Stärke entgegen, und erlebt nicht selten die Begegnung als Entgegnung. Bei der Kriegerin wird auch deutlich, dass das *Begehren* eine außerordentlich große Rolle spielt. Hier stellt sich die Frage, wie weit sich Frau und Mann für das Begehren öffnen können, wenn es einem über den anderen entgegenkommt. Die Angst vor der Hingabe ist bei beiden groß. Er fürchtet von der Kriegerin kastriert zu werden, ihr zu unterliegen, und sie hat Angst davor getötet zu werden – wie die Amazonenkönigin. Beide haben in Wahrheit kein Bild davon, wie Stärke und Hingabe nebeneinander stehen können.

Aber nicht jeder Mann ist ein Herkules! Dies könnte bedeuten, die wahre Sehnsucht der vollendeten Kriegerin richtet sich auf den starken Mann, der die Amazonenkönigin umgehen und gleich der Retter des "kleinen Mädchens" in ihr wird. Vielleicht eine Art "Sanfter Alpha-Mann"? Nicht selten werten sich starke Frauen wegen ihrer Stärke und Dominanz selber ab, machen sich selbst zum Opfer, besonders dann, wenn sie sich mit der traditionellen Frauenrolle identifizieren. Die Abwertung wird oftmals auch delegiert, nämlich dann, wenn ein Partner gewählt wird, der sich ihrer Stärke zwar bedient, sie als Frau jedoch ‚nicht nimmt'. Das heißt, sie stellt ihre Stärke in den Dienst des Mannes. Tief in ihrem Innersten verachtet sie ihn für seine Schwäche und sehnt sich weiter vergeblich nach dem starken Mann, dem sie sich hingeben kann und der sie vollkommen ‚durchdringt'. Hier weicht sie gerne in ihre Phantasiewelt aus und erträumt sich ihren

Helden.

Einer Schattenkriegerin fällt es sichtlich schwer, den Gürtel der Venus anzubieten. Die Konsequenz könnte heißen: „Ich gebe mich dir nicht hin und gleichzeitig strafe ich dich dafür, dass du mich trotzdem nicht nimmst.“ Hier kreiert die Schattenkriegerin sogar oft Phantasien eines leidenschaftlichen Aggressors der sie überwältigt und „nimmt“. Viele dieser ansonsten so starken Frauen haben Vergewaltigungsphantasien, die ihnen als Anregung dienen, aber letztlich nur das alte Klischee bestärken: „Die Frau sei dem Manne untertan!“ Natürlich besteht ein Unterschied von einer Vergewaltigung zu phantasieren oder wirklich vergewaltigt zu werden. Sie aber identifiziert sich mit dem Vergewaltiger und delegiert ihre Phantasie an den Mann.

Germain Greer schreibt: *„Frauen teilen offenbar beim Anschauen erotischer Vorlagen den männlichen Blick auf sich selbst. Sie identifizieren sich mit dem Objekt der männlichen Begierde – aber das ist nur eine Seite der Angelegenheit. Eigentlich sind sie Objekt und Subjekt dieses Blickes zugleich; sie schauen sich selbst an und präsentieren sich zugleich dem fremden Blick, der sie begehrt.“* Das ist für Männer nicht unwichtig zu wissen.

Herrad Schenk schreibt: *„Möglicherweise ist das aggressive Element in einer leidenschaftlichen Begegnung umso ausgeprägter, je größer die Sehnsucht nach symbiotischer Verschmelzung und zugleich die Angst davor ist.“* Die Aggression selbst dient oft als destruktiver Kleister in solchen Beziehungen, der völlig verdrängt wird. Es ist der klassische Machtkampf des Urpaares Lilith und Adam. Wer ist oben und wer unten? Wer besteigt wen? Die Liebe einer Schattenkriegerin unterwirft oder zeigt sich erst gar nicht. Es geht immer um Forderung und Verweigerung. Anklage und Verteidigung, denn Liebe ohne Streit wird als langweilig empfunden. Schattenkriegerinnen entfachen instinktiv Streit, um den Funken dieses feurigen Spiels am Leben zu erhalten. Edward C. Whitmont meint:

„Aggression zielt auf Trennung, führt aber letztlich durch das Verlangen, vom anderen gespürt zu werden, zu einer Annäherung. Vom Impuls her möchten wir zuschlagen, verletzen, sogar vernichten. Das Endergebnis ist jedoch, dass Verbindung entsteht. Der Trieb des Eros andererseits will sich vereinigen, will die eigenen Bedürfnisse oder die der anderen befriedigen, eindringen oder durchdrungen werden – wie dem auch sei.“

Der Mann findet sich im Teufelskreis der Furie gefangen, die ihn beherrscht, unterwirft und kastriert. Wollen Mann und Frau hier nicht in ihrem Machtkampf von Adam und Lilith erstarren, müssen sie ihr "entweder oben oder unten" in ein "sowohl als auch" verwandeln. Dazu ist es notwendig, in der Beziehung neue Bilder zuzulassen und Inhalte neu zu besetzen. Stärke kann neben Sanftheit und Harmonie neben Aggression existieren. Das gilt es zu erkennen. (Vgl. Traugott, S. 88 ff)

5.1.2. Erotik und Leidenschaft

„Suche deine Muse. Umwirb sie. Wenn sie dich besucht, erschaffe mit wilder Hingabe"
Daniel Ladinsky

Wenn ein Mann einer Kriegerin begegnet, ist immer starke Leidenschaft und sogar Faszination im Spiel. Die Luft ist aufgeladen, es sprühen Funken und Eros[55] bindet sie in der leidenschaftlichsten, tierischsten Form der Sexualität. Wenn nun einem Mann diese feurige Kraft über eine Frau entgegenkommt, sind einerseits seine Faszination und andererseits seine Angst verständlich. Kann er sich in ihr erkennen, fließt ihm die Kraft des ‚Dämonischen' zu – also das, was uns beinahe „hypnotisch" bindet – und er wird letztlich von sich selbst fasziniert sein oder sich vor sich selbst fürchten. Damit diese unglaubliche Kraft nicht zerstörend wird, muss die Kriegerin, wie Lilith, etwas zurück lassen, nämlich ihre Rollen und Klischees.

Wird diese ursprünglich Kraft der Sexualität bewusst angenommen, kann auch der Partner in diesem lodernden Feuer bestehen und finden beide ihre kreativen, schöpferischen Kanäle dafür, wird dieser Akt zu einer Vereinigung zweier Götter. Keine Kriegerin kann dem geflügelten Drachen auf Dauer entfliehen, aber sie kann lernen ihn zu reiten. Wenn beide Partner ihre Kraft gemeinsam ausrichten, wächst Eros ins Unermessliche und Sexualität wird zur lebensspendenden Naturgewalt.

Kurz und bündig steht die vollendetet Kriegerin für die innere Stärke und den Selbstwert der Frau; für weibliche Individualität und Rebellion; für Grenzen setzen und bewahren; sie beschützt Schwache und Hilflose jeder

---

55. Eros ist in der griechischen Mythologie der Gott der *begehrlichen Liebe.* Ihm entspricht in der römischen Mythologie *Amor*, der als Personifikation der erotischen Begierde auch *Cupido* „Begierde" oder „Leidenschaft" genannt wird.

Art; kämpft für Wahrheit und Gerechtigkeit; in der Liebe ist sie voller Feuer und Leidenschaft.

Sie sollten sich mit ihrer inneren Kriegerin beschäftigen wenn …

… Sie nicht klar zu sich stehen können und Ihnen (notwendige) Veränderung schwer fällt.
… Sie keine Grenzen setzten und diese auch wahren können.
… Sie neue Wege, Ziele und Orientierung im Leben suchen.
… Sie ihre Beziehungen für ihre Ziele opfern.
… Ihre Gefühle Sie beherrschen.
… Sie ihre Kraft, Aggression oder Wut unterdrücken.
… Sie zu angepasst, abhängig oder Angst vor Hilflosigkeit haben.
… Sie Angst vor Männern oder Männlichkeit haben.
… Sie mit Frauen ein negatives emotionales Thema verbindet.
… Sie denken, Sex, Erotik, Leidenschaft wäre etwas Schlechtes oder Schmutziges.
… Sie mehr Lebendigkeit und Feuer in Ihre (sexuelle) Beziehung bringen möchten.

Affirmation zur Kriegerin: Ich darf meine Stärke und meine Sanftheit zeigen!

5.2. Die Magierin

„Es gibt keine Religion außer Sex und Musik."
Sting

In der Beschreibung des großen weiblichen Archetyps der Magierin, sehe ich auch die Aspekte der Priesterin, Mystikerin und Heilerin mit eingebunden. In ihrer vollendeten Form entspricht sie unseren höchsten inneren Werten, unserem heiligen Zweck und unserem Wunsch, zu dienen. Die Magierin beherrscht die Elemente und ist eine wahre Ritualmeisterin, denn ihre größte Stärke ist ihre Gedankenkraft. Und dabei bezieht sie ihre Weisheit nicht nur aus ihrer Lebenserfahrung, sondern auch von den lichten geistigen Sphären und von ihren Ahnen. Sie wandelt und verwandelt, im Außen wie in Inneren. Dabei transformiert sie sich ständig auch selbst und bringt ihre inneren, niederen Energien auf höhere Ebenen. Somit repräsentiert sie ebenso die Entfaltung und Einzigartigkeit unseres Seelenweges.

Die vollendete Magierin ist auch Priesterin des Weiblichen, der gesamten Natur, der Sexualität und Fruchtbarkeit, denn sie lebt ihre Intuition und ihre Mutterleibs-Weisheit. Dabei akzeptiert sie nicht nur, sondern sie vertraut bedingungslos ihrer göttlichen Führung und Inspiration, während sie ihren Erdenweg geht. Auch ist sie eine höchst sensitive Frau. Gleichzeitig besitzt sie Objektivität und Vernunft, da sie psychisch mit ihrem höheren Selbst, spirituell mit dem Göttlichen und physisch mit dem Irdischen gut verbunden bleibt. Oft setzte bereits in ihrer Kindheit ein tiefes Verlangen nach höherem Wissen ein, deshalb forscht und reflektiert sie in allen erdenklichen Wissenschaften, bis hin zu den neuen Technologien. Ihr Vorgehen ist achtsam, klarsichtig, sorgfältig, geduldig und friedlich bei ihrer Suche nach Neuem. Sie weiß, dass das Leben höheren kosmischen Gesetzen folgt und ihre Anbindung an das große Mysterium, sowie ihre tägliche Erdung, findet sie bei unserer großen Mutter in der Natur. Und so folgt sie auch treu den natürlichen Zyklen von Erde, Mond und Sonne. Im Umgang mit Menschen ist sie meist schonungslos direkt, da sie ihrer Wahrheit treu bleibt, die manchmal auch belehrend wirken kann. Ihre Weisheit gibt sie auf vielfältige Weise und gerne weiter, denn Sie möchte von Herzen Gutes bewirken in der Welt. Da sie in die kleinen und großen Zyklen des Lebens bewusst eingebunden lebt, hat sie ein untrügliches Gespür für den richtigen Zeitpunkt und findet Lösungen für Probleme auf möglichst direktem Wege. Dabei folgt sie auch hier kompromisslos ihrer höheren Bestimmung.

Die vollendete Magierin ist auch Heilerin, eine gute Mutter für sich selbst und für die Sorgen und Schmerzen anderer. Hier ist sie eine gute Zuhörerin und hilft, indem sie ihr Wissen einsetzt, das sie nicht nur aus den klassischen Wissenschaften und der Medizin, sondern ganzheitlich aus der Natur und ihren Zyklen, den Elementen, Geistern und Wesenheiten bezieht. Wenn sie es für angebracht hält, setzt sie ganz selbstbewusst ebenso auf kraftvolle Rituale, bedient sich magischer Gegenstände und der einen oder anderen "Zauberei". Sie weiß, um jemanden bei seiner Gesundung zu unterstützen, reicht es oft nicht, demjenigen einen guten Rat zu geben. Manchmal braucht es ein Ritual, das es zu durchleben gilt, eine kleine Aufgabe, die es zu erfüllen gilt, eine bittere Medizin, die geschluckt werden muss, damit der Hilfesuchende an seine Heilung glauben kann.

Hier trägt sie große Verantwortung. Darum muss auch die Magierin als Heilerin gut auf sich Acht geben, sich selbst gesund erhalten, ihr Energiefeld regelmäßig erden und reinigen, um mit den lichtvollen Kräften verbunden zu bleiben. Nur so kann sie ihre große Aufgabe erfüllen. Prinzipiell strebt auch sie, wie die vollendete Kriegerin, Freiheit, Individualität und Unabhängigkeit in ihrem Tun und Denken an – für sich selbst und andere.

„Plötzlich ging die Tür auf und eine Lichtgestalt trat auf mich zu.
Sterne breiteten sich aus im Zimmer. Ich fragte sie: „Wer bist du?“
Eine Stimme sprach: „Wer ist hier DU?
Du bist aus dir herausgegangen, weil du dich selber nicht in dir gefunden hast …
– ich aber bin in dich hineingekommen,
weil ich mich draußen nicht erkannt habe!“
Ich schrie: „Und wie bist du hereingekommen?“
„Ich bin durch dich hereingekommen!“
„Was heißt das: Ich bin durch dich hereingekommen?“
„Das heißt, dass ich durch die Tür gekommen bin!“
„Wenn du aber durch die Tür gekommen bist:
Wie kannst du dann durch mich selber kommen?“
„Indem du die Tür selber bist!“
„Dann zeig mir diese Tür …!“ schrie ich empört.
Mich nervte diese kalte Art.
„Die Frage aller Fragen gilt der Tür“, hörte ich ganz leise sagen …“
Akron

5.2.1 Die Schattenmagierin – Manipulantin und Verweigernde

Die Schattenmagierin ist ebenso bipolar wie ihr männliches Pendant. Auch sie neigt in ihren dysfunktionalen Formen zu Ignoranz und Manipulation, und andererseits, in ihrer passiven Form, zu Verweigerung und Ahnungslosigkeit. Ihre kindliche Polarität repräsentiert sie im altklugen, sowie im dummen Mädchen, die ihren Entwicklungsweg zum wissbegierigen Kind noch finden darf. In ihrer erwachsenen Form würde ich sie als die „manipulierend Ignorante“ und die „ahnungslose Verweigernde“ bezeichnen.

So schön die helle Seite der Magierin ist, so ist ihre dunkle Seite von kaltem Intellekt und Zynismus geprägt. Auch sie bannt ihre Abgründe auf ein Du im Außen, weiß intellektuell sogar „Das bin ich!“, spürt es jedoch nicht, denn sie hat den bedrohlichen Bereich ihrer Gefühle unterdrückt, zensiert und rationalisiert. Die Schattenmagierin steht für das Getrenntsein von Intellekt und Intuition, für dieses „neben sich stehen“, sich ahnungslos verweigernd im Visasvis beobachtend. Ihr Intellekt wird zu einem Dämon, also kann sie in ihren Spiegeln auch nur einen Dämon antreffen. Hier lässt wieder Lilith grüßen, denn sie ist es, die Verführerin, die symbolisch als die *absteigende Schlange*, in die Verzweiflung führt.

Lilith ist ebenfalls Seelenführerin – Psychopompos[56], genau wie *Hermes/ Merkur*, der die *aufsteigenden Schlagen* am Stab trägt. Lilith ausschließlich in der dämonischen Dimension zu belassen hieße ja, sie auch nur so zu erfahren. Dabei ist Lilith ebenfalls Seelengeleiterin, Vermittlerin und Initiatorin. Gerne spricht sie über wegweisende Träume zu uns. Da die Ignorante dieses Geschenk ihrer Träume, ihres Unbewussten, nicht ernst nehmen kann, liegt ihre Lösung darin andere zu manipulieren, dabei wäre ihre Aufgabe, Vertrauen in die inneren Bilder und in die eigene Intuition zu entwickeln.

Es gibt Menschen, die ihre Geschenke einfach weitergeben, wenn sie sie persönlich nicht schätzen. Auch die Schattenmagierin reicht ihre „Traumgeschenke“ oft einfach weiter und wird so jedoch zur Inspirationsquelle für den anderen, aber nicht immer im Positiven. Sie ist sehr intuitiv, schätzt aber ihre Intuition vielleicht nur mäßig. Oder sie gebraucht sie beinahe beiläufig, für andere und nicht für sich selbst. Sie wertet das „sogenannte Weibliche“ sogar ab und stellt es in den Dienst eines

56. *Psychopompos* oder eingedeutscht der *Psychopomp* bedeutet wörtlich übersetzt „*Seelengeleiter*“. Er geleitet die Seelen der Verstorbenen ins Jenseits. *Psychopompos* ist der Titel des griechischen Botengottes Hermes (Merkur), der dieses Amt von Apollon übernommen hatte.

rationalistischen Weltbildes. Ihre Intuition ist zwar groß, aber sie handelt nicht danach, weil dieser Teil von Ihr völlig ignoriert wird. Sie benutzt sie lediglich geschickt, um zu ihren Zielen zugelangen und ihre intellektuelle Gewandtheit zu unterstreichen. Wortgewandtheit kann für sie zum Götzen werden und ihr Wertemaßstab wird daran angelehnt – bei sich selbst und bei anderen. Wird dem nicht entsprochen setzt „Vernichtung" ein. Sie verfällt in tiefe Abwertung und ihr Urteil lautet: „Ich bin dumm, ungebildet und blöd – ich bin nichts." Wertet sie sich lange genug ab, dreht sie die Abwertung um, damit es ihr wieder besser geht. Ihre Abwertung richtet sich nach außen indem sie sich ein intellektuelles Feindbild sucht. Im schlimmsten Fall setzt sie ihre Fähigkeiten auch bewusst als Schadenzauber[57] ein. (Vgl. Traugott S.107 f)

In ihrer Partnerschaft, Familie oder im engen Freundeskreis wechselt sie gerne ihre Identität. Mal ist sie die Gefühlvolle (Manipulantin), mal die kalte Intellektuelle (Verweigernde). Damit meine ich: Welcher Teil ihr auch immer begegnet, die Schattenmagierin ergänzt ihn durch den anderen. Je rationaler der eine wird, desto irrationaler wird der andere. Einer meiner Klienten drückte es in diesem Satz aus: „Ich werde von meiner Frau verbal hingerichtet." In der Folge wird er wütendund resigniert. Sie analysiert ihn und stachelt ihn noch mit zynischen Äußerungen an. Dabei bleibt sie kühl und betrachtet ihr Gegenüber fasziniert und gleichgültig manipulativ zugleich. Sie ist vielleicht psychologisch gebildet und weiß auch, dass der „Dämon" zu ihr gehört, dennoch begreift und spürt sie nichts. Sie geht in die absolute Verweigerung ihrer Gefühle. Einen weiteren Punkt möchte ich bei der Schattenmagierin ansprechen, der an die Schlange erinnert. Da sie meist sehr klug ist, setzt sie ihr verbales Gift gezielt ein. Sie verführt durch Schmeichelei und durch Doppelzüngigkeit nur um ihr „Opfer" später durch Indiskretion, Klatschsucht und üble Nachrede hinzurichten.

Reden und Schweigen wird bei der Schattenmagierin regelrecht zur Waffe. Das Gegenüber wird entweder durch einen Redeschwall hingerichtet oder durch konsequentes Schweigen vernichtet. Das wirkt sich auf die

57. Schadenzauber, auch *Schwarze Magie*, lat. *maleficium*, ‚übles Werk', bezeichnet magische Praktiken, mit denen jemand einem anderen Menschen Schaden zufügen will. Die ausübende Person verfügt nicht selten über ein spezielles Wissen und über starke innere Kräfte, die wirksam gemacht und auf ein bestimmtes Ziel gelenkt werden.

Kommunikation mit dem Gegenüber tödlich aus, denn den anderen nicht erreichen zu können, lässt irgendwann völlig verstummen. Die manipulierende Ignorante vermeidet mir ihrem Verhalten die eigene Tiefe ihrer Seele. Sie verweigert, kann und will sich nicht spüren. Eine gute Möglichkeit den Dämon zu überwinden sehe ich hier im Schreiben anstatt zu sprechen, beispielsweise in Form eines Briefes an den Partner oder zur eigenen Reflexion als Tagebuch. Ebenso kann Musik einen Zugang zur Seele ermöglichen. Wo beide schweigen kann Musik die verbindliche Brücke werden. *„Hermes/Merkur fertigte eine Flöte für Apoll. Er gab sie im Tauschhandel seinem Bruder, um ihn zu versöhnen. Apoll nahm die Flöte, ein Instrument des Dyonisos, an und im Spiel auf ihr fanden die beiden symbolisch zusammen." (Vgl. Traugott S.107 f)*

Im Bereich der Heilerin und in ihrem Mütterlichen, zeigt sich ebenso der manipulierende Dämon als die „quälende Frau" und „verschlingende Mutter". Sie ist einerseits die gute Mutter, da sie alles für die Familie tut, und andererseits ist sie die furchtbar quälende Mutter durch ihre Omnipräsenz. Auch quält sie ihren Partner durch ihr übersteigertes Misstrauen bis hin zu üblen Unterstellungen. Auch ist sie hellseherisch und telepathisch begabt, „spürt" und „wittert" jede Konkurrenz. Diese Fähigkeiten benutzt sie zur Überwachung und Kontrolle anderer, von der eigenen Familie bis hin zur Kollegen- und Nachbarschaft.

Ein Sohn beschrieb seine Mutter folgendermaßen: *„Meine Mutter überwacht mich ständig. Ich bin sogar weit weggezogen, aber ich kann ihr nicht entkommen. Sie kontrolliert mich sogar über ihre Träume und träumt so, dass sie ständig über mich Bescheid weiß. Sie weiß sofort, wenn sich Neues in meinem Leben ereignet und ich Entscheidungen getroffen habe. Sie ruft mich dann am nächsten Tag gleich an, um mich alles Mögliche dazu zu fragen und mir ihren Kommentar dazu zu geben. Ich finde das unheimlich und ich denke, ich kann ihrem Dunstkreis nicht entkommen. Ich habe regelrecht Angst vor ihr und befürchte, sie kontrolliert mich noch bis über den Tod hinaus."*

So eine Geschichte erinnert mich an die Hexe und den kleinen Hänsel im Käfig. Er bekommt täglich sein Zuckerbrot von ihr in den Käfig gesteckt, um ihn zu mästen, in der Absicht, ihn zu verzehren. Er wird überversorgt und unfrei gehalten durch die überversorgende und alles überwachende Mutter, der er sich nicht entziehen kann ohne sich schuldig zu fühlen. Jeder seiner Schritte verlangt Rechtfertigung und jede Rebellion wird im Keim erstickt. Das Heilsame und Nährende, die mütterliche Liebe, wird hier als Instrument zur Manipulation und als stille Übermachtung missbraucht. Viele Söhne und Töchter haben Schwierigkeiten die „Fleischtöpfe“ der Mutter zu verlassen, denn wagen sie es doch, quält die Mutter sie durch Schuldgefühle. Die Schattenmagierin in Form einer „Dunklen Mutter“, „Hexe“ oder als „doppelzüngige Schlange“, ist manipulativ, ignorant und verweigert oft jedes noch so schlagkräftige Argument. Sie hält sich gerne an den patriarchalen Rollen fest, die wiederum aus starken kindlichen Abhängigkeiten ihrerseits resultieren. Aber auch sie kann lernen ihren eigenen Drachen zu erkennen, nicht um gegen ihn zu kämpfen, sondern ihn zu integrieren, um den Schatz, den er bewacht zu bergen und dadurch heil und zur vollendeten Magierin zu werden.

5.2.2. Vertrauensvolle Sexualität

„Vertrauen ist Mut und Treue ist Kraft.“
Marie Ebner-Eschenbach

Die vollendete Magierin weiß längst, dass sie mehr als ein Körper ist. Sie hat zu ihrem weiblichen Selbstwert gefunden, weiß ganz genau, wer sie als Frau ist und das drückt sie auch in ihrer Sexualität aus. Sie ignoriert ihre Tiefe nicht und weiß, was sie selbst will, was sie braucht und kann es ihrem Partner auf eine liebevolle Art und Weise mitteilen – nicht nur verbal, denn sie sorgt für magische Momente der Zweisamkeit. Sie ist eine aufmerksame Zuhörerin, da sie sich ihrem Partner gegenüber zur Ebenbürtigkeit verpflichtet hat, denn sie weiß um die tiefe Bedeutung der Worte: Was du anderen antust, tust du dir selber an.

In ihrer Vollendung verkörpert sie die liebevolle und achtsame Mutter für ihre Kinder und ist vertrauensvolle Partnerin in der Beziehung. Ohne Vertrauen gibt es keine Liebe, auch nicht beim Sex. Vertrauen ist für die vollendete Magierin ein machtvolles Instrument geworden. Ein Instrument der Heilung, das paradoxerweise alles, was ihr negativ und dunkel erschien, in eine positive Richtung umkehrte. Sie vertraut auf die Liebe ihres Partners, auf seine Treue, da sie ihren Instinkten ebenso vertraut. Das erzeugt bei beiden ein höheres Maß an emotionaler Nähe und beide erreichen in ihrer sexuellen Begegnung immer schönere, höhere Ebenen. Diese Ebenen öffnen sich, weil sich beide Partner tiefes Vertrauen schenken und *Hingabe* so erst wirklich möglich wird. Sex wird zu einem magischen Akt. Sie sieht dies nicht als eine Verpflichtung an, doch sie *verpflichtet* sich ihrem Partner und der gemeinsamen heilsamen Sexualität jeden Tag neu – und er ihr. Das Vertrauen in sich selbst und die Treue zu sich selbst verleiht der Beziehung sowohl Reinheit, als auch Stärke. Das bringt die Magierin in einer Weise voran, die wunderbare Verbundenheit entstehen lässt, bei ihr selbst, bei ihrem Partner und den Menschen in ihrem Umfeld.

Kurz und bündig steht die vollendetet Magierin, Priesterin und Heilerin für Klarheit und Stärke im Ausdruck des Weiblichen; sie sieht sich als Teil der Natur, ehrt und pflegt diese auch; schätzt Objektivität und Logik und findet für sich und andere gute Lösungen in schwierigen Situationen; kommuniziert verantwortungsbewusst; stellt ihr Wissen und ihre Weisheit in den Dienst einer höheren Sache; hat keine Angst vor ihrer eigenen Tiefe.

Sie sollten sich mit ihrer inneren Magierin beschäftigen wenn …
… Sie Ihre Kommunikation verbessern wollen – auf allen Ebenen.
… die Pole Macht und Ohnmacht in Ihrem Leben Thema sind.
… Sie besseren Zugang zu Ihrer Intuition wünschen.
… Sie bewussten Zugang zu den Naturkräften suchen.
… Ihr Leben zu viel oder zu wenig Ordnung, Struktur und Sachlichkeit aufweist.
… Sie Konfliktsituationen magisch anziehen.
… Sie keine Kompromisse zulassen können.
… Liebe für Sie nur „Gefühlsduselei“ ist und Sie Gefühle, Emotionen ablehnen.
… Ihnen Optimismus schwer fällt und Zweifel, Pessimismus überhand nehmen.
… Sie Sex nur “ertragen“ oder gleichgültig hinnehmen.
… Ihnen sexuelle Themen unangenehm sind und Sie darüber nicht sprechen können.
…„Wahrheit“, „Vertrauen“, „Treue“ immer wieder Krisenthema in Ihrem Leben sind.

Affirmation zur Magierin: Ich drücke Wahrheit und Liebe aus!

5.3. Die Geliebte

„Wenn ich zu einem anderen sagen kann:
„Ich liebe dich",
muss ich auch sagen können:
„Ich liebe in dir auch alle anderen,
ich liebe durch dich die ganze Welt,
ich liebe in dir auch mich selbst."
Erich Fromm

Wenn die Frau als vollendete Geliebte den Raum betritt, in ihrer wahren Kraft und Größe und Liebe, dann werden viele Blicke auf sie gerichtet sein, da sie eine starke Anziehungskraft ausstrahlt. Die Geliebte verkörpert Sinnlichkeit, Verführung, sie liebt all das Schöne in der Welt und zeigt ihre Freude am Leben. Liebe ist die Energie, nach der wir Menschen uns am meisten sehnen, für die wir sehr viel tun, um sie von anderen Menschen geschenkt zu bekommen. Die Geliebte gibt ihre Liebe gerne und so frei und natürlich, wie es sonst nur einem Kind möglich ist. Sie trägt die Sehnsucht nach einer liebevolleren Welt in sich, strebt Harmonie und Schönheit in allen Bereichen ihres Lebens an. Ist sie eine vollendete Geliebte, dann fließt ihre Liebe weit über das Persönliche hinaus in die Welt, zu allem was ist. Sie bringt uns das Elixier des „Sich-öffnen", der Hingabefähigkeit an das ewige Leben und die Qualität der Harmonie, um sich mit den anderen Archetypen liebevolle zu vereinen. Erst der Archetyp der Geliebten, erweckt in einer Frau die Sensibilität und Empfindsamkeit, die für den achtsamen und mitfühlenden Umgang mit sich selbst und anderen essentiell ist.

Öffnet sich die Frau für die Kraft der Geliebten, dann leuchtet sie von innen heraus und sie wird zur Quelle der Freude und Hoffnung für andere. Sie versteht und lebt das Wunder des Verschmelzens von Animus und Anima und widmet sich auch in der Partnerschaft den edlen Liebeskünsten. Sexualität ist ihr sehr wichtig, aber sie lebt Qualität statt Quantität. Ihr Ziel ist nicht nur der Akt an sich, sondern vielmehr der Weg dorthin. Dieser Archetyp liebt das Spiel der Erotik und hat echte Freude daran. Die Geliebte kennt auch die Geheimnisse wahrer Schönheit. Sie zelebriert sowohl ihre innere, als auch ihre äußere Schönheit, die ihr zum Liebeselixier wird, daraus erfolgt auch ihre unwiderstehliche Anziehungskraft. Sie schenkt und braucht Berührung, Nähe, Intimität, innige Gefühle und Sinnlichkeit auf allen Ebenen. Ihr ganzer Körper gibt und empfängt Liebe. Sie öffnet sich, verschenkt Liebe und gibt sich ihr vollkommen hin.

Ihren Liebespartner wählt sie sehr bewusst und mit hohem Anspruch. Sonst würde sie ihn später ständig ändern und sich ihr angleichen wollen. Sie liebt ihn so, wie er ist und gibt sich seiner Männlichkeit völlig hin. Durch ihre Liebe zu sich selbst, kann sie andere Menschen wahrhaftig lieben. Sie muss nicht klammern und festhalten. Ihre Liebe zum Partner lässt ihn immer wieder aufs Neue frei. Die Geliebte zeigt uns, wie wir den Menschen und dem Leben selbst mit einem großen Herzen begegnen können. So zu lieben, ruft aber nicht immer nur Wohlwollen, sondern unter Umständen auch den Neid anderer Frauen hervor. Das kann dazu führen, dass sie auch oft alleine ist.

Die Geliebte in Vollendung ist seelisch eine sehr starke Frau und manche Männer trauen sich nicht verbindlich zu werden, da sie befürchten, ihr nicht gewachsen zu sein, vielleicht auch ihren Ansprüchen auf Dauer nicht zu genügen oder ihre Bedürfnisse nicht befriedigen zu können. Es braucht einen ebenso starken Mann, der die Archetypen des Geliebten oder des Königs in sich bereits zur Reife gebracht hat, um einer solchen Frau auf Augenhöhe zu begegnen. Begegnet sie so einem starken Mann, dann ist der Himmel auf Erden für beide Wirklichkeit.

5.3.1. Die Schattengeliebte – Madonna und Hure

„Deine Augen sind trunken des Gottes, meine trunken, dich zu sehen,
Ein Trunkener sorgt für den anderen."
Rumi, Offenes Geheimnis

Die Schattengeliebte ist ebenso bipolar wie ihr männliches Pendant. Auch sie neigt in ihren dysfunktionalen Formen zu Sucht und andererseits, in ihrer passiven Form, zu Frigidität. Ihre kindliche Polarität repräsentiert sie in der „Vater-Tochter" und in der „Träumerin", die sie in der ödipalen Phase ihrer Kindheit nicht vollständig entwickeln konnte. In ihrer erwachsenen Form würde ich sie, um das Bild deutlich zu zeichnen, als die „süchtige Hure" und den Gegenpol als die „frigide Heilige" bezeichnen.

Fordert die Gesellschaft Anpassung und Gehorsam, sogar im „Namen Gottes“, dann ist eines ganz sicher: Lilith gehorcht nicht! Somit finden wir bei der Schattengeliebten in erster Linie die Weigerung, sich Geboten zu unterwerfen. Sie durchbricht bürgerliche Tabus und kirchliche Moral, indem sie der Welt den moralisierenden Tribut an einen Vater-Gott verweigert – wie Lilith. Mit der Herrschaft der Kirche setzte zeitgleich die Verdammung der Erotik ein. (Vgl. Bataille S. 85)

Erotik wurde vom Juden- und Christentum in die Hölle verdammt und oft in Begleitung von Sadismus dargestellt. Davon geprägt, leiden wir bis heute unter einer Verzerrung der Erotik – dem Eros – und von Lilith. Wir verteufeln beide. Erotik und Sexualität gedieh lange Zeit nur im Schatten. Inquisition, Hexenverbrennung und Zwangsbeglückung in Missionarsstellung mit all dem Gräuel drum herum, sind Ausdruck für die Pervertierung der Erotik. *Lust* war gleichgestellt mit *Sünde*, und beides galt es hart zu bestrafen. Die Strafe geschah oft durch zufügen von körperlichen Schmerzen, die, auf den Gipfel gesteigert, wieder zu Lustgefühlen führten. So wurde Eros zu einem sadistischen Teufel und der masochistische Gegenpart zeigt sich reichlich in der Kunst des Mittelalters, die Zeugnis ablegt durch die Darstellung lustvoller Märtyrergesichter. Gewalt und Sexualität wurden auf den Feind, die Heiden, Lilith oder den Teufel projiziert und durften in jeder beliebigen Form bildlich dargestellt werden. Es gibt unzählige geköpfte Holofernes[58] und Johannes, grauenvolle Darstellungen gemarterter Frauen und Männer und, um die sexuelle Phantasie zu beleben, wird „Susanna im Bade“[59] zig-fach beäugt. Wenn wir die Nachtseite unserer Seele schauen oder zum tiefsten Punkt unserer geschlechtlichen Erfahrungen vordringen, begegnen wir ebenso dem Göttlichen, sind wir ebenso dem Allerheiligsten nahe. So gesehen brauchen wir Lilith, um wieder einen natürlichen Zugang zum Heiligen zu finden und um wieder zu *erotischen Menschen* zu werden. (Vgl. Traugott S.76f)

---

58. Holofernes ist nach dem Alten Testament ein assyrischer Feldherr. Betört von der Schönheit und Weisheit Judit's, lädt Holofernes sie zu einem Gelage ein, im Verlaufe dessen sich die Diener diskret aus dem Zelt zurückziehen, um bei der erwarteten Liebesnacht nicht zu stören. Judit hat aber; durch ihre tiefe Gottesbeziehung, kein Interesse an einer Liebesnacht, macht nun *ihn* mit dem schweren Wein betrunken, um ihn gemeinsam mit ihrer Magd zu enthaupten.

Georges Bataille schrieb in “Die Tränen des Eros“: *„Wer den religiösen Sinn der Erotik nicht sieht, dem entgeht ihr ganzes Wesen. Wer umgekehrt das Band nicht sieht, das die Religion mit der Erotik verknüpft, dem wird auch das Wesen der Religion entgehen.“*

Wie bei der Schattenkriegerin, so treffen wir auch hier auf Masochismus und Sadismus, jedoch mit einem deutlichen Bezug zur Sexualität. Der Schatten der Geliebten gedeiht zwischen Madonna und Hure, zwischen der Reinen und der Befleckten. Die Frau ohne Unterleib trifft auf Lilith. Die eine versprüht oft einen infernalen Charme, die andere verzaubert durch unantastbare Reinheit. Die Frauenrolle ist hier sehr stark von einer konventionellen Moral definiert, was beide Geschlechter limitiert und in eine Schwarz-Weiß-Malerei drängt, analog zu Himmel und Hölle.

Mit diesem Schatten werden oft sexuelle Phantasien kreiert, die Lust nur zulassen, wenn hinterher gleich die Strafe folgt. Oder Lust wird völlig verdrängt und Jungfräulichkeit hochgehalten. Frauen, die hemmungslos ihre Sexualität ausleben, wähnen sich als Sünderin und der Drang nach Absolution wird groß. So wird dem eigenen Vater, Ehemann oder der Gesellschaft große Macht eingeräumt und sie werden zum Stellvertreter des strafenden Gott-Vater erhoben. Häufig wählt sich die Schattengeliebte einen Partner, dessen Abwertungen als Züchtigung erlebt wird, der ihr jeden kleinsten „Fehltritt“ spüren lässt. Wer allzu großes Verlangen nach dem Reinen hat, nährt bekanntlich den Teufel – und andererseits auch die teuflische Wut. Dann zeigt sich die andere Seite der Schattengeliebten,

---

59. Seit biblischen Zeiten ist die Ehre der Frau nicht privat sondern ein öffentliches Gut. Das kann lebensgefährlich sein, vor allem für die Frau. Davon erzählen die Geschichten aus dem Alten und dem Neuen Testament und die Bilder von *Rembrandt, Rubens* und *Artemisia Gentileschi.* Die Geschichte von “*Susanna im Bade*“ stammt aus dem Alten Testament. Sie handelt von einer jungen, hübschen Frau, die in ihrem von hohen Mauern umgebenen Garten ein Bad nehmen möchte. Was sie nicht weiß ist, dass sich zwei alte Lüstlinge eingeschlichen haben. Die Männer nähern sich ihr gierig und lüstern. Susanna wird nicht willig sein, das war schon vorher klar, aber sie soll sich ergeben: Ihr bleibt doch nur die Wahl zwischen geheimer Schändung und allgemeiner Schande. Susanna schreit. Öffentlichkeit strömt in ihren privaten Garten. Die beiden Alten erheben üble Nachrede. Es sind mächtige, angesehene Bürger, wichtige Funktionsträger. Wem soll man hier glauben? Schande über Susanna, ihre Nacktheit wird zur Blöße!

diejenige, welche eine starke Verbindung zur Kriegerin spürt und sich veranlasst sieht, das Joch der männlichen Vorherrschaft gänzlich abzuschütteln oder es zu bekämpfen. Wichtig ist für beide, für die Heilige wie für die Hure, das eigene Wertesystem genau zu überprüfen. Natürlich hat es innere Gültigkeit, aber allzu oft wird der innere Inquisitor und Ankläger auf ein männliches Du projiziert. Der Teufel ist nirgends so teuflisch wie hier.

Ich möchte hier noch auf den Begriff „*Jungfräulichkeit*" eingehen, der heute meist als Ausdruck für *sexuelle Unberührtheit* und *Unerfahrenheit* gebraucht wird. Dies ist von der ursprünglichen Bedeutung des Wortes weit entfernt. "*Jungfrau*" meint eigentlich eine Frau, die keinem Mann gehört, sondern nur sich selbst – eine Freifrau. Es gab jungfräuliche Priesterinnen, sakrale Prostituierte, die aus freien Stücken einem Mann dienten, um sich mit dem Göttlichen zu vereinen. Sie selbst blieben ehelos. Sexualität diente als Vehikel, um dem Göttlichen näher zu kommen. Hat man dies begriffen, bekommt auch die Jungfrau Maria wieder ihren Unterleib zurück. Wenn Symbolik nicht profaniert und „buchstabengetreu" übersetzt worden wäre, bräuchte ihre Empfängnis nicht mehr als biologisches Wunder gelten. Hier noch eine weitere Geschichte zum Lilith-Aspekt:

„Salome war in einer Priesterinnen-Schule aufgewachsen, wo sie neben vielen anderen Künsten das Tanzen lernte. Sie bewegte sich wundervoll und jeder, der sie tanzen sah, lag ihr zu Füßen. So ging es auch Herodes, dem Mann ihrer Mutter. Er verschlang Salome mit seinen Augen und nahm jede Gelegenheit wahr, sie um einen Tanz zu bitten. Salome weigerte sich oft; sie war in körperlicher und geistiger Freiheit aufgewachsen und tanzte nur, wann sie wollte.

Herodes hatte einen Propheten mit dem Namen Johannes gefangen genommen. Dieser beschimpfte Salome und ihre Mutter als Hure, bezeichnete beide als verdorben und sündig. Salome ging immer wieder zu Johannes in den Kerker, um mit ihm darüber zu diskutieren, doch der asketische Mann verachtete Salome, ihren Körper und ihre Lust. Eines Tages begann Salome vor Johannes zu tanzen und sie bemerkte, wie ihn das erregte und er bemüht war, seinen Körper und seine Empfindungen zu disziplinieren. Salome verließ ihn lachend.

Kurz darauf flehte Herodes wieder einmal, Salome solle vor ihm tanzen. Er versprach, ihr dafür jeden Wunsch zu erfüllen. Salome stimmte zu – und verlangte den Kopf von

Johannes. Herodes war geschockt, erklärte Salome für wahnsinnig, doch sein Verlangen war mächtiger als sein Gewissen.

Salome tanzte und erhielt den Kopf von Johannes auf einem Silbertablett.

(Vgl. Traugott S. 99f)

In dieser Geschichte von Salome und Johannes prallen zwei Welten aufeinander. Sinnenfreude und Körperbejahung stehen einem rein geistigen Weltbild gegenüber, das Körperlichkeit und Sexualität ausschließt. Auch diese beiden fanden, wie Adam und Lilith, kein Sowohl-als-auch in ihrem Wertesystem. Das Entweder-oder wird zur Guillotine. Johannes wurde der Kopf vom Rumpf getrennt, das einer Kastration gleichkommt. Auf viel Behauptung folgte die Enthauptung.

Die Schattengeliebte steht an ihren Polen in übergroßer Kopfbetontheit und in Kopflosigkeit – auch im sexuellen Bereich. Entweder werden Sexualität und Sinnlichkeit abgelehnt oder zum einzigen Vehikel und zur Sucht, um Grenzen überschreiten und Kontrolle aufgeben zu können. Die *süchtige Hure* steht so der *frigiden Heiligen* gegenüber. Beide könnte man sagen hören: „Entweder es geht nach meinem Kopf oder ich zerstöre alles. Und wenn es sein muss – mich selbst!“ Hier tritt die destruktive Seite der Lilith besonders in den Vordergrund.

„Aber du willst nur mein sein unter Bedingungen,
während ich dir bedingungslos gehöre.“
Leopold v. Sacher-Masoch

Werden die Wandlungsphasen im Lebens, in denen das „alte Ich“, das niederes Ego der Geliebten, sterben muss, von ihr nicht verstanden, dann wird sie als „Blutopfer“ den Suizid wählen. Selbstmord ist auch Beweis, dass die Frau in ihrer archetypischen Form der Schattengeliebten nicht die Kraft aufbrachte, in ihrem Leben symbolisch zu sterben, um ein “neues Leben“ zu beginnen. Ihr Selbstmord ist Mord, den sie nicht an einem anderen Menschen, sondern stellvertretend an sich selbst begeht. Die umgekehrte Form: Im Umfeld der Geliebten gibt es einen Menschen, zumeist der Partner, der durch sein „So-sein“, die Schattengeliebte *zwingt*, ihre alte Identität sterben zu lassen oder sie zu wandeln. Aus ihrer

Weigerung dies zuzulassen, da sie selbst dies als Vernichtung erlebt, wird in der Umkehr, statt des symbolischen ‚Ich-mord' lieber ein Mord ausgeführt.

Aber viel öfter wird die straffreie Variante gewählt: Verleumdung und Rufmord. Es ist eine beliebte Form zu entmachten oder auch entmachtet zu werden. Beherrschung, Kontrolle, Perfektion und Macht gehen oft eine enge Verbindung ein, die ohnmächtig werden lässt – und ohnmächtig greift die Schattengeliebte zum Mittel des Rufmordes und der Verleumdung. Opfer und Täter verschmelzen im Machtspiel.

„Wenn mich meine Teufel verlassen, dann,
fürchte ich, werden auch meine Engel die Flucht ergreifen."
Rainer Maria Rilke

Das zuerst ohnmächtige Opfer wird zum mächtigen Täter und der zuvor Machtvolle ist der Verleumdung ohnmächtig ausgeliefert. Um aus diesem Spiel auszusteigen, bleibt der Schattengeliebten nur die einzige Möglichkeit: Innezuhalten, auszuhalten, hinzugeben und dem Prozess zu vertrauen. Es ist eine Lektion. Genau das Thema, dass auch Lilith gut kennt. Auch ihr Ruf ist zerstört worden, doch bis heute erscheint sie vielen so machtvoll, dass sie weiterhin denunziert wird, nur um ihre Ausgrenzung zu sichern. Verleumdung löst immer eine destruktive Spirale aus, in der alle Beteiligten zu Schaden kommen: Täter, Erfüllungsgehilfe und Opfer. Was kann nun der Geliebten helfen, *alle ihre Schatten* ins Licht zu bringen?

Werfen wir einen Blick in ihr Badezimmer, wie sie mit ihrem Handspiegel in den Wandspiegel schaut, um ihren Hinterkopf zu betrachten. Dabei stellt sie erschrocken fest, dass die zerzausten Haare am Hinterkopf zu ihr gehören. Es gibt Schatten, die kann sie nur erkennen, wenn sie zwei Spiegel hat. Jene Schatten, die sich absolut im toten Winkel befinden. Es sind Schatten, die im Schatten liegen. Um das nachzuvollziehen, schauen wir in den ersten Spiegel. Die Schattengeliebte hat ein immenses Kontrollbedürfnis. Sie meidet das tiefe Dunkle und streicht gerne die Welt in rosa-rot. Schmerzhafte Erfahrungen werden bei ihr sofort zu einer „tollen, wichtigen Erkenntnis".

Dagegen ist nichts einzuwenden, nur – erinnern wir uns an die Trennung von Kopf und Rumpf – das, was ihr wirklich wehtun könnte, wird sofort negiert und abgetötet. Schmerzhafte Gefühle von tiefer Wut und Trauer lässt sie gar nicht erst aufkommen, da diese von ihr als lebensbedrohlich erlebt werden. Der andere wird „immer verstanden" und ihre Welt ist voller Toleranz und Güte. Der Krieg tobt stellvertretend in ihrem Körper mit der Folge von Unwohlsein, bis hin zu Krankheit. Dies ist ein Blick in den ersten Spiegel.

Schauen wir nun in den Handspiegel, der ihre Rückseite zeigt. Hier kann es sein, dass sie andere anprangert, weil sich diese nicht mit ihren Schatten auseinandersetzen. In der Ahnenreihe sucht sie lustvoll nach möglichen Verhexten und Sadisten und sie sagt: „Das alles bin ich!" – „Ich stelle mich meinen Schatten, werfe Licht auf meine Abgründe." Sensationell! Und wieder das Bild der Enthauptung, der Abtrennung. Und nun fragt sie sich folgendes: „Wo liegt mein blinder Fleck? Im Licht? Steckt hinter meiner Sucht, das Dunkle in jedem Winkel zu entlarven und zu erlösen, nicht eine Abwertung? Darf das Dunkle in mir etwa nicht sein? Wenn ich ständig in die Hölle hinabsteige und meine Dämonen erlösen möchte, steckt dahinter nicht der Drang, schneller *„licht"* zu werden? Welcher Dämon treibt mich hier an, beispielsweise den Partner zu bekehren und andere erlösen zu wollen? Geht es mir vielleicht darum, möglichst viele ins Licht zu bringen?" Hier ist das Dunkle selbst ein Schatten, der im Schatten liegt. (Vgl. Traugott S. 101ff)

Und um das zu erkennen braucht die Schattengeliebte einen zweiten Spiegel. Dieser Blick in den zweiten Spiegel will ihr das Opfer lehren. Nicht selten besteht das Opfer im körperlichen Bereich, bezieht sich auf Sexualität, Zeugungsorgane, auf Fehlgeburten oder Totgeburten, wie bei Lilith, als Gott ihre Kinder tötete.

Die Schatten der Geliebten, stammen meist aus ihrer eigenen Kindheit, wo sie als wehrloses Opfer sexuelle Übergriffe erdulden musste, sich daher heute als Erwachsene schlecht bis völlig wertlos fühlt und Wertbestätigung über Sexualität bezieht. Sie hatte möglicherweise nur über Sexualität und das Begehrtwerden Zuwendung erfahren und daran ihren Wert gemessen. Paradoxerweise holt sie sich dort Bestätigung, wo ihre größte Wunde liegt. Das Schattenbild der Geliebten ist sehr groß und die Wunden sehr schmerzvoll. Aber man muss durch das aufsteigen, durch das man fällt.

„Jede Schöpfung verlangt Opfer. Wir können uns vielleicht das Wie und Wann eines Opfers oder Verlustes aussuchen, manchmal sogar das Was, doch das Opfer als solches lässt sich nicht umgehen.

Edward C. Withmot

5.3.2. Die Geliebte bringt Heilung in die Welt

„Liebe besitzt nicht, noch lässt sie sich besitzen; Denn die Liebe genügt der Liebe."

Khalil Gibran

Die vollendete Geliebte weiß, dass Sexualität in Verbindung von Liebe, Schönheit und Unschuld eine Form der Heilung sein kann. Dies bringt beiden Partnern eine neue Ganzheit. Sie sieht die Schönheit in ihrem Partner, in seiner Männlichkeit, in seinem Geschlecht. Und sie sieht ihre Schönheit, sie pflegt und ehrt sie, das Weibliche wie das Männliche. Die Geliebte heißt ihren Partner bedingungslos willkommen, das heißt, sie öffnet sich ihm vollkommen in dieser Verbindung, und in diesem Miteinander entsteht Heilung, Ganzheit und Fülle. Schönheit und Güte sind im Überfluss vorhanden und so wird die Vereinigung zu einem Geben und Empfangen. Die verlorene Verbundenheit wird so wiederhergestellt.

Sie sucht auch nicht, denn sie hat bereits alles gefunden. In jedem Moment ihres Lebens weiß sie, es ist alles da. In der Hinwendung zu ihrem Partner ist eine Form der Liebe entstanden, die die Liebe zueinander erhöht. Sie beendet Einsamkeit, Trennung und die falsche Geisteshaltung, die dafür sorgte, die falsche Richtung einzuschlagen. Ein neuer Faden im Gefüge der Zusammengehörigkeit wird eingewebt so, wie sich die vollendete Geliebte ihrem Geliebten zuwendet, ihn umarmt und ihn ins Herz schließt. Es geschieht Heilung, nicht nur zwischen diesen beiden Menschen. Jede Vereinigung voller Schönheit und Liebe ist in Wahrheit ein Evangelium[60] und bringt das Männliche und Weibliche im Kollektiv, die ersehnte Ganzwerdung ein Stück näher. Alle Trennung wird aufgehoben und ein höheres Maß an Freude, Schönheit und Frieden senkt sich in die Welt. Alle Angst ist überwunden, alle Schuld aufgelöst, alle Hindernisse beseitigt. Das

---

60. Das Wort ‚Evangelium' kommt aus dem Griechischen ‚evangelion' und bedeutet *‚frohe Botschaft'*.

gespaltene Bewusstsein wird wieder vereinigt. So wird Sexualität zur Segnung von Mann und Frau. Die vollendete Geliebte schenkt durch ihre Sexualität Liebe, Freude und Schönheit, nicht zum Selbstzweck, sondern als Instrument, dass beiden die Möglichkeit gibt, über sich selbst hinauszugelangen. Sie werden ein Geist, eine Seele, ein Körper.

Kurz und bündig steht die vollendetet Geliebte für ein offenes Herz und gelebte Schönheit; sie ist gefühlvoll, sensibel, sinnlich, erotisch und genießt körperliche Berührung ohne Hemmungen; sie ist hingebungsvoll und genußfähig; stellt ihre Sexualität in den Dienst am Göttlichen.

Sie sollten sich mit ihrer inneren Geliebten beschäftigen wenn …

… Sie Probleme mit geben und nehmen haben.
… Sie Schönheit und Freude im Leben vermissen.
… Sie denken, Freude und Lust an Sex sei Sünde.
… Sie negative Gedanken oder Gefühle wie Ekel, Wut oder Hass mit Männlichkeit verbinden.
… Sie negative Gedanken oder Gefühle wie Ekel, Wut oder Hass mit Weiblichkeit verbinden.
… Ihnen die Demütig anderer oder selbst gedemütigt zu werden Lust bereitet.
… Ihnen "Moral" über alles geht.

Affirmation zur Geliebten: Ich liebe aus der Fülle meines Herzen!

5.4. Die Königin

„Das also ist diese besondere Liebe, die auch den anderen in seiner Liebe erkennt. Sie bedrängt ihn nicht mit der eigenen Liebe, sondern anerkennt auch seine Liebe und nimmt von ihm, was er schenkt. Wie lernt man die Liebe? Indem man Liebe nimmt."

Bert Hellinger

Die Königin in Vollendung vereint Kriegerin, Magierin und Geliebte in ihrer jeweils reifen Form. Die Königin ist eine Meisterin der Anmut, Souveränität und Würde – sie hat ihr wahres Selbst verwirklicht. Sie ist keine Regentin, die ihre Autorität dadurch zum Ausdruck bringt, dass sie andere unterdrückt. Nein, ganz im Gegenteil, sie ist sonnenhaft und erhöht die Menschen mit denen sie zu tun hat. Die vollendete Königin schielt nicht nach Aufmerksamkeit und Anerkennung von außen, denn sie ist sich ihrer Einzigartigkeit bewusst und stolz darauf. Sie braucht weder Vergleiche noch negative Selbstkritik. Sie ist Königin.

Genau so wenig beklagt sie sich über schwierige Situationen, die das Leben ihr als Herausforderung stellt. Sie ist eine souveräne Kriegerin und verändert das, was ihr wichtig und auch möglich ist. Die vollendete Priester und Heilerin in ihr weiß, um die Zugänge zu irdischen und kosmischen Kräften und es lebt eine beinah unerschöpfliche Quelle aus Kraft und Energie in ihr.

Als wahre Königin trägt sie die Verantwortung für ihr Leben wie eine kostbare Krone. Sie geht aufrecht und aufrichtig begegnet sie ihren Mitmenschen. Sie schenkt ihren Kindern liebevolle Geborgenheit und all denen, die ihren Schutz brauchen. Als gute Königin tritt sie niemals nach unten oder schielt gar neidvoll auf andere Königinnen. Das wäre zur Gänze unter ihrer Würde. Sie ist sich ihrer eigenen Einzigartigkeit bewusst, ganz unabhängig davon, ob sie in einem Schloss oder in einer kleinen Dachmansarde ihr Reich regiert.

Eine vollendete Königin regiert in Wahrheit nicht über andere Menschen oder ihren Partner. Sie ist ein Souverän und sie regiert nur über sich selbst. Ihr Strahlen verdankt sie ihrer inneren Geliebten, die nicht durch makellose Schönheit, Glanz und Gloria besticht, sondern durch ihre Liebe zum Körperlichen, durch sanfte Großherzigkeit mit sich selbst und anderen. Sie wird auch nicht Opfer, denn sie hat ihr Opfer bereits dargebracht. Sie kritisiert sich nicht für ihre Fehler, denn sie weiß, wahre Vollkommenheit ist nicht perfekt. Sie denkt und lebt in einer inneren und äußeren Fülle, niemals im Mangel, da sie keine Bettlerin, sondern eine Dankende ist. Mensch und Tier behandelt sie gleichermaßen großzügig, aber verschwenderisch ist sie nur bei ihrer Liebe und Güte, denn in allem setzt sie ihr königlich goldenes Maß an.

5.4.1. Die Schattenkönigin – die impulsiv Hochmütige und die leblos Stille

Die Schattenkönigin ist ebenso bipolar wie ihr männliches Pendant. Sie neigt in ihren dysfunktionalen Formen einerseits zu impulsiver Hochmütigkeit und andererseits, zu depressiver lebloser Stille. Ihre kindliche Polarität repräsentiert sie in der „impulsiven Prinzessin“ und im „leblosen geheimnisvollen Mädchen“. Beide konnten ihren Entwicklungsweg zum göttlichen Kind noch nicht gehen. In ihrer erwachsenen Schattenform würde ich sie als „die impulsiv Hochmütige“ und in ihrem Gegensatz als „die leblos Stille“ bezeichnen.

Für eine Königin ist Land (ihre Bühne), Würde, Stolz und Anspruch sehr wichtig. Im Schattenbereich kann aber Bühne, Stolz und ein zu hoher Anspruch daran, etwas ganz Besonderes zu sein, übermächtig werden. Sich zu einem “Selbst“ zu entwickeln, ist für die Schattenkönigin das wesentliche Thema. Hat sie ihre Schatten noch nicht ins Licht gebracht, lebt sie Extreme zwischen totaler Verausgabung und enormer Zurückhaltung. Enorme Präsenz und/oder unnahbares Verhalten treten hier oft abwechselnd oder gemeinsam auf. Setzt man das nun in Bezug zu Lilith, tritt der Mythos der „Kindermörderin“ in den Vordergrund. Lilith’s Fluch, Kinder zu würgen und zu töten, kann hier als Analogie stehen, das Junge, Lebendige und Impulsive abzuwürgen und zu töten. Erinnern wir uns an den Mythos der drei Engel *Sanvai, Sansanvai* und *Semangloph.* Den Kindern wurde zur Abwehr ein Amulett dieser drei Engel umgehängt und nur diejenigen, die das Amulett trugen, überlebten.

Amulette sind Abwehrmittel, um das Böse zu bannen. Das Lebendige wurde in der Kindheit der Schattenkönigin immer wieder zurückgewiesen. Sie durfte vielleicht nicht *Kind* sein und so konnte das Kind in ihr nur überleben, wenn sie es mit einem Bann belegte und sich folglich einer äußeren Kontrolle und Anpassung unterwarf. In diesem Fall wurde sie ein sehr angepasstes, beherrschtes, unlebendiges Kind, denn Kontrolle und Perfektion sind der Feind jeglicher Spontanität, Lebendigkeit und Kreativität. Das Junge und Spontane in ihr wurde mit Amuletten behängt und davon abgewürgt. Eine Frau erlebte dies beispielsweise so: „… und irgendwann kommt der Punkt, wo ich nichts mehr sagen kann, etwas schnürt mir die Kehle zu. Etwas würgt mich und nimmt mir die Stimme.“

Ihre größte Angst ist, wegen unmittelbaren Handlungen oder Äußerungen abgewürgt und „getötet“ zu werden. Diese Angst lähmt so sehr, dass sie das Kind in sich, das Junge und Lebendige, letztendlich immer wieder selbst abwürgt und abtötet. Sie richtet das Amulett gegen sich selbst und wird beinahe ego-los. Andererseits wird das Risiko (im Ego) getötet oder verflucht zu werden, nicht eingegangen. Dann trägt die Schattenkönigin manchmal “zu dick“ auf, zeigt sich extrovertiert, stolz und hat hohe Erwartungen an sich und andere. Vieles im Leben der Schattenkönigin folgt diesem Muster.

Für die Schattenkönigin ist es eine große Anforderung, schöpferisch, originell, kreativ und selbstständig zu sein. Klischees werden von ihr angeprangert, nur um sich letztlich in ihnen zu verlieren.

Ihr Lieblingsfeindbild pendelt zwischen Menschen, die sich machtvoll und situationsgerecht darstellen können und solchen, die sehr kontrolliert sind und eine glänzende Maske tragen. Ersteren gilt die Bewunderung, doch in ihrer Gegenwart kommt die Abwürgung wieder, bei letzteren steigt der Wunsch auf, die Leblosigkeit hinter dem Glanz zu entlarven. Sie will, sozusagen, dem Spiegelbild die Maske herunterreißen, doch das ist nur möglich, wenn sie ihre eigene ablegt.

Wir kennen alle diese Angst in abgeschwächter Form, doch für die Schattenkönigin ist die Angst übermächtig. Wir alle machen Erfahrungen von Zurückweisung, auch in der Sexualität. Lust und Sexualität brauchen jedoch Spontanität und Freude, die in der Verschattung ebenfalls als „plötzlich abgewürgt“ empfunden wird. Beispielsweise hat die Schattenkönigin ihre Lust in der Beziehung für kurze Zeit zugelassen, plötzlich würgt sie jeden sexuellen Impuls in sich wieder ab. Sie bestraft sich mit Abwertung ihrer Lust, gerne über den Spiegel im Partner, indem sie seine männliche Lust abwertet. Wenn sie ihre weibliche Lust, das Sexuelle und Lebendige in ihr abwertet und abwürgt, wird genau das ihr zum Fluch.

Bei der Schattenkönigin sind auch Zeugung, Schwangerschaft und Kinder ein Brennpunkt-Thema. Ein Satz den die Schattenkönigin hochhält könnte lauten: „Kinder sind das Aus für eine gute Beziehung!“ Auch gehören all die großen Sprüche wie: „Nie im Leben werde ich ….“ zur Schattenkönigin. Sie spricht sie zwar gerne aus, gelebt wird allerdings gerne das Gegenteil. Die Dämonin Lilith zeigt ihre Macht nicht selten auch durch

Schwangerschaftsunterbrechungen, heimliche oder außereheliche Schwangerschaften, Sterilisation und Unfruchtbarkeit. Mit Lilith führt die Schattenkönigin oft einen Dialog über Leben und Tod.

Die folgende Geschichte über Medusa, ihr Name bedeutet übrigens „Herrscherin", skizziert die Welt von der Schattenkönigin in Bezug auf Lilith. *„Medusa war wunderschön. Sie liebte Poseidon in einem Tempel und wurde von Athene überrascht. Erzürnt verwandelte sie Medusa in ein geflügeltes Ungeheuer von scheußlicher Gestalt. Der Anblick ihres Antlitzes ließ Menschen versteinern. Das Ausleben von Sexualität an einem geheiligten Ort wird für Medusa zum Fluch; sie wird Dämonin, die zwar nicht würgt, jedoch zu Stein erstarren lässt. Sie verachtet sich und kastriert andere. Viele Helden sterben unter ihrem Blick. Erst Perseus besiegt sie, indem er zu einer List greift. Er schützt sich hinter einem Schild, welches Spiegel ist. Medusa sieht sich und erstarrt. Diesen Augenblick nutzt Perseus und schlägt ihr den Kopf ab. Ihre Erlösung wird erst möglich, nachdem sie in den Spiegel (das Amulett) geschaut hat. sich selbst erkennt und ihre Destruktion verbannt. Erst so wird Pegasus frei, das geflügelte Pferd, das von ihrem Körper aufsteigt, als ein Symbol für Lebenskraft und Kreativität."* (Vgl. Traugott S.166 ff)

„Mich interessieren lebende Menschen und mich interessieren Figuren.
Ich verabscheu die Zwitter aus beiden.
Elias Canetti

Die Schattenkönigin muss also wieder lernen, fruchtbar zu werden. Sie muss sich ihre Kreativität, ihre Lebendigkeit und Schöpferkraft wieder zurückholen. Im Königreich ihrer Eltern wird sie fündig werden. Dazu eine Geschichte:

„Die Königin von Saba war eine Frau mit großer Vielschichtigkeit, schön, klug, selbstbewusst, frei und unabhängig in ihrem Liebesleben, eine kreative und begabte Bauherrin. Doch vor allem war sie beseelt von ihrer Sehnsucht nach Weisheit. Als sie vom weisen König Salomo hörte, machte sie sich auf, in sein Reich zu reisen, um ihn auf die Probe zu stellen. Die Königin stellte ihm Rätsel und Salomo wusste sie zu beantworten. Doch das allein reichte ihr nicht. Um sich aus der Dominanz der Fragestellerin lösen zu können, ließ sie sich von König Salomo verführen und gab sich ihm als Frau hin. Sie wollte selbst als urweibliches (dämonisches?) Rätsel gelöst werden.

Die Königin empfing, verließ Salomo und kehrte in ihr Reich zurück.

Nach neun Monaten und fünf Tagen gebar sie einen Sohn und gab ihm den Namen Menelik. Als Menelik zwölf Jahre alt war, fragte er die Jünglinge, die ihn erzogen hatten: „Wer ist mein Vater?" Sie sagten ihm: „Der König Salomo." Da ging er zu seiner Mutter und stellte ihr die Frage: „Sag mir, wer ist mein Vater?"

„Was fragst du mich nach deinem Vater? Ich bin dein Vater und deine Mutter; nun frag nicht weiter!" war ihre Antwort. Menelik ging, kam am nächsten Tag wieder und bestürmte sie mit seiner Frage. Die Königin wich abermals aus und am dritten Tage sagte sie ihm: „Fern ist sein Land und beschwerlich der Weg dorthin; geh dort nicht hin!" Menelik aber, der in Haltung und Statur seinem Vater völlig glich, entschied sich, ihn aufzusuchen. Die Königin ließ ihn ziehen, stattete ihn mit Geschenken aus und gab ihm Würdenträger zur Begleitung. Sie befahl diesen, ihren Sohn aus dem Land Salomos zurück zu bringen, um ihn dann zum König in ihrem Land zu krönen. So zog Menelik zu seinem Vater, um sich seine Herrschaft abzuholen."

Hier treffen zwei Herrscherreiche aufeinander, zum einen das „mondige" mutterrechtliche Leitbild, zum anderen das Leitbild der patriarchalen Welt, das „Sonnenhafte" des Vaters. Hier muss ich weiter ausholen, also betrachten wir dabei folgendes: Das *Königliche* hat seit jeher einen Bezug zur *Sonnennatur.* Es geht um Bewusstwerdung und darum, das Licht in den Schatten zu bringen. Würden wir die Sonne aber immer *nur* im patriarchalen Blickwinkel betrachten, berauben wir uns um den Zugang zum Chthonischen[61], dann nehmen wir ihr eine wesentliche Dimension. Das bedeutet, ein wesentlicher Teil der Königin wird sich nicht verwirklichen können, wenn wir das Sonnenhaft ihrer Nachtseite berauben. Die Königin muss somit ihrer *Triebhaftigkeit* begegnen und sich mit ihr auseinandersetzen, sie integrieren – auch wenn das wenig *königlich* erscheint. Neumond

61. In den *chthonischen Mysterien* (griech. χθόνιος *chthonisch* „der Erde zugehörig", „unterirdisch", „der Unterwelt zugehörig") suchte man die Beziehung zu den *chthonischen Göttern.* Zu ihnen zählen etwa die *Titanen,* die von *Zeus* in die *Unterwelt* gestürzt wurden, aber auch *Demeter, Hekate, Dionysos* und natürlich auch *Hades,* der Herr der Unterwelt. Auch die *Kabiren* der *samothrakischen Mysterien* sind chthonische Götter. Die oberen Götter lernt man kennen, wenn man das Bewusstsein in den *Makrokosmos* ausdehnt. Um in die Geheimnisse der unteren Götter eingeweiht zu werden, musste der Geistesschüler hingegen in die Unterwelt bzw. in sein eigenes Inneres, d.h. in den *Mikrokosmos,* hinabsteigen. Erst dadurch konnte sich der Mensch ganz mit der Erde verbinden und nach und nach sein Ich-Bewusstsein entwickeln.

ist die Paarung von Sonne und Mond und diese Dunkelheit erinnert uns wieder an das Bild von Lilith. Die Königin muss also die Nachtseite der Sonne kennenlernen. Und diese lernt sie über ihren Vater kennen.

„Als es an der Zeit war über Liebe zu schreiben,
brach die Feder entzwei, und das Papier riss."
Dschalal ad-Din al-Rumi

Die Schattenkönigin verherrlicht oftmals ihren Vater, er wird geradezu zum König idealisiert und seine Nachtseite geleugnet. Es wird ein Schleier über ihn geworfen und, wenn jemand etwas über ihn erhebt, wird demjenigen schon klar gemacht, dass *Vater* über allem steht. Die Verfinsterung der Sonne, wurde in früheren Zeiten als Weltuntergang gedeutet und ein Fleck auf der weißen Weste des Vaters ist für die Schattenkönigin fast ebenso bedrohlich. Ihre Angst vor Schattenthemen wird ihr über den Vater gespiegelt. Der Schleier über der Sonne, die Blindheit dem gegenüber entspricht der Abwehr gegen das Dunkle. Das Chthonische wird von der Schattenkönigin ausschließlich in das Reich der Mutter verlegt, obwohl sie es häufig über das Väterliche erfahren wird. Oft genug erfährt sie ihren Vater als unnahbaren, abweisenden, tyrannischen und im Extrem sogar grausamen Herrscher. Vielleicht leugnete er die Vaterschaft sogar, oder er verschwand einfach und ein Stiefvater übernahm sein problematisches Erbe, oder er starb früh und sein Verlust wurde zu ihrem prägenden Lebensthema. Häufig weigerte sich auch ihre Mutter, nach dem Verschwinden des Vaters wieder einen Mann in ihr Reich zu lassen. Die Schattenkönigin hat oft ein sehr polares Bild von einer großartigen Mutterkönigin und einem furchtbaren Vaterkönig – oder umgekehrt.

Häufig ist der Wunsch Kinder zu bekommen so groß, dass manche Schattenköniginnen einen Mann lediglich als Erzeuger ihrer Kinder gebrauchen, ohne ihn wirklich in ihr Reich zu lassen. Erinnern wir uns an die König von Saba. Auch sie wollte Mutter *und* Vater für ihren Sohn sein. In mutterrechtlichen Gesellschaften war es Frauen erlaubt, viele Liebhaber zu haben. Eine Schwangerschaft hatte demgemäß zur Folge, dass die Identität des Vaters nur konventionell festgelegt wurde, während die Mutter *natürlich* feststand. Nicht selten gibt es im Leben einer Schattenkönigin

Geheimnisse um die Vaterschaft. Ihre Mutter war vielleicht nicht sicher, wer der Vater war, vielleicht kam ein Liebhaber in Frage, oder die Tochter wurde als *Kuckucks-Kind* dem Ehemann als Erzeuger "untergeschoben". Aber auch wenn die Vaterschaft klar ist, umgibt den Vater oftmals ein stilles Geheimnis, als würde er zeitweise in einer "Nachtmeerfahrt" einfach verschwinden. Auch ich selbst erlebte in meiner Kindheit einen Vater, der immer wieder verschwand, um seinen vielen Geliebten Aufwartung zu machen. Manche Väter verschwinden auch regelmäßig in einer Depression, die genauso zum Geheimnis und Tabu erklärt wurde. Ob als impulsive hochmütige Königin oder als leblos stille Königin, beide traten das "geheimnisvolle" Erbe ihres Vaters an ohne dies zu wissen.

Nochmal zur Königin von Saba und Salomo: Beide haben ihr eigenes Reich und beide sind Herrscher. Sie sind beide sehr weise und ihr Ruf, der beiden vorauseilt, zieht sie letztlich zusammen. Die Königin stellt ihm Rätsel und sie ist nur bereit, sich ihm hinzugeben und seine Größe anzuerkennen, wenn er *sie selbst* als Rätsel löst. Diese Rolle der Rätselstellerin gewährleistet ihr *immer* die Dominanz über ihn als Befragten. Um das dämonische Rätsel der Schattenkönigin zu lösen, bedarf es wahrlich eines weisen Mannes, sonst bleibt er wie Menelik, ein Sohn-Geliebter im Reich der Mutter. Echte Weisheit bedingt ganz einzutauchen. Männlich Solares, das nie eintaucht, verbrennt alles. Es wird Dämonisch aus der Weigerung heraus in das Weibliche einzutauchen. Diese Perspektive ist sehr wichtig für Königin und König. Die Schattenkönigin ist sehr stolz und straft sonst den Mann, wenn er sie nicht als Rätsel zu lösen vermag. Oder sie zieht sich in ihr Reich zurück, wo sie nur Söhne und Diener hat – wie die Königin von Saba. Sie sehnt sich sehr nach einem starken König, ist aber nicht bereit ihr Reich zu verlassen oder die Herrschaft zu teilen.

Die Angst, in ihrem Stolz verletzt zu werden ist zu groß. So wählt sie oft die Einsamkeit, aus der heraus sie an ihrem Sohn-Geliebten zerrt, mit der Forderung, er solle doch endlich zu dem Mann werden, der sie erlöst. Doch er muss erst das „Land der Mütter" verlassen, um sich beim Vater die Herrschaft abzuholen. Die Schattenkönigin lässt genau dies nicht zu und glaubt, ihren Sohn oder den Partner mit der „Macht des Väter" auszustatten, der sie sich letztlich hingeben wolle. Indem sie beispielsweise den Sohn oder den Partner nicht ziehen läßt und ihn in ihrem

Kontrollbereich halten will, stattet sie diese mit ihrer eigenen Macht aus und landen so schließlich wieder bei sich selbst. Klingt kompliziert, ist aber häufig so.

Sie sagte sich: Mit ihm schlafen, ja – aber nur keine Intimität!
Karl Kraus

Die Auseinandersetzung mit dem Männlichen und der Macht des Väterlichen ist für die Schattenkönigin ein Muss, um aus ihrer Verschattung heraus treten zu können. Häufig wurde die Initiation des Vaters nicht erfahren und sie blieb "beherrscht" vom Reich der Mutter. Da dort die Werte des solaren Prinzips geleugnet oder dem Weiblichen unterworfen wurden, ist Pervertierung vorprogrammiert – gewissermaßen werden alle "geschlechtskrank". Wenn sich Sonne und Mond paaren, geht es um höchstes Schöpferpotential, es entsteht Neues. Das Licht kann hier die tiefsten Tiefen erreichen, dann, wenn der Sonnengott zur Göttin der Unterwelt absteigt und sich umgekehrt, wieder im aufsteigenden Bogen, gemeinsam mit ihr erhebt. Hier könnte eine neue Form der Göttlichkeit entstehen. (Vgl. Traugott 122 ff)

5.4.2. Die Königin ist frei!

„Sie schläft mit ihm" ist ein gutes Wort.
Im Schlaf fließt das Dunkle zusammen.
Zwei sind keins. "
Kurt Tucholsky

Heilung und Hingabe machen die Königin frei – auch im Sex. Sie kann ungehindert in ihrer Entwicklung voranschreiten und noch ein wesentlich höheres Maß an Eigenständigkeit und Einfallsreichtum erlangen. Durch ihre Erfahrung von Schmerz und Verzweiflung ist der Wunsch in ihr gewachsen, sich gänzlich von Eifersucht und Zurückweisung zu befreien. Unabhängigkeit kann natürlich auch eine Form der Kompensation für Bedürftigkeit, Herzensbruch, Besitzgier und Eifersucht sein, doch die vollendete Königin weiß längst, dass abhängiger Sex nicht gut funktioniert.

Sie hat gelernt, sich selbst zu vertrauen und ihrer Lust mehr Raum zu geben. Die Königin kennt die Fallen. Deshalb achtet sie darauf, ehrlich zu sich selbst zu sein, besonders wenn es um "frei und unabhängig sein" geht.

Dissoziation[62] und eine falsche Form der Unabhängigkeit entsteht in ihr, um sich vor (weiteren) Schmerz zu schützen. Das hat zur Folge, dass sie Erwartungen hat, Forderungen stellt, kontrollieren will und glaubt, immer im Recht zu sein. Sie wird selbstgerecht im Hinblick darauf, wie für sie die Dinge sein müssten. Bis sie sich in jemanden verliebt, der noch unabhängiger ist als sie selbst. Dann wird sie entweder auf der unabhängigen Ebene zum abhängigen Partner, oder ihr wird bewusst, dass sie die falsche Richtung eingeschlagen hat. Dann muss sie ihr Herz wieder zurückgewinnen. Nur, wenn sie sich gemeinsam mit ihrem Partner immer wieder verpflichtet, echte Partnerschaft zu finden, nur dann hat sie die entscheidende Lektion von Abhängigkeit und Unabhängigkeit gelernt.

Mit diesem wichtigen Schritt in die Unabhängigkeit tritt die Königin aus dem Sumpf der Schuld, des Aufopferns und der ödipalen Verstrickung. Viel zu oft, hat sie das Kind mit dem Bade ausgeschüttet, um nicht wieder so tief verletzt zu werden. Nun stellt sie sich dem Schmerz immer dann, wenn er kommt und heilt ihn. Sie öffnet bedingungslos ihr Herz, öffnet sich für lustvolle, liebevolle und verantwortungsvolle Sexualität und somit öffnet sie sich wieder für das Leben selbst, wird fruchtbar auf allen Ebenen. Die Königin reift zu einer nährenden und würdevollen Bewahrerin des Lebens.

Kurz und bündig steht die vollendetet Königin für: Wissen und Weisheit; freudige Unterstützung anderer; Bewahrung von Ordnung und Struktur; Werte im Handeln; Verantwortung sich und anderen gegenüber; sie spendet Segen und Gaben; sie belohnt und ermutigt; sie beschäftigt sich mit großen wichtigen Dingen und überlässt Kleinarbeit andern; sie strebt Ergebnisse an; sie hat ein gütiges Herz und schätzt die schönen Dinge; sie ist selbstsicher, gefasst, autoritär im positiven Sinne und genießt

---

62. *Dissoziation* ist ein psychologischer Fachbegriff – dt. Synonyme sind: *Abspaltung, Auflösung, Trennung, Zerfall, Abdriften, Abmelden, Ausklinken, Entkopplung, Dissoziieren, Phantasieren, Tagträumen.* Man versteht im weitesten Sinne das Auseinanderfallen von psychischen Funktionen. Damit ist gemeint, dass unsere Wahrnehmung, unser Bewusstsein, Denken, Handeln und Fühlen während einer Dissoziation voneinander getrennt sind.

wertschätzenden Umgang in allen Bereichen ihres Lebens; sie liebt lustvoll und mit Hingabe; ihre Sexualität stellt sie aber niemals höher als andere Werten.

Sie sollten sich mit ihrer inneren Königin beschäftigen wenn …

… Sie meist selber Führung benötigen, anstelle selbst zu führen.
… Sie immer alles selber machen wollen, anstelle zu delegieren.
… Ihnen Verantwortung für andere schwer fällt.
… Ihnen Struktur und Ordnung zu halten schwer fällt.
… Sie Tugenden wie Güte, Würde, Gnade, Demut und Segen als altmodische Werte abtun.
… Sie Wertschätzung und Respekt vermissen.
… Lust sie in eine moralische Spaltung bringt.
… Sie einen Elternteil vermissen oder Probleme mit ihnen haben.

Affirmation zur Königin: Ich erweise mir selbst in allem Respekt und Würde!

Wie bereits erwähnt, gibt es den Menschen nicht als den *einen* Archetypus. Wir sind immer eine Mischung, jedoch finden wir uns sicher in dem einen mal mehr, mal weniger. Ich möchte Sie gerne noch zu folgenden Fragen einladen:

- Mit welchen Archetypen konnten Sie sich mehr, weniger oder gar nicht, identifizieren?
- Gibt es Eigenschaften an diesen Archetypen, die Sie vehement ablehnen, verachten oder sie sogar verleugnen?
- Bei welchem Archetyp würden Sie am empörtesten verneinen, wenn Ihnen jemand auf den Kopf zusagen würde, dass das, was diese Frau verkörpert, ein ungelebter Teil von Ihnen ist?

Welchen Typ Frau, entschuldigen Sie den Ausdruck, finden Sie vielleicht sogar richtig zum Kotzen?

Heilung geschieht durch Bewusstsein. Der ehrliche und mutige Blick in den Spiegel bewirkt nicht selten Wunder. Der gefährlichste Mythos in unserer Zeit ist die Vorstellung eines absolut harmonischen Lebens. Unsere Gesellschaft möchte gerne Schmerz vermeiden, aber zu welchem Preis? Wir würden uns gegen unsere Entwicklung und Entfaltung richten, die uns durch Krisen jedoch erst möglich sind. Wenn wir uns gegen alles stellen, was gefahrvoll und schwierig erscheint, stellen wir uns auch gegen Lilith. Lilith initiiert, indem sie Spannung herbeiführt und die "paradiesische Harmonie" in Frage stellt. Herman Weidelehner schreibt: *„Aus der Ablehnung der Spannungsverhältnisse kommt naturgemäß vielerlei an Widerständen gegen das, was die Spannung herbeiführt. Die Spannung wird nie herbeigeführt durch das Bestehende, sondern immer nur durch das Kommende oder Zukünftige. Also ist der Mensch, der die Spannung nicht schätzt, nicht liebt, ja mitunter sogar hasst, in einer entsprechenden Weise misstrauisch und abwehrend, mitunter also auch hassend eingestellt gegen die Macht, die das Kommende bedeutet."*

Ja, Lilith bringt oft Krisen, Schmerz und Verwundung mit sich. Wenn wir uns auf sie einlassen, haben wir sehr viel zu gewinnen. „Trauma" bedeutet so viel wie „starke seelische Erschütterung" oder „Wunde". Die Wunde ist aber ein Beweggrund der Suche! Withmont schreibt: *„Sie gehört zu einer Intensivierung des Bewusstseins, das sich dem Schmerz des Bösen aussetzen muss, um das Gute zu erkennen. Der Sucher blickt seinem Konflikt ins Auge und bewegt sich in Erwartung der Veränderung durch Schmerz und Freude. Der Schmerz ist von ihm zu akzeptieren: Die anderen dürfen auch Schmerz haben."*

Das Schmerzvolle, sofern wir es nicht mit Medikamenten betäuben, lehrt dem Menschen, wie sich Leben erneuert und bringt uns wieder die Fähigkeit, *uns seelisch wahrzunehmen.*

5.5. Kaiserin und Geliebte

„Rose, oh reiner Widerspruch, Lust, niemandes Schlaf zu sein unter so viel Lidern."
Rainer Maria Rilke

Wollen wir Frauen nicht alle *Geliebte* sein und verehrt werden? Geliebt, gewürdigt und geachtet wie eine Kaiserin? Nun, eine Kaiserin ist von Natur aus mit höherer Macht ausgestattet als eine Königin.[63] Die Kaiserin herrscht über alle ihre Reiche, nicht nur über Teile davon. Die Kaiserin ist nicht mehr gespalten. Darum steht für mich der Archetyp *Kaiserin* für die Vollendung der Seele hier auf Erden. In der Kaiserin steckt ebenso die Dämonin Lilith, aber im Unterschied zu den anderen Archetypen, will sie diese erst gar nicht vermeiden. Als Kaiserin begibt sie sich ganz bewusst in ihre Schatten, vermeidet nichts, sondern will es wissen! Sie ist Kaiserin, also ist sie auch Lilith. Sie ist *Wissen und Erkenntnis* und zusammen sind sie vergleichbar mit der *Großen Mutter*[64], die gebiert und verschlingt.

So haben wir noch viel verborgenes Potential, dass es zu entwickeln gilt. Um der reifen Männlichkeit gerecht zu werden, dürfen und müssen auch Frauen *Wissende* werden. Der *Weg der Kaiserin* ist ein zur Gänze weiblicher Weg und gestaltet sich anders als die *Reise der Helden und Heldinnen* durch die jeweiligen Archetypen, aber er ist überaus kraftvoll. Ich finde das Bild einer Kaiserin für jede Frau und auch für diese Zeit sehr passend, da sie die Frau in ihrer Entwicklung machtvoll und selbstbewusst zeigt. Das Bild der „Kaiserin" kam auf sehr persönliche Weise bei einer Behandlung mit tibetischen Klangschalen zu mir – als Erinnerung an eine weite Vergangenheit. Nach einer kurzen Recherche im Internet spürte ich Resonanz zu der historischen Figur der Kaiserin *Wu Zhao*, die im siebten Jahrhundert in China als erste und letzte Kaiserin herrschte, wirkte und lebte. Dazu fand ich sehr spannende Sichtweisen im Buch von *Christine Li* und *Ulja Krautwald* unter dem Titel *„Der Weg der Kaiserin"*. Die Autorinnen schreiben, jede Frau kann eine Kaiserin sein, wenn sie sich mit allen Konsequenzen dafür entscheidet.

Dem stimme ich ausnahmslos zu, denn als wir geboren wurden, waren wir einmalig und vollkommen und wurden erst durch unser moralisierendes gesellschaftliches Umfeld an die vorherrschende patriarchale Denkweise angepasst. Die meisten Erkenntnisse und Impulse, die ich hier

---

63. Wo liegt der Unterschied zwischen König und Kaiser bzw. Königin und Kaiserin? Ich benutze im Weiteren die männliche Form: Der Status des Königs konnte vererbt werden, während Kaiser vom Papst gesalbt wurden, das Spirituelle war wesentlich. Könige regierten über eigene Reiche. Ein Kaiser jedoch war der Herrscher über viele Reiche. Könige versuchten stets, ihre Macht auszubauen, während der Kaiser für den Schutz der vielen Reiche zuständig war. (Quelle: Focusonline) Setzen wir das in unseren archetypischen Kontext, ist sich die Kaiserin jedes einzelnen Archetyps bewusst und wendet die Stärken gezielt an. Man könnte es auch so sagen: Es ist *Eigenermächtigung* auf höchster Stufe.

64. Der Archetyp *Große Mutter*, *Urmutter* geht im Ursprung auf C.G. Jung zurück. Erich Neumann, ebenfalls Psychoanalytiker und Schüler C. G. Jungs schrieb darüber das Buch: *Die große Mutter. Eine Phänomenologie der weiblichen Gestaltungen des Unbewussten.* Rhein-Verlag, Zürich 1956

zusammengefasst habe, beruhen auf den originalen Schriften *Sun Simiaos*[65] und einigen anderen chinesischen Weisen und Gelehrten aus dem oben genannten Buch. Diese sind von zeitloser Gültigkeit.

5.5.1. Das „Unergründliche" führt die Essenz zum Geist

Alle Wahrheit und alle Weisheit, als Potential oder Essenz, liegen bereits in uns. Im Laufe eines verantwortungsvollen Lebens kann diese Essenz zu reinem Geist, d.h. reinem Bewusstsein, werden und dient erst dann auch unserer Seelenentwicklung. So achtet die Kaiserin darauf, nicht nur Wissen in ihrem Leben anzuhäufen, sondern auch durch Erfahrung ihre Erkenntnis zu finden, denn nur auf diese Weise wird ihr Leben von Bewusstsein durchlichtet. Um das zu erlangen, muss sie das Unergründliche, ihre Weiblichkeit und ihre Intuition wirken lassen, denn dann wird sich ihre Weisheit und Macht im natürlichen Fluss entfalten. Je weniger wir also zwingend tun und je weniger wir uns mit dem Intellekt einmischen, umso mehr werden wir eins mit dem Unergründlichen, mit unserer intuitiven weiblichen Seite. Auch *Lao Tse*[66] schrieb in seinem Werk *Tao Te King* über das *Unergründliche* als das *ursprünglich Weibliche*, als der *„Mutterschoß aller Dinge"*. Für die *Daoisten* waren die Frauen unmittelbarer mit den Geheimnissen des Lebens verbunden als die Männer und sie verehrten sie dafür. Aus den Frauen kam/kommt das Leben hervor. In späteren Zeiten warnten jedoch die Gelehrten Chinas vor der Macht der Frau, die, einmal entfesselt, schier unüberwindbar sei. Frauen können aus den Überlieferungen von *Sun Simiao*

---

65. *Sun Simiao* (581-682), der „König der Medizin", wurde in der Grafschaft Yao, der chinesischen Provinz Shanxi geboren. Er war schon zu Lebzeiten ein berühmter Arzt und Religionswissenschaftler, dessen Werke bis heute überliefert sind und nachgedruckt werden. In dem Werk *„Verschreibungen der tausend Goldstücke"* (652 n. Chr.) setzt er sich auch mit der Sexualität seiner Zeit auseinander.

66. *Lao Tse* ist ein legendärer chinesischer Philosoph, der im 6. Jahrhundert v. Chr. gelebt hat. Je nach Umschrift wird der Name auch *Laozi*, *Lao-Tse*, *Laotse*, *Lao-tzu* oder *Laudse* geschrieben. Das *Tao Te King* ist die Bibel des *Daoismus*, ein thematisch vielseitiges Werk und deckt etliche Bereiche des menschlichen Zusammenlebens ab. *Lao Tse* verkündet seine Einsichten nicht als unumstößliche Wahrheiten und dem Begriff des Wissens gegenüber ist er misstrauisch. So bleiben die meisten Kapitel des *Tao-Te-King* in ihrer Bedeutung vage und lassen zahlreiche Auslegungsmöglichkeiten offen.

zu den Lehren der Kaiserin wieder lernen, diese Kräfte zu entfesseln und sie zum Wohle aller einsetzen. Im Folgenden möchte ich diese weiblichen Erkenntnisse und Erfahrung einbinden und aus der Sicht der modernen Kaiserin schreiben.

5.5.2. Eine Kaiserin ist nicht gespalten

Eine Kaiserin zu sein bedeutet, dass wir unser weibliches Bewusstsein und Denken, Herz und Gefühle, Körperlichkeit, Sexualität und Spiritualität nicht einfach ausschalten, unterdrücken oder abspalten sollen. Wir dürfen die Macht unserer Weiblichkeit erkennen und leben lernen, denn nur so finden wir wieder zu einer Ganzheit. Wir sind alle schon mal nach bestimmten persönlichen Abspaltungsmustern aus unserer Ganzheit gefallen und im Besonderen immer dann, wenn das Herz so sagt, der Kopf anders und der Bauch sich mit einer dritten Meinung meldet. Diese inneren Kämpfe erlebt jede Frau als zermürbend und sie kosten viel Kraft.

Manchmal spalten Frauen, die oft schon im Kindesalter misshandelt wurden, aus reinem Schutz um zu überleben, ihre Gefühle ab, verdrängen und unterdrücken ihren Schmerz und die Ohnmacht, um rein physisch weiterleben zu können. Die negativen Erfahrungen verschwinden aber nicht einfach mit der Zeit, sondern kommen oft unerwartet und zeitverzögert wieder, wenn sie nicht zum richtigen Zeitpunkt verarbeitet werden konnten. Dies führt beispielsweise oft zu Suchtverhalten wie Rauchen, Schokoladensucht, Alkoholsucht oder auch zu Kritiksucht. Welche Frau kennt das nicht in irgendeiner Weise: Man nimmt sich vor, ein bestimmtes ungesundes Verhalten abzulegen, doch schon am nächsten Tag ertappt man sich beim gleichen Verhalten wieder. Und so lebt Frau nicht in ihrer Mitte, in ihrer inneren Balance, und sie tut auch nicht, was sie eigentlich wirklich tun möchte.

Um Heilung zu erfahren, müssen wir Frauen erst erforschen, wo genau wir aus der Ganzheit gefallen sind. Unsere Aufgabe besteht dann darin, diese verschiedenen Ebenen wieder energetisch zu verknüpfen. Das heißt, wir sollten nicht unser Denken und unsere Klarheit abspalten, wenn wir uns unseren Gefühlen hingeben. Das kann im Einzelnen beispielsweise bedeuten, dass, wenn wir uns verlieben, „den Kopf verlieren" und ganz vergessen, was im Leben sonst noch wichtig ist und was wir eigentlich wirklich wollen. Ein häufiges Muster besteht auch darin, entweder tiefe Liebe zu empfinden oder sich sexuell und sinnlich zu fühlen, nicht jedoch beides gleichzeitig und auch gleichwertig zuzulassen und zu erleben.

Frauen, die keine Freude beim Sex haben, spalten ihre sinnlichen Körperempfindungen ab. Sie fühlten sich in der Vergangenheit vielleicht in bestimmten Situationen von Männern zu sehr bedrängt, konnten dies nicht benennen oder zum Ausdruck bringen und spalten nun den Bereich der Sinnlichkeit ab, um sich vor der männlichen Energie zu schützen.

Eine andere Abspaltung der körperlichen Sensitivität findet sehr häufig bei Leistungssportlerinnen statt, um der Härte des Trainings und des Wettkampfes standhalten zu können. Im Gegenteil dazu blendet die gestresste Managerin oft ihre Gefühle aus, um ihrem übervollen Terminkalender zu bewältigen.

Das sind nur einfache Beispiele, aber sie zeigen sehr genau, wo eine zukünftige Kaiserin darauf achten soll, auf welche Weise Abspaltungsprozesse in ihrem Leben abgelaufen sind. Je früher und genauer sie diese Mechanismen wahrnehmen kann, umso leichter fällt es ihr, wieder in ihre Ganzheit zu finden und auch zu bleiben.

5.5.3. Die Kaiserin geht einen ganzheitlichen Weg

Ganzheitlichkeit beginnt im Kopf, aber bezieht sich nicht nur auf Ideen, sondern auch auf die Praxis. Heilsein bedeutet Ganzsein und bezieht darum alle Lebensbereiche gleichermaßen mit ein. Frauen bevorzugen eher einen möglichst gleichmäßigen und harmonischen Weg und möchten in vielen Bereichen gleichzeitig Erkenntnis erlangen. So wird Heilung in viele Bereiche des Lebens gleichzeitig „hineingewebt“ um Harmonie und Balance zu erlangen. Manche Bereiche in uns sind vielleicht eher schwach und müssen gestärkt werden, andere Bereiche brauchen wiederum Ruhephasen und Erholung. Dies ist besonders wichtig, wenn es um emotionale und körperliche Gesundheit, um Sexualität und um die Entfaltung weiblicher Spiritualität geht. Es ist mir sehr wichtig, Sie als Leser mit diesem Blickwinkel vertraut zu machen, denn es würde sehr viele Ausbildungen erfordern und Jahrzehnte an Erfahrung brauchen, um selbst diese Einsichten zu erwerben.

Zuerst möchte ich Sie dazu einladen, sich acht Punkte in ihren Leben bewusst zu machen. Diese habe ich im Buch *Tao der Frau* von *Maitreyi Piontek* entdeckt. Reflektieren Sie am besten diese Punkte im Hinblick darauf, wo etwa zu wenig oder auch zu viel Energie fließt oder auch wo alles stimmig und harmonisch läuft. So können Sie herausfinden, in welchen Lebensbereichen Sie eventuell wieder Ausgleich schaffen sollten. (Vgl. Piontek 2009, 43 ff)

Philosophie und Wissen: Es heißt „Gesundheit beginnt im Kopf", also in unseren Gedanken. Philosophie bedeutet immer ein grundsätzliches Nachdenken, Infragestellen, suchen nach Lebenssinn und meint hier auch die Einstellung zu sich selbst und zum Leben. Das nötige Wissen über gesunde weibliche Lebensführung gehört ebenso dazu wie das Wissen um die Universalgesetze und die eigenen Beweggründe. Lesen Sie philosophische, geisteswissenschaftliche oder religiöse Bücher? Wie steht es hier um Ihr Wissen? Wo sehen Sie sich auf einer Skala von 1 (wenig bis gar nicht) bis 10 (sehr bewusst).

-1 2 3 4 5 6 7 8 9 10+

Gesunderhaltung: Zur Gesunderhaltung gehört die Kunst, sich ständig neu an veränderliche Lebensumstände anzupassen. Um die Gesundheit zu erhalten, ist es erforderlich, ganzheitliche Wege zu kennen und zu gehen. Voraussetzung dafür ist, sich selbst und den eigenen Körper gut zu kennen. Haben Sie ausreichend Bewegung bzw. Sport? Wie gut können Sie „sich spüren"?

-1 2 3 4 5 6 7 8 9 10+

Ernährung und Kräuter: Es gibt keinen Ersatz für gute Ernährung. Es ist von Vorteil, die thermische und energetische Wirkung[67] der unterschiedlichen Nahrungsmittel und Kräuter zu kennen. Frauen, die über Probleme klagen, aber an ihren alten Essgewohnheiten festhalten, werden kaum in der Lage sein, gezielt auf andere Lebensbereiche einzuwirken. Wenn sie bereit ist ihre Ernährung umzustellen, wird sie auch in der Lage

67. Die *Traditionelle Chinesische Medizin* unterscheidet fünf thermische Wirkungen: kalt, kühlend, neutral, wärmend, heiß. Yin-Lebensmittel haben eine kühlend-erfrischende Wirkung. Ausbalancierte Yin und Yang-Lebensmittel wirken neutral und Yang-Lebensmittel wärmen und erhitzen.

sein, ihre Emotionen und ihre Sexualität zu heilen und alte Muster aufzulösen. Wie bewusst ernähren Sie sich?

- 1 2 3 4 5 6 7 8 9 10+

Emotionen: Emotionale Heilung ist ein wesentlicher Teil der ganzheitlichen Heilung. Wichtig ist die verborgene Sprache der Emotionen entschlüsseln zu lernen und Wege der Heilung zu kennen. Sind Ihre Emotionen heil oder brauchen Sie noch Drama?

-1 2 3 4 5 6 7 8 9 10+

Heilkünste: Dazu gehören die verschiedenen Heilmethoden wie ganzheitliche Massagen, Akupunktur/Akupressur, Klangbehandlungen, Handauflegen, Schamanische Heilweisen, Räuchern von Harzen und Kräutern, Aroma-Behandlungen, usw. Wie oft nehmen Sie ganzheitliche Methoden, besonders als Vorsorge, in Anspruch?

- 1 2 3 4 5 6 7 8 9 10+

Sexuelle Weisheiten: Wie wohl fühlen Sie sich in Ihrem Körper und wie gut kennen Sie ihn? Nehmen Sie sich die Zeit ihre eigene weibliche Sexualität zu erforschen? Wie gut können Sie sich über Sexualität und Wünsche mit Ihrem Partner austauschen?

- 1 2 3 4 5 6 7 8 9 10+

Lebenskünste: Welche Lebenskünste wie Astrologie, Feng Shui, Karten und Tarot, Energetik usw. praktizieren Sie oder nehmen diese in Anspruch?

- 1 2 3 4 5 6 7 8 9 10+

Schicksalsgestaltung: Manchmal führen selbst die besten Bemühungen auf dem Gebiet der ganzheitlichen Gesundheit nicht zum gewünschten Erfolg. Wie leicht können Sie sich einem höheren Willen hingeben, wenn es mal anders läuft, als Sie sich das wünschen? Wie zu-frieden sind Sie? Hadern Sie oft mit Ihrem Schicksal oder vertrauen Sie?

- 1 2 3 4 5 6 7 8 9 10+

Durch die Skalierung konnten Sie sich schon einen wesentlichen

Überblick zu Ihrer ganzheitlichen Gesundheit verschaffen und haben sicher entdeckt, wo vielleicht noch mehr getan werden kann und wo Sie bereits sehr bewusst Ihr Leben gestalten. In weiterer Folge werden Sie mehr erfahren und tiefer in das Leben einer Kaiserin eintauchen und können, wenn Sie möchten, ihrem Weg folgen.

5.5.4. Die ersten Jahre einer Kaiserin

„Wer von seiner angeborenen Begabung erfüllt ist, gleicht dem neugeborenen Kinde, Wespen und Schlangen stechen es nicht. Weiche Knochen, zarte Muskeln, aber welch fester Griff. Das Kind weiß nicht von der Vereinigung der Geschlechter, doch seine sexuelle Kraft ist stark."

Laotse

Ein berühmter Gärtner wurde nach seinem Geheimnis gefragt, warum die Dinge so gut wachsen und er antwortete: „Ich pflanze den Baum und dann lasse ich ihn in Ruhe. Das ist das Geheimnis." Je ungestörter sich etwas Zartes, ob Pflanze oder Kind, entwickeln darf, umso kräftiger wird es wachsen, umso mehr wird sich in ihm von dem verwirklichen, was von Natur aus angelegt ist. Die Weise des Nichteingreifens in die geheimnisvollen Mechanismen des Unergründlichen, wird *Wu Wei* genannt.

Weise Menschen greifen nicht ein, so dass sich alles zu Beginn ungestört entfalten darf, um später stabil und kraftvoll zu sein. Sie vertrauen dem Unergründlichen, dem dunklen und mysteriösen Mutterschoß. Hier treten die Dinge von selbst ans Licht, frei und ohne Eingriff von außen. So sollte auch eine kaiserliche Mutter handeln. Wenn sie weiß, dass sie ein Kind erwartet, bereitet sie sich darauf vor, ein Gefäß zu sein, für ein neues Wesen. Sie sollte darauf achten, sich nicht mit dummen und vulgären Menschen zu umgeben. Sie sollte sich davor hüten in Aufregung zu geraten und sollte gute, erlesene Speisen für sich und das Kind wählen. Was die Mutter stärkt, stärkt auch das Kind und das Potential einer Kaiserin formt sich in Ruhe. (Vgl. Li/Krautwald 2000)

Viele Menschen meinen, sie müssten ihr Kind ständig fördern und anregen. Das beginnt schon in der Schwangerschaft. Und ist das Kind erst auf der Welt, dann geht der Stress erst richtig los. Ein Spielzeug wird nicht selbst vom Kind gewählt, sondern pädagogisch richtig gekauft. Es ist ja nicht zum Spielen da, sondern soll Farbsinn, Formsinn und Geschicklichkeit fördern. Musikerziehung, Ballett und Sportunterricht, Fremdsprachen usw., dabei übersehen viele Eltern das Allerwichtigste: Dem Kind ein Gefühl für sich selbst und vor allem Sicherheit zu vermitteln. Viele meinen, sie müssten das Kind in eine bestimmte Richtung (er)ziehen, statt es einfach in Ruhe zu lassen, es nähren und ihm die Möglichkeit geben, auf seine eigene Weise am Leben teilzunehmen. Was es braucht ist elterlicher Schutz. Wenn es genährt, geliebt und respektiert wird, wächst die kleine Kaiserin ganz von selbst heran. Sie bringt alles mit, denn sie ist schon vollkommen.

Die Eltern brauchen sie nicht in eine Richtung erziehen, so wie einen kunstvoll getrimmten und geschnittenen Baum. Wie traurig schaut eine Buchenhecke im Vergleich zu einer großen und frei stehenden Buche aus. Und das ist genau der Unterschied einer Kaiserin zu einer Nichtkaiserin. Das junge Bäumchen braucht Erde, Wasser, Sonnenlicht und Schutz vor Sturm. Für eine junge Kaiserin gilt das Gleiche. Sie braucht Freiraum, gute Nahrung und liebevolle Wahrnehmung durch andere Menschen. Fehlen diese Dinge, kann sie sich nicht gut entfalten. Was bei der Pflanze die Wärme und das Sonnenlicht ist, ist für den Menschen die Liebe. Fehlt dem Kind die Liebe, wird es verkümmern. Liebe sollte strahlen wie die Sonne, auf helle wie auf dunkle Seiten gleichermaßen, ganz ohne Bewertung. Sonst lernt das Kind, dass nur gewisse Seiten an ihm liebenswert sind und lässt andere Eigenschaften verkümmern. So wird es liebeshungrig, süchtig nach Anerkennung, eitel, manipulierbar und unsicher. Es wird ein ganzes Leben lang suchen, was es so nie finden wird. Gute Nahrung ist überaus wichtig, denn sonst wird das Kind körperlich und psychisch schwächlich. Mit Nahrung meine ich auch geistige Nahrung und beides sollten gleichermaßen abwechslungsreich und schmackhaft sein. Wie eine Pflanze nicht überdüngt werden soll, sollte ein Kind ebenso nicht vollgestopft werden. Weder mit Vitaminen noch mit Informationen. Überfütterung führt zu Überdruss, Trägheit, Verwirrung und Verschlackung.

„Ja! Ein göttliches Wesen ist das Kind solange es nicht in die Chamäleonfarbe der Menschen getaucht ist."
Friedrich Hölderlin

Mutter sein, ist kein Beruf sondern eine Liebesbeziehung. Leider behandeln so manche gutmeinende Eltern ihr Kind aber „nach Rezept". Diese Eltern sollten sich ernsthaft darüber Gedanken machen, wie wichtig wirklich jeder Vorsorgetermin, jedes Screening, jede Impfung für Ihr Kind ist. Eine Mutter hat eine angeborene Intuition, die sie nicht durch wissenschaftliche Studien und männliche Autoritäten ersetzen braucht. Ebenso sind Milchpumpe, Babyfon, Flaschenwärmer, Schnuller, Maxikosi, usw. nur ein kleiner Teil, den uns eine Babyequipment-Industrie „vorschreibt", weil sie davon sehr gut lebt. Fehlt dem Kind der Respekt und der geschützte Freiraum durch die Eltern, dann macht es zu seinem eigenen Schutz „dicht", wird abweisend und verschlossen. Das kann später zu Kontaktproblemen, Problemen mit der Haut und der Lunge führen. Gleichzeitig wird es mit sich selbst streng sein, wird vielleicht Extreme und die Gefahr suchen.[68] Zum respektvollen Umgang gehört auch dem Kind zuzutrauen, dass es selbst wählen kann, wann es Ruhe möchte.

Ein Kind muss nicht ständig angeregt werden, es ist von Natur aus neugierig. Aber auch wenn Kinder ständig um Aufmerksamkeit betteln, reagieren sie in Wahrheit darauf, dass ihnen Eltern und Erwachsene nicht mit Achtung und Respekt begegnen. Das Kind fühlt sich in der Seele missachtet, auch wenn es ständig umsorgt wird und reagiert mit Zorn. Nicht selten werden sie zu wahren Quälgeistern und noch mehr missachtet oder mit Bestechungen ruhiggestellt.

Erkenntnisse

- Die Kaiserin ist frei geboren.
- Die Kaiserin vertraut ihrer Intuition.
- Die Kaiserin lässt sich nicht abspeisen.
- Große und kleine Kaiserinnen erkennen und respektieren einander.

---

68. Ein durch Respektlosigkeit verletztes inneres Kind neigt im Extrem zur Selbstzerstörung da ihm in gewisser Weise der Respekt auch vor dem eigenen Leben fehlt. Laut *S. Freud* und seiner Psychoanalyse ist diese Neigung zur Selbstzerstörung auch bekannt als *Thanatostrieb* (benannt nach den griechischen Todesgott *Thanatos*) der ein Teil des *Lustprinzips*, des ES im Menschen ist.

6. Seelenaspekte

6.1. Die fünf Seelenaspekte

In der Lehre des Daoismus hat der Mensch nicht nur eine Seele. Wo Goethe seinen Dr. Faust ausrufen lies: „Zwei Seelen wohnen, ach! in meiner Brust“, würde die Kaiserin sagen „fünf Seelen wohnen, ach! in meinen Eingeweiden“. Es sind fünf Seelenaspekte, die jeweils andere Eigenschaften aufweisen und ineinander wirken. Ohne groß auszuschweifen, lohnt es sich aber diese in der Folge näher zu betrachten.

6.1.1 Die Seele der Jägerin, Wanderseele Hun

Die Hun-Seele[69] strebt in die Ferne, getragen von Sehnsüchten, Ideen und Kreativität. Hier sitzen Aggression, Erotik, Abenteuerlust und Entscheidungsfreude. Hier werden Pläne geschmiedet und die buntesten Träume geträumt. Dieser Seelenaspekt liebt Farbe, Bewegung und Kunst. Wird die Hun-Seele in ihrer Entfaltung gehindert, neigt sie zu Aggressivität und Zerstörung. Sie kann im Traum den Körper verlassen und steigt nach dem physischen Tod auf.[70] Sie ist die Seele der Jägerin, beim Mann die des Jägers. Die Jägerin liebt alles das, was schwer zu erreichen ist und sie verwirklicht sich in der zielstrebigen Verfolgung ihrer bereits gefassten Pläne. Sie liebt Entwicklung, Fortschritt und braucht immer ein Ziel vor Augen. Erreicht sie das Ziel, verliert sie an Triebkraft und „tötet“ das Objekt.

Die Hun-Seele erlebt sich besonders intensiv im Kampf, im Sport und in Konkurrenz. Ihre weibliche Seite liebt Phantasie, Träumerei und Kreativität,

---

69. *Hun-Seele:* Aussprache nicht wie beim bekannten Federvieh Huhn, sondern wie beim Hunnenkönig Attila. Sie wird in der Traditionellen Chinesischen Medizin der Leber und dem Element Holz und zugeordnet. Die *Hun-Seele* könnte mit dem Archetypen der *Kriegerin, der Amazone,* verglichen werden.

70. Die *Hun-Seele* hat ihren Sitz im Emotional-, Mental- und Astralkörper der Menschen.

ihre männliche Seite liebt starke Motoren, große Lautsprecher und alles Mögliche an Machtgehabe. Dieser Seelenanteil richtet sich gerne auf schöne Dinge, Erfolg und erstrebenswerte Ziele aus, und natürlich auch auf sexuelle Eroberung und Leidenschaft. Darum hat Macht und Geld sexuelle Anziehungskraft nicht nur für Frauen. Ein Paradebeispiel dieser Jägerinnen-Seele ist die *Femme fatal*[71] und ihr männliches Pendant *Don Juan* oder der *Latin-Lover* als der Herzensbrecher, der nicht locker lässt, bis er seine Prinzessin, seine Königin, endlich erobert hat.

Ob männlich oder weiblich, beide leben für die Eroberung. Der Mann als *Don Juan* beherrscht das Spiel perfekt. Er ist romantisch, mit sexueller Kunstfertigkeit und vor allem ist er tabulos. Der Spaß ist also garantiert, doch *Sie* tut gut daran, ihr inneres Schutzschild nicht sinken zu lassen, sondern innere Zurückhaltung und Distanz zu wahren.

Wenn die Kaiserin einen Don Juan anziehend findet, dann weiß sie ganz genau, was sie tut. Es ist einer Kaiserin jedoch absolut nicht angemessen, durch sein Schmachten und Werben heiße Tränen zu vergießen, ihr Leben umzukrempeln und Mutter seiner zwölf Kinder zu werden. Sie hat selbst eine Jägerinnen-Seele und wird sich ihre „Beute" genau aussuchen. Meistens geschieht das so kunstvoll, dass der Mann gar nicht weiß, dass eigentlich sie die Jägerin ist.

„Es ist leichter einen Schatz zu finden, als einen umsichtigen Liebhaber."
Kaiserin Hu

---

71. Die *Femme fatale* [fam fa'tal] (frz. für „verhängnisvolle Frau") ein besonders attraktiver und verführerischer Frauentypus, der – mit magisch-dämonischen Zügen ausgestattet – Männer erotisch an sich bindet, sie aber auch manipuliert, ihre Moral untergräbt und sie meist auch auf „fatale" Weise ins Unglück stürzt. Gleichzeitig verspricht sie dem verführten Mann ein Höchstmaß an Liebeserfüllung, was ihr oft einen äußerst ambivalenten Charakter verleiht. Beispiele dafür sind alle LilithTypen wie die schöne Helena, Circe, die Sirenen, Loreley, Salome, Mata Hari, Anna Karenina und auch Alma Mahler-Werfel. Die *Femme fragile* die zerbrechliche Frau ist das begriffliche Gegenstück.

6.1.2. Die Geistseele Shen

Dieser Seelenaspekt der Kaiserin entspricht ihrer Klarheit und Vergeistigung, der Ekstase, der Freude und der Liebe. Die *Shen-Seele*[72] gilt als die Herrscherin im Seelenreich. Meist hält sie sich verborgen und tritt nur für Momente in Erscheinung. Andernfalls reißt sie durch ihre Intensität alles mit. Wenn sie zu sehr entflammt, werden die Betroffenen wahnsinnig oder liebeskrank. Blitzt sie auf, stellt sie Kontakt zu höheren Welten her. Ebenso wie die Hun-Seele steigt sie nach dem physischen Tod auf.

Tief empfundene innige Liebe findet zwischen den Geistseelen zweier Herzen statt. Die Daoisten sprechen davon, dass dieser Zustand nie lange anhalten kann, denn die zwei Menschen würden sonst verglühen. Nur im Tod findet diese Liebe ihre Dauer. Gemeint ist die bedingungslose spirituelle Liebe, die zeitlos und an keinen festen Ort gebunden ist, die sich ohne Bedenken völlig verschenkt. Daher ist sie das Privileg von Menschen, die intensiv im Augenblick leben, im Hier und Jetzt und nicht an Gütern, Nutzen und den Meinungen anderer festhalten. Diese ausgeprägte Shen-Seele findet sich oft bei sehr jungen und auch bei sehr alten Menschen. Eine sehr kostbare Liebe ist die zwischen alten Frauen und jungen Männern, aber sie ist sehr selten.

Bei Beziehungen von jungen Frauen und alten Männern handelt es sich meistens eher um Vampirismus, um Energieraub. Alternde Männer sind oft nicht bereit, sich mit dem Tod näher auseinander zu setzen. Dies macht sie aber leider auch unfähig, das Leben intensiv zu lieben. Sie werden zu störrischen „alten Knochen“ und geben sich gerne noch als unverbesserliche Herzensbrecher. Ihre Gedanken kreisen nur um „junges Fleisch“, denn ihre Kräfte sind geschwunden und sie haben in ihrem Leben nicht viel über sich selbst gelernt. Dafür haben sie Geld, Macht und Status, mit denen sie sich nun identifizieren und versuchen diese Dinge als Lockmittel einzusetzen. Unsichere naive, oder auch zynisch kühle Frauen ziehen gerne ihren Nutzen aus solchen Beziehungen.

Eine Kaiserin wird aber kein Interesse an solch einem Mann haben. Die

---

72. *Shen-Seele*, gesprochen „Schen-Seele“, wird dem Element Feuer zugeordnet und wohnt im Herzen. Die *Shen-Seele* könnte mit dem Archetypen der *Geliebten* verglichen werden.

Kaiserin pflegt ihre Geistseele und aktiviert sie, indem sie sich selbst Bedingungen der Freude schafft. Wahre Freude dient niemals einem Zweck. Die Kaiserin weiß, dass jeder Mensch anders ist, und was dem einen Freude bereitet, ist für den anderen vielleicht belanglos oder albern, darum ist auch Kreativität gefragt. Manche Menschen versuchen diese Freude über Drogen wie Alkohol oder Kokain biochemisch zu erzeugen. Und das funktioniert auch verblüffend gut, aber es ist nicht ungefährlich, denn es schädigt den Körper und macht längerfristig dumpf und schlapp. Und etwas Schlimmeres könnte einer Kaiserin gar nicht passieren!

Die Kaiserin fördert und pflegt ihre Geistseele durch:

- Zusammensein und gemeinsames Lachen mit wahren Freunden und lieben Menschen
- liebevollen, leidenschaftlichen und spirituellen Sex
- Besteigen eines steilen Berges, schnelles Reiten oder Autofahren, segeln bei starkem Wind, usw.
- intensives Musik hören, tanzen, singen, malen
- lösen eines schwierigen Rätsels
- die Entdeckung von etwas Neuem bzw. eine Erfindung
- knuddeln eines Babys oder eines Haustieres

6.1.3. Die Gedankenseele, die Mitte Yi

Die Gedanken-Seele[73] ist ruhig, behäbig und ausgeglichen. Dieser Seelenaspekt verkörpert die erdige und bodenständige Weisheit der Kaiserin, das Lernen und die Fürsorge für andere. Es ist ihre starke Mitte. Verrücktheiten (im negativen Sinn) sind ihr vollkommen fremd. Sie bevorzugt im überwiegenden Teil die Lebenshaltung des In sich selbst Ruhens.

Die Liebe ihrer Gedanken-Seele realisiert sich darin, dass die Kaiserin sich und andere Menschen, besonders Kinder, zu nähren und zu lehren

---

73. Die *Gedanken-Seele* entspricht dem Intellekt und wird der Milz und dem Erde-Element zugeordnet. Die *Gedanken-Seele* könnte mit dem Archetypen der *Königin, Herrscherin* verglichen werden.

versteht. Sie veranstaltet auch frohe und schöne Feste für Freunde, Familie und gibt gerne guten Rat in schwierigen Lebensbelangen. Sie hat Verständnis für Schwächen, auch für die eigenen, und lächelt weise darüber. Manchmal passiert es, dass die Gedanken-Seele durch ihre großzügige und gutmütige Art ausgenützt wird, oder dass sie sich selbst zu nähren vergisst oder sich selbst Freude zu bereiten. Dann macht sich in der Kaiserin eine bestimmte Sehnsucht breit, aber Vorsicht: Durch ihre schwache Mitte kann sie von einer aggressiven fremden Hun-Seele vereinnahmt werden.

Die Kaiserin nährt sich und pflegt ihre Gedankenseele durch:

- edle, gesunde Nahrung und stärkende Kräuteressenzen
- viel Ruhe und Stille, anstatt Feste, Gäste, TV und Kino
- das Vermeiden negativer Gedanken und Gefühle
- Distanz zu unedlen Menschen und Energieräuber aller Art

6.1.4. Die Körper-Seele, scharfe Intelligenz Po

Die *Körper oder Po-Seele*[74] hat mit den Reflexen zu tun und ist von scharfer und zersetzender Intelligenz, neigt zu Kritik, Spott, Zynismus und distanziert sich von allen hitzigen und leidenschaftlichen Gefühlen. Dieser Seelenaspekt sorgt für Ordnungsliebe, Präzision, technischen Verstand und Computerwissen.

Sie wird die allzu überschwängliche Jägerinnen-Seele einer Kaiserin im Zaum halten, aber im Extremfall zerstört sie auch jede aufkeimende Leidenschaft. Dennoch ist sie gegen eine Liebe machtlos. Dieser Seelenaspekt bleibt nach dem Tod an den Körper gebunden.

Die Po-Seele liebt die Einsamkeit und den klaren Kopf. Dies ist weder lustvoll noch fröhlich, sondern eher vielleicht traurig, aber für sie ist es die höchste Realisation. Für sie heißt es: Die Starke ist am mächtigsten allein. Dieser Seelenaspekt der Kaiserin analysiert und macht gerne zynische Witze, wenn sie in Gefahr kommt vor Rührung zu zerfließen. Eine Frau mit

74. *Po-Seele* wird nicht wie der Körperteil, sondern wie in Politik ausgesprochen. Sie wird dem Element Metall zugeordnet und wohnt in der Lunge. Die *Po-Seele* könnte am ehesten mit dem Archetypen der *Alten Weisen* (bzw. *Eremit*) verglichen werden.

einer ausgeprägten Po-Seele wirkt wie eine uneinnehmbare Festung und wird gerne das Objekt der Begierde für eine jagende Hun-Seele. Solange sie nicht schmilzt kann es sehr amüsant sein. Wenn aber ihre Sicherungen mal doch durchbrennen, rettet sie sich in heillosen Konsum von Kaffee und Zigaretten. Grüner Tee wäre jedoch das bessere Mittel.

6.1.5. Die Mystische Seele, der Wille Zhi

Die *Mystische Seele*[75] ist die Wurzel allen Lebens. Wenn alles andere zerstört ist, bleibt diese urtümliche Lebenskraft, der nackte Wille, erhalten. Sie ist das Leben, der Tod und die Mystik. Auch das Gedächtnis gehört hierher. Das Besondere dieses Seelenaspekts ist die Fähigkeit, intuitiv und unbewusst das *Kollektivbewusstsein* anzuzapfen. Diese Seele gilt als die Stärkste und kann auch das hitzige Auflodern der *Geist-Seele*, der eigentlichen Herrscherin, kontrollieren.

Frauen entsprechen dem Wasser und die mystische Seele macht das Besondere der Frau aus. Nach dem Tod bleibt diese Seele in Form von Knochen und Haaren zurück. Die *Mystische Seele* liebt die Tiefe und das Mysteriöse. Sie versenkt sich gerne und beschäftigt sich mit Grenzfragen. Unterstützende Hilfsmittel wären Opiate, aber auch diese schädigen eher die Essenz und sind daher unzweckmäßig. Besser ist daoistischer Sex oder Tantra. Wenn die Wasser-Seele sehr stark ist, ist auch die sexuelle Kraft sehr intensiv. Sie kann sich auf der körperlichen Ebene so intensiv realisieren, dass dabei auch die Shen-Seele, die Geistseele aktiv wird. Solcher Sex erfasst den ganzen Menschen und vermehrt die Essenz. Gelegentlich gelingt dies, aber meistens nur durch Zufälle. Die Kaiserin liest dazu das *Buch der Nonne* und sie studiert lebenslang die wahre Liebe.

Die „wahre Liebe" vereinigt alle Seelenaspekte zweier Menschen in immer währender Harmonie von Intellekt, Fürsorge, Leidenschaft und Freude. Alles, was unvollkommen und leer war, wird vollständig und erfüllt. Nichts, aber auch gar nichts kann wirklich Liebende trennen, denn die wahre Liebe dauert immer und ewig. (Li, Krautwald 2020, S. 58)

---

75. Die *Mystische Seele* entspricht der *Lebens- und Willenskraft*, wohnt in den Nieren und wird dem Wasser zugeordnet.

Erkenntnisse

- Die Kaiserin beherrscht ihr eigenes Reich.
- Die Kaiserin weiß, was sie will.
- Die Kaiserin lässt sich nicht erobern.
- Die Kaiserin lenkt ihre Gedanken.
- Die Kaiserin kennt ihre Bestimmung.

6.2. Blind vor Liebe

Was haben Frauen nicht schon alles aus Liebe getan? Nicht immer ist Gutes dabei rausgekommen. Beim *Verliebtsein* ist das Verhältnis zur Realität gestört. Daher verlieben sich viele Frauen, wie sie später selbst sagen, mit Vorliebe in den falschen Mann. Ihre Hoffnungen werden nicht erfüllt oder der Angebetete benutzt sie für seine eigene Zwecke. Auf die Frage, warum gerade dieser Mann, ist die von Verliebtheit verschleierte Antwort meist, er ist großartig, gut aussehend, geistreich und witzig und nicht selten der so lange gesuchte Seelenpartner. Sogenannte *red flags* werden ignoriert oder als belanglos abgetan. Sein Geruch, seine Stimme, seine Ausstrahlung bleiben so stark, dass es der Frau eher das Herz zerreißt, als dass ihr Verstand eine Chance hätte, dem Wahnsinn ein Ende zu setzen.

So schmachtet sie das Telefon an, belästigt ihn mit sinnlosen Anrufen oder sie tut alles was er will. Kurz, sie verhält sich völlig unkaiserlich. Erst mit Abstand betrachtet, wird ihr meist klar, dass er die ganze Aufregung gar nicht wert war.

Eine junge Frau verfällt schnell in Schwärmerei, weil sie sich ihrer selbst noch nicht bewusst ist. Wenn sie für einen Mann schwärmt, egal ob König, Popstar oder der junge Mann von nebenan, es fließt ihm ihre ganze Energie zu. Energie folgt der Aufmerksamkeit, den Gedanken und Blicken. So erscheint er mächtiger und sie immer bedeutungsloser.

Wenn eine reife Frau nicht in ihrer Mitte ruht, weil ihr das Leben öde und farblos erscheint, überkommt sie eine gewisse Sehnsucht, die sie selbst nicht genau kennt, aber die sie antreibt. Gleichzeitig fehlt ihr Kraft und Klarsicht, diese Sehnsucht zu definieren oder zu realisieren. Meist kommt dies im mittleren Alter der Frau, wenn die eigene Energie erschöpft ist, wenn man viel Mühe und wenig Anerkennung bekommen hat, dann kommt die

Sehnsucht nach etwas Unbestimmten auf. Diese Frauen sind leichte Beute für redegewandte Männer, oft Künstler, Musiker, erfolgreiche Männer die viel reisen, kreativ sind und die sich gut ins rechte Licht rücken können. Sie haben eine expansive Lebensenergie, die sich in Ideen und mit Phantasie äußert, aber die die Mitte der Frau schwächt oder gar verwüstet. Das geht oft sogar soweit, dass der ganze Alltagsablauf dieser Frau durcheinander gerät. Statt zu arbeiten und ihre Sachen zu tun, denkt und schaut sie, was er gerade tut. Ihre Lebensinhalte verlieren an Bedeutung und ihre Ruhe und Ausgeglichenheit ist dahin, denn ihr Leben hat nur mehr einen Sinn: Ihn!

Etwas Ähnliches kann passieren, wenn sich Frauen einer Sekte oder Glaubensgemeinschaft mit wunderbaren Versprechungen aber dogmatischen Richtlinien anschließen. Die eigene Sehnsucht beginnt in der fremden Tonart eines anderen zu schwingen, der so ihre Mitte besetzt. Wenn die Frau nicht mehr weiß, wer sie eigentlich ist, zeigt sich das körperlich nicht selten in Blasenentzündungen, Herpes, Mandel- und Rachenentzündungen, innere Unruhe, Herzklopfen und Schlaflosigkeit.

Was aber tut eine Kaiserin? Sie lenkt ihre Gedanken. Eine Kaiserin gibt *niemals* die Kontrolle über ihr eigenes Reich auf! Zuerst bilden die Gedanken ihr Reich, dann folgen die Energie und damit die Verwirklichung der Gedanken und Vorstellungen. Sie weiß um diesen Zusammenhang und schafft sich nach und nach ihre eigene, von ihr allein beherrschte Welt. Wenn sie Phantasien auslebt, dann ihre eigenen. Eine Kaiserin sorgt dafür, dass ihre Stärken vom Unsichtbaren ins Sichtbare wachsen können. Darum richtet sie ihre Sehnsucht nicht auf einen Mann, sondern darauf, was sie im Leben erreichen will.

Sie schätzt ihre Fähigkeiten realistisch ein und kultiviert die schwächer ausgeprägten gezielt und liebevoll. Sie scheut sich nicht vor analytischem Denken oder hat gar Angst vor Zahlen, nein, sie entwickelt ein Gefühl dafür um zu lernen. Auch Urteile von außen wie „…du bist doch viel zu wenig strukturiert …“ oder „ …du warst schon immer feige …„ hindern sie nicht daran, ihre noch unbekannten Fähigkeiten aufzuspüren und diese zu stärken.

Bevor die Kaiserin ihr Reich in der Realität regiert, regiert sie es schon in ihrer Vorstellung. Sie stellt sich bildlich vor, wie sie sein und was sie tun wird. So lebt sie selbst bestimmt und wird ihre Liebes-Träumereien nicht auf einen Mann richten, der zu beschränkt ist, *Sie* wirklich zu erkennen. Die Kaiserin vertraut ganz darauf, was sie im Inneren verspürt, aber ohne sich im Liebeswahn zu verlieren. Es wäre zu einfach, dem Mann die Schuld zu geben und zu sagen „Er hatte ja so eine unwiderstehliche Ausstrahlung." Eine Kaiserin erkennt „Liebesbesessenheit" und weiß, dass ihr eine tiefe Sehnsucht zugrunde liegt, die aus ihrem tiefsten Inneren entspringt. Es schmerzt sie ihre Träume zu beschneiden, aber sie erkennt, dass es notwendig ist. Die Besessenheit von einem Mann oder das blinde Engagement für eine dubiose Konfession oder Weltanschauung sind oft nur eine Ablenkung, um einer unangenehmen Wahrheit aus dem Weg zu gehen. Die Kaiserin findet heraus, was sie wirklich will und sie verfolgt diesen Weg mit innerer Entschlossenheit. Dazu trennt sie sich von allen negativen und schädlichen Einflüssen. Es geht, wie immer, um das richtige Maß aller Dinge.

Andersrum braucht es oft Jahre, um Schüchternheit und Unsicherheit zu überwinden und die eigene, auch sexuelle Entwicklung in die Hand zu nehmen. Hier ist oft Scham und Peinlichkeit ein Thema, das es zu erlösen gilt. Traditionell wirkt oft Alkohol, das berüchtigte „Mut antrinken" als Mittel, das natürlich auch gut funktioniert. Noch aggressiver wirkt Kokain. Beides tötet aber die Fähigkeit zur Selbstreflexion. So geht zwar Peinlichkeit und Scham verloren, aber auch der durchaus angemessene Skrupel und es droht Schamlosigkeit. Der Konsum beider Mittel gerät gerade bei einer schüchternen Persönlichkeit sehr leicht außer Kontrolle und kontrolliert dann die Person. Eine Kaiserin lässt sich aber von nichts und niemanden kontrollieren. Es gibt bessere Mittel für sie um sich zu stärken. Beispielsweise scharfe Gewürze wie Chili, Pfeffer, Knoblauch, Zwiebel, Zimt und Nelken, rote Bohnen und dunkles Fleisch. Die Farbe Rot wirkt ebenso stärkend auf die schwache, unsichere und schüchterne Frau. Auch Krafttraining oder das Erlernen von *Kung Fu*, *Karate* oder einer anderen Kampfsportart gibt ihr den nötigen „Biss" und stärkt ihr Selbstbewusstsein. Sie kleidet sich edel, eigenwillig und auffällig, aber ohne sich zu kostümieren. Sie schlägt die Augen nicht schüchtern nieder, sondern übt einen festen aber keinen starren Blick. Sie spricht lieber weniger bevor sie zu plappern anfängt und genießt bald den Respekt ihrer Umgebung. Daraus entwickelt sich Selbstrespekt und sie darf weiter in die anvisierte Rolle der

Kaiserin hineinwachsen.

6.3. Die Ausstrahlung der Kaiserin

„Der Tee für die kühle Göttin wird Trübes entfernen und Heißes kühlen. Klar wirst du und unüberwindlich. Später wähle mit Verstand. Der Mann soll jung sein und reich an Essenz. Im dritten Jahr öffne den zweiten Kürbis, das Duftelixier. Es ist ihr Duft, den er nicht vergisst."

Sun Simiao

Frauen, die sich selbst wertschätzen, ihre Sinnlichkeit und Sexualität leben und lieben, haben eine unwiderstehliche und erotische Ausstrahlung. *„Wer hat, dem wird gegeben"* steht in *Math. 25:29* und wer nicht hat, geht auch weiterhin leer aus. Das heißt, wenn eine Frau aus sexueller Bedürftigkeit gar unterwürfig darum bettelt, zu Diensten sein zu dürfen, dann hat sie in jeder Weise schon verloren. Denn es ist die Lebendigkeit und Lebensfreude, ihre Ausstrahlung und Offenheit, verbunden mit der Haltung auf niemanden angewiesen zu sein, das anziehend auf einen Mann wirkt.

Die Kaiserin weiß, ihre Ausstrahlung und ihr Duft kommen von innen. Kein Parfüm geht so in die Tiefe wie der eigene unverwechselbare Körpergeruch. Doch nicht immer entwickelt sich Ausstrahlung und Duft so, wie eine Kaiserin sich das wünscht. Manche Menschen riechen trotz Deo, Dusche und teurem Parfum sehr unangenehm. Während andere, die nicht gerade frisch geduscht oder gar verschwitzt sind, trotzdem etwas Unwiderstehliches versprühen. Das gilt übrigens für Frauen und für Männer. Die Daoisten sagen, angenehmer Geruch ist Ausdruck eines klar brennenden Herzfeuers. Geistig starke und klare Menschen besitzen eine große und weitreichende Ausstrahlung (Aura). Ist die Herzöffnung verstopft, wird die Geistseele (Shen) unklar, die Ausstrahlungleidet und der Körpergeruch wird schlecht. Besonders, wenn dann die Ernährung einseitig und der Stoffwechsel gestört ist. Es können eben die besten Deos oder Parfums die Ausstrahlung nicht ersetzen.

Mit einem unangenehmen Körpergeruch wirkt auch die ganze Erscheinung klebrig und trübe. Die Haut ist unrein, teigig und glänzt, die Hände sind feucht und kalt, dazu kommen Ausfluss, Pilzinfektionen,

Blasenentzündung, fette Haare, schlechte Zähne, u.v.m. Die Betroffene fühlt sich oft verschlackt und schwer. Die schlechte Ausstrahlung äußert sich nicht nur körperlich sondern auch psychisch durch Stimmungsschwankungen, Gefühlsausbrüche oder Essstörungen. Es entsteht Heißhunger auf Eiscreme, Süßigkeiten, süße Getränke oder auch Salat.

Die „Klebrigkeit" zeigt sich auch in einer übersteigerten sexuellen Bedürftigkeit, was wiederum die Frau unattraktiv für Männer macht, mit einer Ausnahme: Männer die ausschließlich in sexuellen Beziehungen den eigenen Nutzen suchen wittern gerade diese Ausstrahlung von Schwäche. Dann heißt es: „Immer gerate ich an die falschen Männer." Je enttäuschter und unbefriedigter die Frau, umso mehr will sie haben und umso weniger bekommt sie. Eine Kaiserin lässt das von vorne herein nicht mit sich machen, aber sie weiß auch, nicht selten ist ein schlechter Liebhaber die wahre Ursache für all diese Beschwerden. Sie sucht sich einen neuen, wenn sie von ihrem Geliebten nicht das bekommt, was ihr gut tut. Sie hat ihre eigene Moral und sie hat das Recht dazu. Sie verschwendet keine Mühe auf einen Mann, der es nicht verdient. Oder schlimmer noch, auf das weinerliche Anbiedern von Betrunkenen oder das selbsterniedrigende Verhalten verschmähter Geliebter. Eine Kaiserin zieht jüngere Männer den älteren vor, denn sie weiß was sie braucht, und sie handelt danach.

„Gibt ein Mann dir alles her, lass ihn fahren, denn er hat nicht mehr."
Berthold Brecht

Es gibt noch einen Grund für eine trübe Ausstrahlung. Dann, wenn der Lebenswille, vielleicht durch eine tiefen Verlust, Schreck oder Entsetzen verloren gegangen ist. Der Lebenswille ist mit den Nieren verbunden und wenn einem etwas richtig „an die Nieren" geht, werden die Haare weiß, die Zähne werden locker und die Knochen spröde. Etwas, was wir sonst nur mit hohem Alter verbinden, weil die Nierenenergie sich im Alter auf natürliche Weise verbraucht. Bleibt die Essenz stark, ist der Mensch voller Vitalität. Bei Kindern und Jugendlichen wird diese kontinuierlich strömende Essenz zum geistigen und körperlichen Wachstum gebraucht. Im Alter von ca. vierzehn Jahren erreichen Mädchen die *Geschlechtsreife.*[76] Eine geheimnisvolle Kraft, genannt das *„himmlische Wasser“* beginnt zu fließen, also die Menstruation. Es ist ein Überwallen der Lebensessenz. Bis es sich in seinem Rhythmus eingespielt hat, vergehen weitere sieben Jahre, dann ist die Essenz gefestigt. Die junge Frau ist weich und verletzlich, sie kennt ihr Grenzen noch nicht und neigt dazu, sich rückhaltlos zu begeistern und hinzugeben, auch sexuell. Dabei verströmt sie ihre Essenz und diese geht für immer verloren. Auch sexueller Kontakt zu alten Männern und Hormongaben tragen zu einem Verlust der Lebensessenz bei.

Manche haben zu viel Feuer und eine sehr starke Essenz. Sie gelten als Genies und sind vom frühen Tod bedroht, da sie ihre Lebensenergie zu schnell verbrauchen. Es sei denn, sie füllen sie mit Hilfe junger Frauen oder Männer wieder auf. Diese Essenz ist in allen Menschen in Momenten der Begeisterung und Erregung. Sie haben etwas Magisches und ungemein Lebendiges, das andere Menschen mitreißt und begeistert.

Sexuelle Erregbarkeit hat ihre Höhen und Tiefen. Eine sexuelle Beziehung diente schon in früheren Zeiten der Mehrung von Lebensenergie bzw. zur Lebensverlängerung. Praktiziert wurde sie als Ritus von Eingeweihten und immer im vollkommenen Bewusstsein – niemals so unbewusst wie in unseren Tagen.

Nach dem Motto „Sex Sells“ wird heute vor allem durch die Medien, aber auch durch Drogen, Alkoholkonsum und Medikamente einer physiologischen Lustlosigkeit gar kein Raum mehr geboten. In unserer „pseudo-potenten“ Gesellschaft, die völlig übersexualisiert ist, geht es nur darum „anzuheizen“ und „abzuzapfen“. Junge Mädchen haben viel Lebensessenz und wenig Selbstbewusstsein. Niemand gibt so viel und fordert so wenig wie ein junges Mädchen. Eine Tatsache, die sich ältere Männer mit Status und Geld schon zu allen Zeiten zunutze machten.

„Blühen ist mehr als Glut.“
Henry Benrath

Ist die Kaiserin befreit von jeder Klebrigkeit und (sexueller) Bedürftigkeit trennt sie sich auch von allen Klischees. Die Kaiserin ist schamlos und sagt

76. Die *Geschlechtsreife* tritt auch oft früher ein. Die TCM geht aber von einem Siebener-Rhythmus für die Entwicklung der Frau aus.

und tut, was sie will. Sie öffnet ihr Herz und zeigt sich der Welt. Sie ist niemals unterwürfig oder erbringt irgendwelche Gefälligkeiten, denn sie weiß, das wäre der Anfang vom Abstieg. Der einzige Maßstab für ihr Handeln ist sie selbst, ihre Lust und ihre Freude. Nichts anderes! Sie trägt die Kleidung, in der sie sich wohl und kaiserlich fühlt. Sie genießt schöne Menschen, Männer wie Frauen, um sie zu betrachten und auch von ihnen wahrgenommen zu werden. Als eine Kaiserin lässt sie ihr eigenes Potential, ihre Schönheit und Ausstrahlung nach außen treten.

Ein gutes Netzwerk und wahre Frauen-Freundschaft geben ihr den wichtigen Halt in jeder Lebenslage und bilden eine gute Basis für ihre Unternehmungen. Sie hält sich auch so viel es geht in der Natur auf, sorgt für eine gute Erdung, das heißt für einen guten Stand im Leben. Dadurch erkennt sie ihre eigene Besonderheit und kann sich so leichter von äußeren Trends abgrenzen. Sie setzt ihre eigenen Zeichen, hat ihre eigene Moral und lotet ihr eigenes sexuelles Begehren aus. Eine Kaiserin bevorzugt einen gleichaltrigen oder jüngeren Liebhaber, der sie großzügig mit seiner Kraft beschenkt und verschwendet keine Mühe auf einen Mann, der sie nicht verdient und der ihr keine Freude bereitet. Es geht ihr vielmehr darum, ihre eigene Sexualität kennen und genießen zu lernen, als die sexuellen Bedürfnisse und den energetischen Mangel eines (alten) Mannes zu befriedigen. Frauen sind das „dunkle, geheimnisvolle Wasser". Schwache Männer, auch wenn sie oberflächlich betrachtet faszinierend, selbstbewusst und mitreißend wirken, haben Angst vor der Tiefe.

Oft ist der jüngere und „weichere" Mann derjenige, der experimentierfreudig und flexibel ist, der sich im Liebesspiel völlig hingeben kann, weil er sich nicht abgeklärt gibt. Er nimmt sich Zeit, hat Phantasie und möchte Erfahrungen machen, er ist begeisterungsfähig und voller Herzlichkeit, die er auch zeigt. Der jüngere Mann brüstet sich nicht mit seinen „Eroberungen" und Erfahrungen, sondern möchte welche machen. Ein junger Mann, der diese Eigenschaften nicht besitzt, den zieht die Kaiserin als Liebhaber erst gar nicht in Betracht. Er gilt ihr als „alt" und sie versäumt nichts.

Erkenntnisse

- Die Kaiserin verschwendet keine Mühe auf einen Mann, der ihr keine Freude bereitet.
- Die Kaiserin bleibt in Bewegung.
- Die Kaiserin schwimmt nicht mit dem Strom.
- Die Kaiserin ist schamlos.
- Die Kaiserin bevorzugt junge Liebhaber.
- Die Kaiserin entscheidet sich dafür, gesehen zu werden.

6.4. Klosterzeit – der Weg nach innen

„Erneuerung entsteht aus der Tiefe. Zinnober kann man essen und trinken, aber auch atmen, lesen und denken. Am stärksten wirkt es durch den Geist. Merke dir, die stärkste aller Wirkungen hat der Geist!"

Li, Krautwald

Frauen scheitern. Immer wieder scheitern sie an den eigenen Erwartungen, dem eigenen Perfektionismus, an der Realität und auch an dem Unverständnis anderer Menschen. Pläne lassen sich nicht in die Tat umsetzen, Hoffnungen zerplatzen, Wünsche bleiben unerfüllt und so mancher Prinz entpuppt sich als dümmlicher Frosch. Obwohl oft wenig zwischen Scheitern und Gelingen liegt, geben viele Frauen nach einem Misserfolg auf und entscheiden sich für ein Dasein in phantasieloser Eintönigkeit und Routine, aus Angst, noch einmal den Schmerz des Scheiterns erleben zu müssen. Sie werden zu angepassten, konservativen Damen ohne Esprit und ihr Leben wird von der Angst zu scheitern immer eingeschränkter. Aber Enttäuschung zu erleben ist normal. Es sind Erfahrungen, die ihr zum Lernen dienen, egal, ob ein Projekt scheitert oder der Mann sie verlässt.

Neue Visionen brauchen Zeit. Und eine Frau muss wissen, eine wahre Kaiserin verzweifelt nie! Sie weiß, es gibt Zeiten zu handeln und es gibt Zeiten um sich zurückzuziehen. Niemals gibt sie etwas wirklich Wichtiges einfach auf, denn sie weiß, aufgeben tut sie nur einen Brief. Ebenso wird sie sich davor hüten aus Verzweiflung etwas zu tun, was ihr nicht entspricht.

Stattdessen geht sie in die Stille, konzentriert sich auf das Wesentliche und stärkt dabei ihre innere Kraft, indem sie bewusst Abstand zum Alltag nimmt. Rückzug und Meditation bedeutet Erneuerung aus der Tiefe. Erzwungene Ruhepausen stärken immer unsere Urkraft und unser Verwurzelt-Sein. Was Bestand hat, wird auch bleiben, und alles andere darf sich lösen. Dies dient der seelischen Gesundheit und eine Kaiserin hat keine Angst Krankmachendes loszulassen. Dort, wo der Wille stark und tief verwurzelt ist, kann sich die Kraft nach Rückschlägen wieder erneuern. Alles Unwichtige wird zurückgelassen, um alle Kraft auf das Wesentliche zu konzentrieren.

Schwierige Situationen des Loslassens lernen der Kaiserin etwas sehr Wichtiges: nämlich die Leere und das Alleinsein zu ertragen. Meditation unterstützt sie, indem sie aus der Asche ihrer Träume den Phönix aufsteigen lässt. Das festigt letztendlich ihren Willen und ihre ganze Persönlichkeit. Das wiederum wirkt sich sehr positiv auf ihre Ausstrahlung und auch auf ihre Sexualität aus. Tief empfundene und gelebte Sexualität setzt das Loslassen aller Äußerlichkeiten voraus. Gedanken, Bindungen und Verpflichtungen werden nur in der tiefen Versenkung einer Meditation abgeworfen. Das bedeutet sterben und wieder geboren werden wie ein Phönix.

Es gibt Erfahrungen, die gehen jeder Frau, eigentlich jedem Menschen, sehr an die Nieren. Nicht nur berufliches Scheitern, auch das Scheitern einer Liebe. Die Zukunftsträume zu Grabe zu tragen, ob durch unerwartetes Verlassenwerden oder der Tod eines geliebten Menschen, bedeutet immer es zerbricht etwas in unserem Innersten. Die Luft bleibt weg und die Knie werden weich. Es ist wie sterben, die Lebensessenz wird schwach, auch wenn wir körperlich noch Jahre auf der Erde weilen. Angst breitet sich aus und die Betroffene sagt sich vielleicht: „Das passiert mir nie wieder!“ Frauen verhalten sich dann nur mehr sehr vorsichtig und still, beginnen nichts Neues mehr und vermeiden es, ihr Herz nochmals einem Partner zu öffnen. Sie schützt ihre Restessenz, indem sie die äußerliche Fassade bewahren, aber das Innere zerbröckelt langsam aber sicher. Darum entgleitet nicht wenigen Frauen nach schweren Rückschlägen ihr gesamtes Leben. Warum ist das so? Ich denke, weil sie krampfhaft daran festhalten. Der Körper zeigt es indem die Haare ausfallen oder weiß werden, die

Wirbelsäule sich krümmt und die Zähne zu wackeln beginnen. Die Niere ist der Sitz der Angst und aus lauter Angst, entweicht die Nierenkraft. Es entsteht panische Angst vor Veränderung und erschreckend viele Frauen greifen in ihrer Verzweiflung zu Antidepressiva. Es entsteht eine Art Scheindasein, das kontinuierlich die Seele aus dem Körper zieht.

Was tut die Kaiserin? Sie nimmt all ihren Mut zusammen und blickt der Angst tief ins Auge. Sie sucht Hilfe und Austausch bei einer anderen Kaiserin, die ihr dabei helfen kann, zu akzeptieren, was nicht mehr ist. Sie ist gescheitert, verlassen, steht gefühlt vor dem Nichts. Sie weiß, dass der Ausdruck durch tiefe Gespräche heilsam wirkt und sie weiß auch, es ist die Zeit den Weg nach Innen zu gehen, zu meditieren und annehmen was ist. Sie drückt sich nicht vor der Erfahrung des Alleinseins, der Leere, nein, sie sucht sie sogar bewusst. Sie weiß und fühlt, sie ist stark genug diese Krise zu meistern, denn es geht nur unter, was nicht stark genug ist zu bestehen, zu leben und zu wachsen. Die Aufgabe einer Kaiserin ist es ein ganzes Leben lang zu wachsen. Im Alleinsein und in der Leere entstehen Visionen, bessere als zuvor, bunter und kühner denn je und aus tiefer Weisheit geboren.

Die Farbe einer Kaiserin ist Rot. Sie gibt ihr Kraft, um diese harten Zeiten durchzustehen, dadurch stärker zu werden, bis sie den Sinn dahinter erkennen kann, der jetzt vielleicht noch im Dunklen liegt. Sie weiß auch, Meditation ist nicht nur Stillsitzen. Meditation ist auch in den Wäldern zu wandern, hohe Berge zu besteigen oder Wüsten durchqueren.

Den Alchimisten des alten China galt *Zinnober*[77] als etwas sehr Besonderes, da es die intensive rote Farbe des Sonnenauf- und Sonnenuntergangs hat. Die Energiezentren wurden auch *Zinnoberfelder* genannt. Je kräftiger diese Felder waren, umso mehr wurde der Mensch von einem Leuchten durchdrungen, hieß es. Die „wahren Menschen“, so sagten die Alchimisten, bestanden ganz aus Zinnober und warfen ihr altes Ich von sich wie eine Schlangenhaut. In diesen früheren Zeiten nahmen Menschen *Zinnober* in Form von Pillen zu sich, weil sie den geheimen Sinn dahinter nicht erkannten. Weise Menschen heilen sich aber durch den Geist. Dies wurde der Zinnoberweg genannt und kann in der Zinnober-Übung, siehe Anhang, praktiziert werden.

Die Kaiserin bevorzugt als Stärkung ihrer Vitalkraft und zur Erdung ihrer

Energie in vielen Dingen die Farbe Rot. Beispielsweise in ihrem Heim als Teppiche, Decken, Kissen oder auch ganz persönlich als Nagellack, Schmuckstein, Schal oder Kleidungsstück.

Erkenntnisse

- Die Kaiserin geht keiner Erfahrung aus dem Weg.
- Die Kraft der Kaiserin entsteht in der Tiefe.
- Die Kaiserin stellt sich der Wahrheit.
- Die Kaiserin blickt der Angst ins Auge.
- Die Kaiserin geht nach innen.
- Die Kaiserin ist ein tiefes Wasser.

---

77. *Zinnober* oder *Cinnabarit* ist ein häufig vorkommendes Quecksilbersulfid. Historische Anwendung fand *Cinnabarit/Zinnober* als rotes Pigment, dem „Zinnoberrot", vorwiegend in der Malerei. Der Name „*Cinnabarit*" nimmt Bezug auf die charakteristische rote Farbe des Minerals und leitet sich ab aus dem lateinischen *cinnabaris* bzw. dem griechischen κιννάβαρι[ς] *kinnábari[s]* für das Harz „*Drachenblut*". Letzteres ist wahrscheinlich eine Übernahme aus dem Ostindischen, wo bestimmte Bäume ein rotes Harz abgeben.
Drachenblut als Räucherwerk ist ebenfalls eine Empfehlung für die Kaiserin. Verwenden Sie *Drachenblut* immer achtsam. Es hat von allen Naturharzen die stärkste reinigende Wirkung mit extremer Vehemenz und Endgültigkeit und kann sehr negative Energien zuverlässig neutralisieren. Nach seiner Verwendung führen Sie stets einen gründlichen Energieaufbau durch eine stärkende Räuchermischung durch. Sie finden dazu viel Information im Buchhandel oder im Internet.

6.5. Das Buch der Nonne

Die Alten sagten:
„Aus dem geheimnisvollen Tor trat das Chaos. Aus dem Chaos wurde Yin und Yang. Das Kälteste und das Heißeste, auf ewig verschieden und doch nicht zu trennen.

Die Nonne spricht:
„Wasser ist Yin, Feuer ist Yang. Im Wasser glüht Feuer. Qi steigt wie Dampf zum Himmel. Im Inneren der Hitze sammelt sich die Kälte. Heißer Dampf regnet kühl zu Boden. Wasser ohne Feuer wird lebloses Eis. Feuer ohne Wasser hinterlässt tote Asche. Bewahren und festhalten ist die Art des Yin. Verändern und zerstören ist die Art des Yang."

Die Alten sagten:
„Die Schlangengöttin *Nü Wa*[78] besaß einen Körper, doch niemand hatte ihn erschaffen. Aus dem dunklen Wasser kam sie und war selbst dunkles Wasser."

78. *Nüwa* auch *Nü Wa* oder *Nü Gua*, ist in der frühchinesischen Mythologie nach der Erschaffung der Welt die Schöpfergöttin des Menschengeschlechtes. Ihr Ehemann oder Bruder ist *Fu Xi*. Beide werden mit einem menschlichen Oberkörper und Schlangenleib oder Fischschwanz als Unterkörper dargestellt. Ihr wird die Erschaffung der Menschheit und die Reparatur der Säule des Himmels zugeschrieben.

Die Nonne spricht:
„ Die weibliche Kraft sammelt sich im tiefen Tal. Tief im Unterleib, im geheimnisvollen Zinnoberfeld fließt sie zusammen. Dies nennt man die Kunst des Sammelns. Die weibliche Kraft festigt sich in der Dunkelheit. Dies nennt man die Kunst des Geheimnisvollen. Wenn es gesammelt wird, muss es verströmt werden. Endloses Sammeln führt zu Erstarrung. Daher hütet sich die weise Frau vor Selbstsucht."

Abb.9 *Nü Wa* und *Fu Xi*

Die Alten sagten:
„Als der Himmel zerriss, flickte Nü Wa ihn mit einem Regenbogen. Ihr Herz glich dem Feuer. Es glitzerte und gleißte in der Sonne."

Die Nonne spricht:
„Die weibliche Kraft verströmt sich zum Himmel. Das Herz öffnet sich in Freude und Lachen. Dies nennt man die Kunst des Schenkens. Wenn es aufsteigt, muss es gesammelt werden. Endloses Schenken macht sie hohl. Daher hütet sich die weise Frau vor fruchtlosen Begegnungen."

Die Alten sagten:
„Als Nü Wa dem Himmel begegnete, ballten sich die Wolken und es regnete hinab. So entstanden die zehntausend Wesen. Sie traten durch das geheimnisvolle Tor und Nü Wa gab ihnen eine Form aus Erde."

Die Nonne spricht:
„Die zehntausend Wesen nehmen ihren Ursprung im Wasser. Die Essenz gleicht dem Wasser und wohnt in den Nieren. Das Wasser ist kalt, und darin wohnt das Feuer. Daher steigt die Essenz wie Dampf als Qi zum Himmel empor. Freude öffnet das Herz! Vom Himmel regnet die Essenz herab. Beglückung erfüllt die Nieren. So verfeinert sich die Essenz im Spiel von

Wolken und Regen. Wenn die geheimnisvollen Kräfte von Himmel und Erde sich vereinigen, schließt sich der Kreis. Wenn männliche und weibliche Essenzen sich vereinigen, werden die zehntausend Wesen geboren. Dies ist das natürliche Dao der Schöpfung. Dies ist ein Dao des Nichthandelns und Nichtdenkens."

Die Alten sagten:
„Die Frau gleicht dem Wasser. Sie folgt ihrem Blut. Am Himmel folgt das Blut dem Mond. Auf Erden folgt das Blut den Gezeiten. Beim Mond gibt es Vergehen und Wachsen. Bei den Gezeiten gibt es Ebbe und Flut."

Die Nonne spricht:
„Die Frau folgt dem Dao des Wassers. Wer dem Dao folgt, wird leben. Wer sich dem Dao widersetzt, wird vergehen. Daher kennt die weise Frau den Rhythmus der Gezeiten und folgt ihnen. Getragen von der Kraft der Gezeiten erlangt sie große Macht. Daher sprechen die alten Männer von geheimnisvollen Wassern und unreinem Blut. Törichte Greise!"

Die Alten sagten:
„Am Beginn der Gräser und Bäume entsteht der Keim. Daran anschließend entstehen Zweige und Blätter. Und dann entstehen Blüten und Früchte. Die Blüten und Früchte fallen herab. Was bleibt ist die Wurzel. In diesem Leben und Niedergehen der Gräser und Bäume gibt es fünf Zeiten. Deshalb spricht man vom Entstehen, Wachsen, Blühen, Ernten und Speichern. Dies sind die fünf Jahreszeiten. Sie folgen dem Dao der fünf Wandlungsphasen[79]."

---

79. Die Lehre der *Fünf Wandlungsphasen* ist eine daoistische Theorie zur Naturbeschreibung. Die *Fünf-Elemente-Lehre* untersucht die Gesetzmäßigkeiten, nach denen dynamische Umwandlungsprozesse im Bereich des Lebendigen ablaufen. Dies betont Werden, Wandlung und Vergehen. Die fünf Elemente *Holz, Feuer, Erde, Metall* und *Wasser* sind unmittelbar aus der Natur abgeleitet. Aus ihren Eigenschaften wird auf die Beziehungen zwischen Erde, Mensch und Himmel geschlossen.

Die Nonne spricht:

„Das Leben der Frau ist auch so. Am Anfang wird das Mädchen geboren. Ihre Essenz ist vollkommen. Erhält die Essenz Nahrung und Liebe, entstehen Blut und Qi. Dies ist die Vollendung des Yin durch die Erde und das Licht. Dann beginnt die Begegnung der Geschlechter. Es entstehen Töchter und Söhne. Die Frau wächst. Das Yin wird weitergegeben und geht verloren. Das Yang der Frau nimmt zu. Das Yang des Mannes nimmt ab. So besiegt Wasser das Feuer, und die Frau erreicht ihren Höhepunkt. Dann beginnt das Altern. Dies ist die Zeit der Ernte. Zurück bleiben leblose Knochen. In diesem Leben und Niedergehen der Menschen gibt es auch fünf Zeiten. Deshalb spricht man vom Geborenwerden, Wachsen, Starksein, Altsein und Sterben. Dies sind die Lebensabschnitte. Sie folgen dem Dao der fünf Wandlungsphasen."

Die Alten sagten:

„Das Wesen des Wassers ist Stille. Das Wesen des Feuers ist Bewegung. Die weise Frau bewahrt ihr Yin in der Stille und pflückt das Yang im Schlafgemach. Ist das Yin stark, wird sie lange leben und ihre Ernte wird reich sein. Erlangt sie kein Yang, wird sie bekümmert und in jungen Jahren verwelken."

Die Nonne spricht:

„Dies ist wohl gesprochen. Die Kunst des Yin und Yang heilt Gebrechen und bewahrt die Essenz. Ist es nicht wunderbar, sich in vollen Zügen zu ergötzen und dabei dennoch die eigene Gesundheit zu steigern?"

Die Alten sagten:

„Wenn eine Frau sich mit einem Mann vereinen will, muss sie zunächst das Herz beruhigen und den Sinn festigen. Was überreichlich ist, muss hinabsinken und sich auflösen."

Die Nonne spricht:
„Zunächst mache sie sich frei von Sorgen und Hoffnungen. Alles Qi, sei es Wut oder Freude, Zweifel oder Kummer, soll abkühlen und sich im Tal sammeln. So wird das Herz frei und leer. Erst dann kann die Essenz erregt werden und wieder aufsteigen. Gelingt dies nicht, so ist es nicht Zeit."

Die Alten sagten:
„Was entsteht, muss allmählich wachsen. So entsteht Yang aus dem Wasser. Im Aufsteigen erlangt es die Klarheit. Im Hinabsinken vollendet sich das Geheimnis."

Die Nonne spricht:
„Damit ihr Yang wachsen kann, lehre sie ihn, wie er ihre Hände und ihre Arme bis zu den Achseln berühren soll. So steigt das Qi im Leib hoch zum Herzen, so dass das Gesicht sich rötet. Was er nicht weiß, muss sie ihm zeigen. Hört er nicht ihre Worte, verjage sie ihn ohne Scheu. Nun soll sie ihn küssen. Die Knospen der Brust werden hart, und um die Nase erscheinen Schweißperlen. Die Zunge wird größer und feuchter, und das Jadewasser im Mund fließt. Durch Schlucken regnet das Qi zum Zinnoberfeld. Im Hinabsinken wird es nass. So sammelt alles Wasser sich im Tal. Die Zinnobergrotte wird nass, und nach kurzer Zeit sind auch die Gesäßbacken feucht. Nun lehre sie ihn, die Blütenknospe zu streicheln, den Punkt des geheimnisvollen Tores, wo alle Meridiane zusammenlaufen. Wird dieser Punkt richtig behandelt, wird sie erleben, wie ihr ganzer Leib glückliche Gefühle der Sehnsucht erfährt. Liebe und Freude erfüllen sie. Im Aufsteigen wird es heiß.

Ihre Kehle wird nun trocken und sie möchte schlucken. Das Mingmen-Feuer ist erregt, und die Säfte fließen reichlich und erhitzt. Nun erst kann sie seinen Jadepfeil in die Zinnobergrotte einführen und sich sanft hin- und herwiegen. Ist er zu weich und will entfliehen wie ein glitschiger Fisch, so versammle sie ihr Yin und ziehe ihn in die Zinnobergrotte, so als wolle sie das Wasser im Tal sammeln und die Essenz versiegeln. Diese Kunst ist keine geringe. Daher übt die weise Frau die

Meditation des Zinnobers, und kein Mann wird ihr widerstehen. Kommt sein Qi zu früh, quetsche sie sein Schildkrötenmaul - die Öffnung am Ende des Jadepfeils. Die weise Frau aber kennt den Punkt am Damm des Mannes, wo all sein Yin sich versammelt. Diesen drückt sie fest mit den Fingern. Zu hitziges Qi sinkt dann ab.

Steigt sein Yang nicht von alleine, soll er zunächst sein Herz frei und leer machen. In keinem Fall darf er künstlich erregt, geschüttelt oder aufgereizt werden.

Nur langsam verfeinert sich die Essenz. Der Mann wird dabei weich und hart im Wechsel. Das Qi der Frau hebt sich und senkt sich wie Wellen im Ozean. Dies geht eine lange Zeit, bis das Qi ganz aufsteigt und die Herzen öffnet. Nun sinkt das Qi noch einmal und die Essenzen fließen.
Nun pflückt sie das Yang. Sie schließe die Augen, schlucke das Jadewasser in ihrem Mund und sammle sein Qi in ihrem Zinnoberfeld. Von dort lasse sie es sich aufsteigen wie in der Meditation des Zinnobers. Falls sie diesen Weg kennt, werden die beiden Qi sich harmonisch vereinigen.
So wandelt sich das Yang, und es wird ein Kind. Falls kein Kind wird, so wird es zu Yin-Säften und fließt in die hundert Adern. Wird das Yin durch das Yang genährt, verschwinden die hundert Krankheiten.
Die Haut wird frisch und strahlend, die Muskeln fest. Sie wird an Jahren zunehmen, ohne zu altern, und immer wie ein junges Mädchen aussehen.
Wer diesen Weg sorgsam beachtet und sich oft mit einem Mann vereinigt, kann neun Tage ohne Essen leben, ohne Hunger zu empfinden. Es gibt Kranke die sich mit Geistern vereinigen, und sie können schon ohne Essen auskommen. Umso mehr gilt das für die Vereinigung mit Menschen."

Die Alten sagten:
„Die göttliche Königinmutter des Westens erlangt das Dao,
indem sie ihre weiblichen Kräfte nährt. Solch ein Weib muss sich nur ein einziges Mal mit einem Mann vereinen, und dieser verfällt durch die Erschöpfung in Krankheit, wo hingegen ihre Haut glanzvoll wird, so dass sie noch nicht einmal Schönheitsmittel braucht. Die heilige Mutter hat keinen Ehegemahl. Sie schläft gerne mit Jünglingen. Dunkel und verborgen

ist der Weg der Mutter."

Die Nonne spricht:
„Die Geheimnisse der Mutter sind gar nicht geheim. Ihr Weg ist hell und klar wie das Sonnenlicht: Jung sei der Mann und reich an Essenz!
Ist der Mann hitzig und voller Zorn, folgt er nicht den Unterweisungen. Er erschöpft sich frühzeitig und duldet nicht, dass sie ihn bremst. Sein Qi ist knotig und heiß, und die Frau wird traurig. Seine Samen-Essenz ist gelblich und spritzt weit weg. Seine Augen sind wild aufgerissen.
Dieser Mann taugt nichts.

Ist der Mann erschöpft und voll wirrer Gedanken, steigt sein Qi nicht auf oder fließt wie ein trüber Bach. Seine Samen-Essenz ist blass und dünnflüssig. Die Frau wird kalt. Seine Augen sind gedunsen. Dieser Mann taugt nichts. Giert er nach Wein und Pulver oder gelüstet ihn nach jungen Konkubinen, die für ihn tanzen, damit der Jadepfeil sich regt, ist seine Essenz vergiftet. Seine Samen-Essenz ist eingedickt und klumpig, brennt auf der Haut und riecht nach Tiger. Die Frau wird elend. Seine Augen sind trübe. Dieser Mann taugt nichts. Vereinigt der Mann sich mit einer anderen, damit sie Eifersucht und Bedrückung empfindet, wird ihr Qi stimuliert. Sie setzt sich und steht wieder auf, voll Kummer und Ärger.
Ihre Yin-Essenz tritt einsam aus, verkocht und trocknet, und sie wird schnell alt. Seine Augen sind verkniffen. Dieser Mann taugt nichts. All diese Männer müssen sorgsam vermieden werden.
Jung sei der Mann und reich an Essenz. Er verfeinert seine Essenz durch den Geist. Er ist ohne Harm und verschenkt sich großzügig. Seine Samen-Essenz ist cremig und weiß. Seine Augen sind klar und strahlend."

Die Alten sagten:
„Wasser findet seine Freude im Nehmen. Feuer findet seine Freude im Geben. Die alten Weisen der Vorzeit sprachen:
Alles Unheil kommt von den Frauen. Daher fliehen viele Männer das Schlafgemach oder betreten es voll Hass."

Die Nonne spricht:
„Das ist sehr schlimm! Himmel und Erde haben ihre aufeinander folgenden Phasen. Yin und Yang vereinigen sich und sind miteinander verflochten. Der Mensch sollte ihrem Beispiel folgen und sich den Gesetzen der Natur beugen. Wenn ein Mensch nicht den Freuden des Leibes huldigt, werden seine Lebenskräfte zum Stillstand gebracht, Yin und Yang werden aufgehalten. Dann ist guter Rat teuer. Wenn der Jadepfeil sich nicht regt, wird er verschrumpeln. Daher muss ein Mann ihn regelmäßig gebrauchen und ihm Übung verschaffen. Bleibt ein Mann ohne Frau, wird er nervös und sein Geist erschöpft sich.
Dies ist der Weg der Feinde des Yin. Ist sein Geist durch fruchtloses Denken erschöpft, fließt seine Essenz kalt und kraftlos wie ein trübe rinnender Bach. Er wird bucklig und blass. Dies ist der Weg des Gelehrten. Nährt er sich ohne Geist, künstlich erregt durch Frühlingsbilder, Wein und heißes Pulver, geht er den Weg der Verschwendung und die Essenz verkocht. Er wird faltig und trocken und sein Rücken bricht. Dies ist der Weg der hochgezüchteten Herrschaften. Nähert er sich voll Zorn, als müsste er eine Schlacht kämpfen, wird sein Qi sich verknoten, und er wird Schmerzen und pfeifende Ohren bekommen. Dies ist der Weg der Kraftprotze. Nähert er sich spontan und freudig wie ein Knabe, vereinigt sein Geist sich mit seinem Wasser. Das Qi steigt auf, und alle Meridiane öffnen sich. Dies ist der wahre Weg des Umwandelns. Ein solcher Mann ist reichlich ausgestattet. Dies ist der Weg des offenen und liebevollen Gesellen. Das Weibliche bedeutet Erde. Seine Natur ist friedlich, und es nährt alle Dinge nach deren Art. Die Zinnobergrotte ist das Tor des Geheimnisvollen Weiblichen. Sie ist die Mittlerin von Leben und Tod. Sie ist das Zentrum und die Herrscherin. Der Mann, der sich der Grotte nähert, sollte zunächst lernen, seine Essenz zu sammeln.
Sein Geist sollte so werden wie der der Erde und der Frauen und sich nicht um Äußerlichkeiten sorgen. Großzügig soll er sein und offen.
All das, was zur Beziehung zwischen Mann und Frau gehört, darf niemals vernachlässigt werden. Auf diesem Weg bringt man sich in die innigste Eintracht mit den Geistern und Seelen, und so kann man Langlebigkeit erwerben und ewig mit Himmel und Erde existieren.

Jung sei der Mann und reich an Essenz. Wisse um diese Dinge, Unbekannte, und gehe den Weg des Yin und Yang in Freude."

6.6. Ihre verborgenen Wünsche

„Was wünschst du dir? Dem Qi eine Richtung geben? Kaiserin sein?
Welch kühner Plan.
Es ist eine Kunst im Geheimen zu kämpfen.
Halte dich verborgen wie der Blitz hinter den Wolken,
der auf das Gewitter wartet."
Li, Krautwald

Die Kaiserin erkennt, was sie will, und hält an ihren Wünschen fest, und, sie weiß auch ganz genau, was sie *nicht* will. Manchmal geht es aber dennoch nicht voran. Oft sind es die Regeln und Vorschriften anderer Menschen, nach denen sie sich noch richten muss. Der nörgelnde Chef, die geistlosen Kollegen, der Vermieter oder der Partner. Viele sehen nach Bedarf in ihr die Putzfrau, zweite Mama oder das Püppchen zum Vorzeigen. Die Umstände sind oft beengend und in keiner Weise einer Kaiserin angemessen. Es gibt Zeiten, in denen sie genau dies alles aushalten, standhalten und biegsam bleiben muss. Sie muss schmerzhaft ertragen, dass sie ihr volles Potential noch nicht entfalten kann, denn ein frühzeitiges Offenlegen ihrer Ziele und Pläne würde alles verderben. In schweren Zeiten pflegt sie ihr Wissen, ihre Ressourcen und ihre gute Beziehungen. Sie verpulvert ihre Kräfte nicht einfach indem sie sinnlose Zerstreuung sucht, denn sie weiß, Pläne reifen wie guter Wein. Sie wartet geduldig im Verborgenen und wartet ab, bis ihre Zeit kommt um sich zu offenbaren. Denn, handelt sie zu früh, war alle Vorbereitung umsonst.

Die Kaiserin eignet sich die Kraft des Bambus an. Er ist biegsam, flexibel und neigt nicht zur Erstarrung. Diese Energie äußert sich in Charme und einer warmen Natürlichkeit. Es ist die kreative, ideenreiche Kraft, die Erfolg und Ausstrahlung bringt. Lebensenergie strebt immer nach

Wachstum, unbegrenzter Entfaltung und durch sie kommt es zu sexueller Erregung und zum Streben nach Erfolg. Sie bewirkt Träume und Phantasien, aber in überhitzter Form neigt sie zu Aggression und Zerstörung. Ziel der Lebensenergie ist die Entfaltung des inneren Potentials durch vollkommenes Erblühen, und dies beinhaltet alle schöpferischen Prozesse gleichermaßen.

Wenn Entfaltung oder Selbstbehauptung durch äußere Umstände behindert wird, kommt es zu einem Stau und die gesammelte Lebensenergie kann sich nicht entfalten. Es entsteht Gereiztheit und Wut. Oft sogar eine ohnmächtige Wut, weil die Wut nicht ohne gravierende Nachteile ausgelebt werden kann. Die Frau fühlt sich zum Platzen angespannt. Sie weiß keinen Ausweg und um einen unkontrollierten Wutanfall auszulösen, reicht oft schon eine rote Ampel. Wird die Lebensenergie über längere Zeit zu drastisch am Fließen gehindert, kommt es zu Unruhe, Depression und einer unerträglichen inneren Qual.

Was tut eine Kaiserin? Die Kaiserin ist eine sehr kluge Gärtnerin und sie weiß, dass sie mit ihrem messerscharfen Verstand die wilden Triebe des Bambus kürzen kann. Die kühle Ratio kommt ihr zu Hilfe und sie beschneidet den Bambus um die wilden Triebe, damit die Pflanze insgesamt kräftiger und stärker wird. Es ist wirklich eine große Kunst zwischen Verstand und Selbstverwirklichung den goldenen Mittelweg zu finden, denn manch eine Pflanze verkümmert, auch wenn der Schnitt vernünftig erschien. Die Kaiserin weiß, der Verstand soll ihr helfen ihre Wünsche und Ziele zu erreichen, aber sie nicht zerstören. Darum ist ein „Vergiss es!" niemals richtig, sondern „Was will ich langfristig erreichen und was kann ich schon heute dafür tun?" Eine Reise beginnt bekanntlich mit dem ersten Schritt. Darum ist nicht Unterdrückung, sondern die Flexibilität des Bambus gefragt. Das heißt, es braucht ein raffiniertes und kreatives Umgehen mit den objektiv gesehenen Schwierigkeiten. Eigentlich ein simpler Ausweg. Die Kaiserin behält ihre Ziele fest im Auge und zentriert ihre ganze Kraft. Sie ist wachsam und verpasst niemals den entscheidenden Moment, auch dann, wenn sie lange darauf warten muss.

Wenn sich die Kaiserin wieder wohl fühlt und ihr Qi wieder geschmeidig fließt, dann gibt sie ihrer Energie eine Richtung. Sie weiß, erfolgreiche Menschen verlassen sich nicht auf ihr Glück, sondern auf ihre Intuition,

Intelligenz und Strategie. Fließende Energie vermag blitzschnell eine ungünstige Situation umzubewerten und neue Strategien für diesen Moment zu finden. Von außen sieht es aus, als geschähe dies ganz von selbst, als wäre es Schicksal oder einfach Glück, aber so einfach ist es nicht. Voraussetzung für effektive Spontanität und scheinbare Leichtigkeit ist ein starker Wille und ein Wissen um den eigenen Weg. Aus einer Buche wird keine Rose und aus einer geborenen Malerin wird auch mit sehr viel Fleiß und Verbissenheit keine überragende Börsenmaklerin. Ist das Wissen um den eigenen Weg, der durch Erziehung und konservative Ansichten verschüttet wurde, wieder erlangt, kommt es auch zu keiner Stagnation oder gar Krankheit. Sie strebt mit jeder Faser ihren eigenen Weg klar an und kennt sie diesen noch nicht, hilft ihr Rückzug und Meditation (6.4. Klosterzeit).

In manchen beruflichen Lebenssituationen reicht ihre Intuition nicht aus und die Kaiserin stößt mit ihrer Lebensenergie an ihre Grenzen. Dann hilft ihr nur der berechnende Verstand und bewusste Planung. Nur das scharfe Schwert des Verstandes, das sie jedoch mit Bedacht einsetzt, öffnet ihr Gedanken- und Gefühlsgestrüpp wieder. Unkontrollierte Gefühlsausbrüche schaden ihr nur, darum reagiert sie auf Aggressivität und Ablehnung offen und geschmeidig kühl, ohne Schwächen zu zeigen. Ob im Beruf oder Privatleben, sie lässt sich auch durch Gehässigkeiten und Schlägen unter die Gürtellinie nicht provozieren, denn sie kennt ihr Ziel, ist listig wie eine Füchsin und genießt auch manchmal den „Kampf". Es ist ihr wichtig, ihre Entscheidung selbst zu treffen, denn sie möchte nicht einfach nur Dampf ablassen oder ihr Recht demonstrieren, sondern möchte ihre Ziele erreichen. Darum achtet die Kaiserin darauf, den längeren Atem zu haben, denkt strategisch und hält momentane unangenehme Situationen aus. Wenn jemand sie provoziert, weiß sie, auch ihr Erfolg wird kommen. In der Zwischenzeit bleibt sie flexibel, pflegt ihre Kraft und behält das Ziel immer im Auge.

Ihre visionäre Kraft pflegt sie durch Meditation, denn Visionen zeigen ihr Weg und Ziel im Leben. Die unausgesprochenen Ziele haben dabei nicht selten die meiste Kraft, denn „gehen sie durch zu viele Zungen", verliert so manches seine Wirkung und nicht alles muss vor aller Ohren ausgesprochen werden. Für ihre Visionen braucht die Kaiserin auch Raum und Weite, darum kommen Zukunftsbilder am leichtesten in der freien Natur zu ihr. Ob im

Wald, in den Bergen, am Fluss oder am Meer, sie trägt lockere Kleidung und ihr Haar offen, denn nichts sollte sie beengen. Visionen zu empfangen und zu leben braucht viel Mut und darum geht die Kaiserin durch ihre Ängste beherzt hindurch. In den Zeiten, in denen sie ihre Wege und Ziele finden will, möchte sie vielleicht auch gerne alleine schlafen, denn im Alleinsein werden ihre Träume und Visionen kraftvoller. Welch große Pläne und Ziele sie auch haben wird, sie bedenkt, dass auch die kleinen Dingen im Leben Achtsamkeit erfordern. Energie muss fließen, um auch bis in die Tiefe zu kommen, denn dort wirkt das Unergründliche. Schließlich lässt sie ihre Visionen los, damit sie sich auch verwirklichen können, denn das „Unergründliche" wirkt im Dunkeln.

Erkenntnisse

- Die Kaiserin kennt ihre Ziele.
- Die Kaiserin denkt strategisch klug.
- Die Kaiserin liebt und pflegt ihre Visionen.
- Die Kaiserin bündelt all ihre Kraft.
- Die Kaiserin ist schlau und versteht zu kämpfen.

6.7. Liebe, Magie und Selbstverwirklichung

„Frei fließt das Blut aus der Jadepforte, warm und kraftvoll ist der Leib.
Warme Kammer, geschützter Raum.
In der Nacht kommen die Ahninnen und weiblichen Geister herbei.
Sitzen im Kreis, bündeln die Kraft. Kraft durchströmt sie.
Steh auf! So flüstern die Ahninnen. Sie wandelt durch den Palast. Still ist es, sie ist allein.
Sie sitzt auf dem Pfauenthron des Kaisers. Still in der Nacht.
Tiefstes Yin. Etwas Blut bleibt zurück, wirkt auf dem Thron."
Sun Simiao

Von jeher nutzten „wissende Frauen" die Kraft des Blutes für Rituale, für ihre Intuition oder eine tiefe Trance. In streng orthodoxen Religionen wie im Islam, Judentum aber auch Buddhismus, Hinduismus und dem alten Christentum, werden menstruierende Frauen als „unrein" betrachtet. Streng genommen, dürfen sie in dieser Zeit weder weltliche Tätigkeiten verrichten, noch an rituellen Handlungen teilnehmen, da ihnen der Zugang zum Tempel und Heiligtum verwehrt bleibt. Das orthodoxe Judentum sieht sogar einen dreitägigen Rückzug in der Familie vor, das heißt, Mann und Frau schlafen in dieser Zeit nicht im gemeinsamen Bett. Der Talmud sagt, dass ein Mann, der eine Frau berühre, die «nidda» (abgesondert) ist, ebenfalls unrein werde. Um diese Gefahr zu vermeiden, legen orthodoxe Jüdinnen und Juden zum Beispiel Gegenstände, die man einander geben möchte, zuerst ab, um sie nicht direkt in die Hand reichen zu müssen. Diese Gebote und Verbote werden in den unorthodoxen Religionsgemeinschaften nicht mehr praktiziert, dennoch wird auch in unserer modernen Gesellschaft viel dafür getan, um die „Unreinheit" aus der Vagina diskret und hygienisch zu beseitigen. So sehen viele Frauen ihre Tage als ein peinliches Problem, über das man nicht redet, weil es als umständlich und lästig empfunden wird. Wen wundert es, dass mit dieser inneren Einstellung Menstruationsprobleme Standard sind? Scham und das Gefühl von Fremdheit behindern den freien Fluss der Energie und der Unterleib wird anfällig für Kälte. Diese wiederum behindert den Energiefluss noch mehr. Das Blut klumpt, es kommt zu Schmerzen und dem Verlust der weiblichen Kraft. Die westlich-wissenschaftliche Herangehensweise um das Problem elegant zu lösen ist „die Pille" als hormonelle Verhütung und um den Zyklus praktischerweise gänzlich zu unterbinden. Somit haben Frauen zwar keine Menstruationsprobleme mehr, verlieren aber ihre zyklische Kraft. Schmerzen zeigen deutlich, dass die Harmonie von Yin und Yang gestört ist und darum ist es so wichtig den Menstruationszyklus energetisch zu verstehen.

Die Kaiserin erkennt im Verlauf ihres Zyklus wie sich Yin und Yang unaufhörlich wandeln. Im Osten heißt dies Ebbe und Flut. Wird das Wechselspiel verstanden, kann die Frau wieder auf diese Kräfte zurückgreifen, anstatt mühevoll gegen sich selbst zu arbeiten.

6.7.1. Erste Zyklusphase die Sammlung; wachsendes Yin

Vom Ende der Menstruation bis zum nächsten Eisprung entwickelt sich

Yin-Kraft und die Kaiserin ruht stabil in sich selbst. Dies ist eine ruhige Phase, sie blickt nach innen, überdenkt ihr Leben und sammelt Ressourcen. Störungen werden in dieser Phase nicht sooft wahrgenommen wie in der dritten Phase, aber es kann eine ruhige, matte und lustlose Traurigkeit auftreten. Körperlich kommt es zu Bindegewebsschwäche, Ausfluss oder Schweregefühl in den Beinen.

6.7.2. Zweite Zyklusphase die heißen Dämpfe; das junge Yang entsteht

Dies ist eine geheimnisvolle Phase von Eisprung und möglicher Befruchtung und im Osten sagt man, die heißen Dämpfe entstehen. In dieser Phase können die männliche und weibliche Essenz verschmelzen indem das junge Yang wie ein zündender Funke das voll entwickelte Yin in Aufruhr versetzt. Fehlt dieser zündende Funke und das Yang wächst nur zögerlich, fehlt es der Kaiserin an Esprit, Lebenslust und sexueller Ausstrahlung. Körperlich bleibt der Eisprung aus und sie hat einen kalten Unterleib. Die Betroffene neigt dazu, ihr Leben überwiegend aus dem Verstand zu planen, dies verhindert die schöpferische Spontanität und so kommt es auch oft gar nicht zur präzise geplanten Schwangerschaft.

6.7.3. Dritte Zyklusphase das Anschwellen; wachsendes Yang

Nun steigt das Yang wieder kontinuierlich bis zur nächsten Menstruation an und die Körpertemperatur ist nun höher als in der zweiten Zyklushälfte. Das ansteigende Yang zeigt sich bei der Kaiserin durch Kraft und Lust an körperlicher Aktivität, sie hat Schwung und Energie. Es ist die beste Zeit sich den Herausforderungen der Außenwelt zu stellen, geplante Projekte anzugehen, Auseinandersetzungen offen auszutragen oder den Geliebten zu verführen. Ihr Körperduft wird animalischer und ihr Unterleib heißer. Wird diese Energie nicht genutzt, staut sie sich im Inneren des Körpers und es entsteht eine gereizte Stimmung, emotionale Erregbarkeit, Übersensibilität und andere unangenehme Empfindungen.

6.7.4. Vierte Zyklusphase die Flut; Yang schlägt in junges Yin um

Auf dem Höhepunkt der Yang-Entfaltung kocht das Meer des Blutes, die Essenz der Kaiserin, über und es kommt zur Menstruationsblutung. Dies ist nur zwischen vierzehn und neunundvierzig Jahren der Fall, wenn die Urkraft in den Nieren voll entwickelt ist, so steht es zumindest in chinesischen Klassikern geschrieben. Diese Altersgrenze kann entsprechend der angeborenen Kraft und der Lebensführung einer Kaiserin stark variieren. Der Moment, indem das alte Yin vergeht und das Yang sich ins Extrem entfaltet und aus sich heraustritt, das neue körperliche und bewahrende Yin aber noch nicht geboren ist, ist der Zeitpunkt der völligen Öffnung und Ekstase. Die intuitiven Fähigkeiten kommen zu größerer Entfaltung – wenn sie es zulässt. Hier kann sich die Kaiserin von der starken Flut aus sich selbst heraustragen lassen.

Ein ähnlicher Zustand ist sonst nur während einer Geburt oder unter dem Einfluss von Drogen zu erreichen. Ein sehr kurzer Moment, der leider viel zu selten bewusst erlebt wird. Viele Frauen leiden schon vorher unter Schmerzen durch ein blockiertes Qi und eingedrungener Kälte. Die Einnahme von Schmerzmitteln, Schweißausbrüche, Erschöpfung und die „Notwendigkeit", sich ja nichts anmerken zu lassen, nehmen die meisten Frauen voll in Anspruch. Keine Zeit für Ekstase.

Was tut die Kaiserin? Sie weiß, die Zeit der Menstruation ist eine magische Zeit, in der sich ihr neue Möglichkeiten auftun, wenn sie selbst durchlässiger und sensibler wird. Sie fühlt deutlicher und auch Falschheit, Lügen und Unstimmigkeiten werden leichter von ihr erkannt. Mehr als zu jeder anderen Zeit weiß sie genau, was gut für sie ist. Sie ist offen für äußere Einflüsse, gute und weniger gute. Darum unterscheidet sie ganz genau, mit welchen Menschen sie sich umgibt und mit welchen nicht, denn auch eine Kaiserin kann verletzt werden, wenn sie nicht aufpasst. Je stärker und wärmer ihr Unterleib jetzt ist, umso weniger können eventuelle negative Einflüsse von außen ihr etwas anhaben. Seien es nun Worte oder schlechte Energie von Menschen oder physische Kälte und Nässe. Ist sie zum Kontakt mit unangenehmen Menschen gezwungen, nutzt sie ihre Durchlässigkeit, um diese negativen Einflüsse gleich wieder loszulassen. In dieser Zeit blickt sie anderen Menschen tief in die Seele und findet intuitiv einen Weg, Gegner auf ihre Seite zu ziehen oder sie zu besiegen. Die

Kaiserin lässt los, denn sie weiß, alles muss fließen. Magie hat ihre eigenen Gesetze. Sie wirkt im Verborgenen. Wird die Kaiserin magisch tätig, weiß sie genau was sie tut, aber spricht mit niemandem darüber. Niemals. Vor allem hütet sie sich davor, die magischen Kräfte für üble Zwecke zu verwenden. Wer anderen etwas Böses wünscht, schadet sich selbst. Während der Menstruation kann die Kaiserin ihre Kräfte potenzieren, in jeder Richtung. Darum wählt sie sorgfältig, was sie will.

Erkenntnisse
- Die Kaiserin ist wild und geheimnisvoll und weiß um „Ebbe und Flut“.
- Die Kaiserin kennt die Quellen ihrer Kraft.

6.8. Die unsichtbare Frau

„Oben ist der Himmel und unten die Erde.
Seit alters war die Frau dem Manne untertan.
Die Kaiserin aber missachtet die ehrwürdigen Gesetze von Himmel und Erde.
Weiblichkeit ist die Erde die uns nährt, spricht sie,
und führt die Frauen in eine neue Zeremonie…
Welch Frevel… ! zürnen die Feinde.
Warum sich an überholte Regeln halten?, spricht die Kaiserin.“
Li, Krautwald

Die unsichtbare, farblose Frau, die graue Maus, nimmt wenig Platz ein. Energetisch hat sie eine schwache Erdkraft, es fehlt an Urvertrauen durch ihr geschwächtes Wurzel-Chakra. Darum steht sie unsicher in der hintersten Reihe, sitzt auf der Stuhlkante oder sucht sich, wenn sie die Wahl hat, den unbequemsten Sitzplatz aus. Niemals würde sie sich erlauben den größten Sessel zu besetzen. Schon in ihrer Jugend schienen Vorwürfe und Missachtung zu bestätigen, dass sie nichts taugt, deshalb bittet sie zaghaft um das Wort, nur damit sie sofort wieder von jemandem unterbrochen wird. Sie wird ausgenutzt und beiseite geschoben, denn jeder spürt, dass von ihr keinerlei Widerstand zu erwarten ist. Sie gibt immer alles was sie kann, backt für Geburtstage die Kuchen und wäscht bei Feiern hinterher immer das Geschirr. Sie pflegt die kranke Schwiegermutter und wäscht die Hosen des längst erwachsenen Sohnes. Sie kocht ganz selbstverständlich Kaffee für den Chef, macht dafür noch unbezahlt Überstunden und füttert am Nachhauseweg noch die Katze des Nachbarn. Alle sind wichtig, nur für sich hat sie keine Zeit.

Vielleicht trägt sie im Beruf die korrekte und klassisch-schöne Bekleidung, zuhause aber nur was Günstiges und Praktisches. Edle Kleidung oder gar Extravaganzen wie High-Heels und Lippenstift, sagt sie das stehe ihr nicht, und meint eigentlich: das steht ihr nicht zu. Je mehr sie immer nur für andere da ist, umso größer werden ihre innere Leere und ihre Farblosigkeit. Schokolade hilft nur kurzfristig und sie ärgert sich über den Speck an ihren Hüften. Im Geheimen hofft sie Liebe und Anerkennung für ihr Dienen zu bekommen und so geht sie, unauffällig und enttäuscht, ihren Weg weiter und erschöpft sich immer mehr.

Warum ist das so? Diese Frau ruht nicht in ihrer Mitte, ihr fehlt die innere Sicherheit und das Gefühl, zur rechten Zeit am rechten Ort zu sein. Die Vorgeschichte dazu findet man in der Kindheit. Meist war sie kein Wunschkind und musste erst hart lernen, sich die Dinge der Welt zu Eigen zu machen. Wenn eine Mutter selbst in sich ruht, dann nimmt sie sich Zeit für sich selbst und ihr Kind. Es wird satt durch Nahrung und viel Zärtlichkeit und entwickelt Urvertrauen durch die Gewissheit, es ist immer genug da. Das kaiserliche Kind wird wertgeschätzt, geliebt und bekommt immer das was es braucht.

Als erwachsene Frau weiß sie dann, dass Fülle, Üppigkeit, Liebe und Wärme ihr einfach zustehen. Sie muss darum weder bitten, noch muss sie nörgeln und fordern, sondern nimmt mit natürlicher Selbstverständlichkeit. Sie ist ohne falsche Bescheidenheit und dafür wird sie von ihrem Umfeld wertgeschätzt. Wurde sie als Kind nicht „satt“, nicht genügend unterstützt und bestätigt, hat sie als erwachsene Frau kein Gespür für Leben in Fülle und denkt: Alles das ist nichts für mich. Und so wartet sie auf die Brocken die man ihr zuwirft, wenn sie genügend leistet und brav ist. Oder sie lernt es sich selbst zu nehmen und muss dafür oft, je nach Umfeld, rabiat auftreten.

Viele Frauen wurden noch so erzogen, dass man sich als Mädchen zurückzunehmen hat und dass einem ohne genügend Leistung und „Brav-

Sein“ nichts zusteht. Deshalb gönnen solche Frauen auch anderen Frauen nichts. Ihre Kollegen, Männer und auch ihre Söhne werden selbstlos unterstützt, aber mit Kolleginnen, anderen Frauen und sogar mit ihren Töchtern treten sie in Konkurrenz. Starke Frauen haben das absolut nicht nötig, denn sie fördern und unterstützen sich gegenseitig. Auch wenn das viele Frauen nicht wahrhaben wollen: Verbissenheit, Stutenbissigkeit, Konkurrenzdenken und Selbstzerstörung sind keine Zeichen von Stärke und Souveränität. So macht sich keine Frau zur Kaiserin! Es fehlt an Erdung und ohne Erdung keine Lebenskraft, kein Qi. Ohne Erneuerung der Lebenskraft leidet das Immunsystem und bei der kleinsten Erschütterung kommt es zu einer großen Erkältung. Die Haut wird blass, die Nägel werden brüchig und Haare gehen aus, die Glieder schmerzen beim Aufstehen, jede Tätigkeit wird zur Anstrengung, der Nacken, Schultern und Rücken schmerzt und alle Muskeln werden schwächer. Ein grobes Wort oder ein kleiner Misserfolg erschüttert die Betroffene bis ins Mark.

Nicht selten kommt es zur Erschöpfungsdepression, zum sogenannten Burnout. Heißhunger auf Süßes und Kaltes machen auch den Körper kalt und feucht. Nahrung wird nicht mehr in Energie umgewandelt, die Frau nimmt zu, das Bindegewebe wird schwach, die Beine dick und schwer. Sinkt die feuchte Kälte nach unten, kommt es zu kalten Füßen und kaltem Unterleib. Sie wird übermäßig anhänglich, jammert und klagt viel. Je weniger sie sich selbst leiden mag, umso mehr kämpft sie gegen die Schlaffheit und Schwäche mit Diäten an, trinkt literweise kaltes Wasser zum Ausschwemmen und macht Abmagerungskuren und Fitness. Letztendlich kommt es zum Jo-Jo-Effekt und alles beginnt wieder von vorne. In extremen Fällen kommt es zu Essstörungen und manche Frauen essen fast nichts mehr oder greifen zu Abführmitteln. Anfallartiges Vollstopfen mit Süßigkeiten stärkt nur kurz die ansonsten fehlende Mitte und löst nicht selten Überdruss und Selbsthass aus. Eine Kämpferin entscheidet sich dann fürs Erbrechen. Bei all diesen Frauen, die ausgebrannt, erschöpft und unfähig sind sich selbst zu bemuttern, steht am Ende des Weges Verbitterung. Man erkennt sie spätestens daran, dass sie andere Frauen die selbstbewusst auftreten, missbilligen und betont verkünden, sie möchten nicht so genusssüchtig, selbstsüchtig und oberflächlich sein.

Was tut nun die Kaiserin? Auch eine prinzipiell ausgeglichene, starke und selbstbewusste Frau kann in ihrem Leben an einen Punkt gelangen, wo sie farblos, ungesehen und sich geschwächt fühlt. Dies geschieht oft nach Geburten, nach Schicksalsschlägen oder nach längeren Zeiten der Anspannung und Anstrengung. Eine Kaiserin begegnet ihrer Erschöpfung mit vermehrter Konzentration und im Besonderen mit Selbstdisziplin. Das heißt vor allem mehr Ruhe und Muße und zwar solange, wie sie es für nötig hält. Sie wird nicht verzagen, sondern vielmehr alles daransetzen, ihre eigene Mitte zu nähren und zu stärken um ihren Platz in der Mitte wieder einzunehmen. Und sie wartet nicht auf Hilfe von außen, damit es ihr besser geht. Eine Kaiserin weiß auch, ständig darüber reden oder gar jammern schädigt das Qi und kostet viel Lebensenergie, deshalb schweigt sie. Sie beantwortet keine sinnlosen Fragen und engagiert sich nicht bei belanglosem Gerede. Sie bleibt eine Kaiserin, unabhängig davon, ob sie gerade in Schwierigkeiten steckt oder wie klein ihr Reich gerade ist. Sie macht sich keine Illusionen und weiß, dass den anderen dienen sie gerade nicht weiterbringt. Je mehr sie sich jetzt wertschätzt, liebt und nährt, umso eher werden andere ihrem Beispiel folgen. Energie kommt wieder in Fluss, ganz im Sinne von: Wer hat, dem wird gegeben.

Für eine gute Erdung gilt: Fülle bringt Fülle. Aber ein kaiserliches Auftreten, auch in besonders schweren Zeiten, gelingt nicht ohne innere Stärke. Die Kaiserin stärkt nicht nur ihre Erdung, sondern auch ihre Mitte, ihre mütterliche Seele in und zu sich selbst. Viele, besonders auch schon ältere Frauen, hatten nicht die Mutter, die sie selbst gebraucht hätten und fühlen sich schwach, mickrig und wertlos. Gerade sie sollten darauf achten, sich selbst eine gute und nährende Mutter zu sein. Die Kaiserin stärkt ihre Mitte im Kontakt zu weiblichen Gleichgesinnten und Freundinnen. Das darf auch mal ein üppiges Gelage sein, wo sich die Tische biegen. Wahre Seelenfreundinnen verstehen das. Sie stärken gegenseitig ihre Erde indem sie sich Aufmerksamkeit und Wärme schenken, sich Raum geben, einander zuhören, wie eben eine Mutter es tun würde. Was aber immer gilt: Eine Kaiserin jammert nicht. Sie hütet sich auch vor falscher Liebe die an bestimmte Bedingungen geknüpft ist, denn so kann sie sich nicht weiterentwickeln. Je höher ihre Ansprüche an sich selbst sind, desto schwieriger wird es für sie sein, echte Freundinnen und Freunde zu finden. Gerade Kaiserinnen werden mit Missgunst und Neid konfrontiert, darum ist es wichtig, dass sie sich selbst Mutter sein können.

Die Kaiserin achte auch auf ihre Nahrung, und Nahrung ist alles was Körper, Geist und Seele nährt. Somit umfasst es nicht nur Speisen, auch Bücher, Filme, Musik, Gedanken und andere Menschen. Darum unterscheidet sie sehr sorgfältig, wovon sie sich nährt und gönnt sich in allen Bereichen das Edle und Ausgewählte. Besonders dann, wenn es ihr nicht gut geht, findet sie ihre Kraft in der Ruhe und lässt ihre wenige Energie nicht ungesammelt vor dem Fernseher zerfließen. Jeder Bissen, den sie isst, wird Teil ihrer selbst. Jede Zuwendung, die sie sich schenkt, füllt ihren Vorrat an Liebe.

So erschafft sie sich stets neu. Edles gilt auch bei Kleidung und Wohnung einer Kaiserin. Weniger ist mehr. Sie hat nicht zu viel im Kühlschrank und nicht zu viel im Kleiderschrank. Edel bedeutet Qualität vor Quantität. Gerade Frauen, die sagen sie können sich das nicht leisten, ersticken oft in „billigen Schnäppchen“, Ramsch und Kitsch. Bevor eine Kaiserin neue und edle Gegenstände anschafft, werden die alten beseitigt. Zu viele Dinge belasten den Geist und behindern in der notwendigen Expansion. Ein Sprichwort sagt: “Wenn das Alte nicht geht, kann das Neue nicht kommen.“

Die Kaiserin wohnt vielleicht in einer kleinen Wohnung, aber sie *regiert* dort. Niemals bezieht sie einfach das Reich einer Vorgängerin, sie macht es zu ihrem Reich! So bestimmt sie auch, wer es betreten darf und behandelt ihre Gäste großzügig – doch die Gesetze macht sie. Wer sich nicht fügt und ihre Ordnung stört, der kann gehen. Auch wenn man sie dann als eigenwillig schimpft, das kümmert sie wenig. Nur sie selbst weiß, was sie braucht. Sie weiß, sie ist eine Kaiserin und handelt wie eine Kaiserin. Nur wenn sie sich selbst als Kaiserin wertschätzt, werden andere ihrem Beispiel folgen. All dies tut sie in Ruhe, ohne Eile und Verbissenheit. Liebe und Rhythmus erwachsen aus ihr selbst. Sie vergleicht sich nicht mit anderen Frauen, sie weiß, andere mögen ihre Vorzüge haben, aber was sie kann, kann nur sie.

Ist die Kaiserin müde oder schwach, schützt sie sich vor unedlen Menschen und Energieräubern. Sie grenzt sich ab, bevor diese sie bis aufs Blut aussaugen. Solche Menschen sind bei weitem in der Überzahl, darum ist sie froh über die wenigen Gleichgesinnten und verfällt nicht in die pathetische Illusion, sie könne aus einem unedlen einen edlen Charakter machen. Unweigerlich erfährt sie dabei eine herbe Enttäuschung und ist in Zeiten ihrer Schwäche solchen Menschen schutzlos ausgesetzt. Es würde sie längerfristig nur verbittern. Im Umgang mit energieraubenden Menschen ist es absolut notwendig einen radikalen Schnitt zu machen, um nicht zur Gänze alle Kraft aus der Mitte zu verlieren.

Sie werden sich jetzt fragen, was genau unterscheidet eigentlich einen edlen von einem unedlem Menschen? Unedle knüpfen Beziehungen aus Profitgründen. Edle Menschen können einander „spüren" und wissen, wen sie vor sich haben. Edle werden nicht dadurch größer, dass sie andere kleiner machen. Sie machen sich gegenseitig groß. Edle Menschen haben stets das Ganze im Blick und nicht den eigenen kleinlichen Vorteil.

Man erkennt unedle Menschen daran, dass sie geschwätzig daherreden, sich das größere Stück Torte nehmen und in allem auf Profit aus sind und den eigenen Vorteil im Auge haben. Unedle ziehen sich gegenseitig in den Dreck, zertreten sich gegenseitig, wenn sie am Boden liegen und Schwäche zeigen. Unedle brauchen zum eigenen Schutz Grenzen, Konventionen, Verträge und Gesetze. Und, sie sind bei weitem in der Überzahl. Deshalb muss eine Kaiserin im Umgang mit solchen Menschen den Rahmen genau abstecken, das heißt für klare Regeln und harte Grenzen sorgen. Andernfalls wird ihr erbarmungslos und in jeder Form Energie geraubt und sie verliert an Achtung, Geld, Hoffnung, Optimismus und ihren klaren Blick.

„Der edle Mensch folgt seinem innersten Gesetz und keinem äußeren Gebot;
er hält sich an den Quell und nicht an die Abwässer;
er meidet diese und sucht immer das Ursprüngliche."
Lao Zi

Schenkt eine Kaiserin ihrer Erdenergie und ihrer Mitte genügend Beachtung, kann sie ohne Bedenken neues Land erobern. Sie fürchtet sich nicht vor neuen Wegen, vor keiner Prüfung oder Kommission und hat auch keine Angst vor Autoritäten. Möchte sie ihr Reich erweitern, geht sie geschützt durch prächtige Kleidung und einer kaiserlichen Haltung. Sie weiß, Kleidung zeigt, wie ein Mensch behandelt werden möchte und macht sich keine Illusionen über die Moral der Unedlen.

Sie bittet nicht, sie fordert nicht, für sie ist es selbstverständlich, dass sie gut behandelt wird. Wenn sie das in ihrem Auftreten zeigt, wird sie von anderen, zumindest fast immer, angemessen behandelt. Dies gilt auch im Kleinen und so ist der Tisch im Restaurant neben der WC-Tür inakzeptabel! Darum erledigt sie auch nicht fremden Abwasch oder erledigt Arbeiten für jemand anderen, der das auch selbst tun kann. Wenn sie hilft, hilft sie in einer Not, aber nicht nur aus reiner Gefälligkeit. Das mag hart klingen, ist aber essentiell von Bedeutung. So macht sie auf den Wert ihrer Arbeit aufmerksam und fordert souverän und gelassen den gerechten Lohn ohne dabei in Klage oder Rechtfertigung zu verfallen. In den ersten Schritten muss sie betont sicher und gelassen vorgehen, alle weiteren folgen von selbst.

Im Umgang mit ihren wahren Freundinnen und Freunden ist sie großzügig und mütterlich, genau wie zu sich selbst. Sie hält sich nicht an alle möglichen Vorschriften, an unlogische Sachzwänge und Konventionen. Sie handelt eigenverantwortlich und nach ihrer individuellen Moral die ihrem hohen Standard entspricht.

„Das Aussortieren des Unwesentlichen ist der Kern aller Weisheit"
Laotse

Eine Kaiserin hält sich auch nicht an irgendwelche Diäten oder Vorschriften, denn sie weiß was ihr gut tut und das ist es, was sie will. Sie hört bedingungslos auf ihre innere Stimme, isst in Ruhe und genussvoll. Redet beim Essen nicht über das Essen und auf gar keinen Fall über Probleme oder Dinge, die erledigt werden müssen. Die Kaiserin schätzt ihren Körper und alle ihre Organe. Sie gibt sich bewusst dem Genuss hin aber bleibt dabei maßvoll, denn das stärkt ihre innere Mitte.

Erkenntnisse

- Die Kaiserin bemuttert sich selbst.
- Die Kaiserin folgt ihrem innersten Gesetz.
- Die Kaiserin nimmt sich, was sie braucht.
- Die Kaiserin genießt auch ihr Nichtstun.

• Die Kaiserin jammert nicht.

6.9. Trauer, Abschied und Befreiung

So wie der Tod zum Leben gehört, ist eine ausreichende Trauer Voraussetzung für jeden Neubeginn. Trauer ist die innere Verabschiedung eines geliebten Menschen, damit wir realisieren, dieser lebt nun nicht mehr. Erst so wissen wir wirklich, die Mutter nimmt mich nicht mehr in den Arm, mein Mann wird mich nie mehr küssen oder, dieses Kind wird nie geboren werden. Trauer kann grausam sein, aber der Schnitt ist nötig um Platz für Neues zu schaffen.

In der heutigen Zeit ist es nicht mehr üblich lange zu trauern, es wird erwartet, dass man in kürzester Zeit wieder fit ist, leistungsfähig und sich nicht hängen lässt. Eine Frau die eine Beziehung betrauert oder eine erlittene Fehlgeburt, erscheint manchen Menschen als absonderlich und psychisch instabil. Dabei ist Trauer notwendig. Um Gefühle abzuschließen, müssen sie zu Grabe getragen werden.

Das Gefühl von Trauer tritt nicht immer nur nach dem Tod eines geliebten Menschen auf. Es kann auch sein, dass eine Hoffnung zerstört wurde, ein Job gekündigt, eine Beziehung endete, ein Preis beim Geige spielen nicht erreicht wurde – ein Traum zerplatzte. In diesem Moment scheint zwar alles sinnlos und grau, aber es steckt Sinn dahinter. Darum ist eine angemessene Zeit der Trauer ganz sicher der richtige Weg, um sich von erfolglosen Hoffnungen, Wünschen und Ideen zu verabschieden. In der Trauerzeit kann der Mensch erst erkennen, was hat Wert und darf bewahrt werden. Erlauben wir uns nicht zu trauern, isoliert sich ein Teil von uns, spaltet sich ab und wir werden hart und selber leblos. Trauer und Traurigkeit ist Ausdruck eines Wandels der Platz für Neues schafft. Ist diese Trauer stark ausgeprägt, haben wir keine Kraft zum Kämpfen, sind leblos und leer. Nach einem schweren Verlust haben wir vielleicht keine Kraft um zu arbeiten, möchten am liebsten den Job hinschmeißen, wollen niemanden sehen, die Wohnung nicht verlassen oder gar, in Gedanken order real, aus dem Leben gehen. Irgendwann ist das Tal durchschritten und es geht wieder bergauf. Doch man kann auch in der Trauer und Enttäuschung stecken bleiben. Es entsteht der Zwang, alle Hoffnung in sich und anderen abzutöten.

Damit wir an unserer Trauer nicht großen Schaden nehmen, müssen wir uns wieder der Liebe zuwenden. Der Liebe zum Leben, der Selbstliebe, der Liebe zu anderen Menschen und auch der Liebe zu unseren Tieren, die in tiefer Trauerzeit oft wahre Engel sind. Das ist zu Beginn sehr schwer. Wie eine gute Gärtnerin, die unerbittlich die wild wuchernden Triebe einer Pflanze schneidet, so braucht es auch nach einer angemessenen Zeit der Trauer, die liebevolle Konsequenz, um sich nicht selbst zu zerstören. Menschen die ihre Trauer nicht zulassen, nicht nach außen bringen können, ersticken jede lebendige Regung schon im Keim. Erlauben sie sich nicht Trauer zu empfinden, richtet sich die Energie letztendlich zerstörerisch gegen sie selbst. Nicht selten endet es in Lungen- und Herzerkrankungen, auch entstehen gewisse Eigenheiten. Beispielsweise verabscheuen sie Gefühle die nicht kontrolliert sind, reagieren gereizt auf lautes Lachen, auf Kinder und junge Menschen die in ihrer natürlichen Lebensfreude manchmal Kontrolle und Grenzen nicht einfach akzeptieren.

Sie hassen es, wenn Kinder spielen, der Hund bellt, der Nachbar musiziert. Aber der eigene Lärm, Verkehrslärm, Staubsauger, Maschinen stören dagegen kaum. Auch hassen sie Unordnung, das Übertreten von Regeln und Vorschriften und natürlich jede Art von Erotik und lebendiger Sexualität, kurz alles was lebensfroh und voller Freude ist. In der Tiefe ihres Herzen haust, wie ein großes Seeungeheuer, nur ihre unterdruckte Trauer. Statt die Trauer wahr zu nehmen und ihr angemessen Raum zu geben bis sie von selbst zu Ende geht, bemühen sich solche Leute um Durchhalteparolen wie: „ …man hat es halt nicht leicht …“ „Man tut halt seine Pflicht, wo andere es sich so leicht machen“ und verweisen auf den vollen Terminkalender und die Sachzwänge, die keine unproduktiven Gefühle zulassen. Geizten die früheren Generationen mit Geld, so geizen die heutigen mit Zeit. Und so geht es auch hier um Maß halten und nicht Planen im Übermaß. Körperlich äußert sich ungelebte Trauer in Problemen von Lunge, Dickdarm, Haut, Nase und Oberkörper. Auch ständiges Frieren, trockene Haut, sexuelle Lustlosigkeit und Unfruchtbarkeit mit gleichzeitig vorhandener Kopflastigkeit. Psychisch stellt sich oft das Gefühl der Sinnlosigkeit des Lebens ein und führt nicht selten zu einer vorzeitigen Menopause.

Ungelebte Trauer zeigt sich auch in einem kalten Unterleib. Wenn über längere Zeit alle melancholischen und traurigen Gefühle zugunsten von Leistung und Funktionalität unterdrückt werden, können oft gar keine „echten Gefühle“ mehr aufkommen, Kontrolle wird hier zu übermächtig. Frauen mittleren Alters fühlen in diesem Zustand manchmal, dass ihnen „etwas fehle“. Das Leben hat vielleicht gerade nicht viel erfreulichen Inhalt und auch wenig Wärme, darum wird jetzt ein Kind – der Inbegriff von Spontanität und Wärme – geplant. Wenn diese Frauen oft jahrelang nach Terminplan und emotional unterkühlt gelebt haben, erfüllt sich ihr Kinderwunsch meist nur schwer. Ungelebte Trauer läßt auch den Unterleib „erkalten“, aber hier wird nur selten der mögliche Zusammenhang erkannt. In dieser Situation wird gerne von der „tickenden biologischen Uhr“ gesprochen und deutlicher kann die irritierende Wirkung von Zeitdruck und Planung auf das Wesen Mensch nicht ausgedrückt werden. Die Schulmedizin kommt dem Bedürfnis nach genauer Planung noch entgegen. Es folgen genau geplante, oft unwürdige und äußerst aufwendige Untersuchungen oder Eingriffe mit geringer Effizienz. Darum sprechen Fertilitätsmediziner auch von Schwangerschaftsrate oder Befruchtungsrate und nicht davon, wie viele Babys die Eltern mit nach Hause nehmen. Funktioniert die Befruchtung nicht, wird natürlich trotzdem bezahlt, denn Geschäft ist immer dort, wo Nachfrage ist. Für viele Frauen ein Teufelskreis, darum ist es von größter Wichtigkeit zu trauern und Abschied zu nehmen.

Wenn Trauer abgetötet wird, gelingt das nur nach dem „Kahlschlag-Prinzip“ und alle Gefühle werden gemeinsam abgetötet. Als Folge überwiegt Freudlosigkeit und das Gefühl von Abgestorbensein. Die Psychologie weiß um die Wichtigkeit Trauer zuzulassen und viele meinen, dass Menschen die nicht trauern sich vor dem Schmerz drücken. Therapeuten fordern ihre Klienten zu aktiver Trauerarbeit auf, die sie in den verschiedenen Phasen leisten sollen. Aber weibliche Trauer ist eben oft nicht nur „männlich aktiv zu leisten“, sie ist in Wirklichkeit passiv, dunkel und tief. Trauer ist das Geschehenlassen des Schmerzes angesichts der Zerstörung und des Endes. Es ist die Hingabe an das Nichts. Wenn man meint, im Namen der Trauer „Arbeit“ leisten zu müssen, verhindert das Vortäuschen der Aktivität die wirkliche tiefe Trauer. Trauer ist wie ein dunkler Tunnel voller Geister und Dämonen, voller Abgründe. Und nicht immer gelingt es dem Wanderer hindurch zu gehen, manch einer verliert sich für immer. Davor stehen zu bleiben führt aber nur zu Erstarrung und Gefühllosigkeit. Jede Frau, eigentlich jeder Mensch, wird in seinem Leben diese Erfahrung machen, vermutlich sogar mehrmals. In allen Kulturen helfen sich Menschen mit Ritualen, die eine gewisse Disziplin erfordern. Es gab und gibt noch immer das Trauerjahr, die Trauerbekleidung usw.

Wie ich schon sagte, ist es dann und wann auch Zeit von Ideen und Hoffnungen Abschied zu nehmen, die bereits gestorben sind. Man sichtet die Dinge und trennt das Wertvolle um es aufzuheben, von dem, was in den Müll gehört. Schachteln, Gläser, Zeitungen, schlecht sitzende Hosen und ausgetretene Schuhe aufzuheben, bis dass die Wohnung überquillt, ist ebenso belastend wie ein langweiliger Liebhaber. Auch hier ist es für die innere Gesundheit wichtig Balance zu halten.

Wie geht die Kaiserin mit einem Zyniker um? Sie nimmt seine oft intelligenten und korrekt durchdachten Überlegungen zur Kenntnis und nutzt sie nach Belieben für ihre eigenen Pläne und Argumentationen. Stehen seine Kalkulationen den Wünschen der Kaiserin entgegen, so weiß sie, dass sich jede Rechnung durch eine andere Rechnung widerlegen lässt. Hat sie es mit einem Mann zu tun, der Leidenschaft und Intelligenz zu verbinden weiß, dann weiß dieser, dass die Wahrheit sowieso jenseits aller Berechnungen liegt. Hat sie es mit einem weniger erleuchteten Zyniker zu tun, wird sie ihn nur zum eigenen Vergnügen und nur vorübergehend aus seinem Denkkäfig, oder seinem Computerraum herausholen. Niemals um ihm zu „helfen“ oder gar zu „heilen“, denn das geht in jedem Fall schief.

Auch bei unerfülltem Kinderwunsch kann eine Trennung der Beziehung zum Partner anstehen. Ist die Frau zu sentimental und unkritisch, bleibt ihr nichts anderes als den gescheiterten Traum vom Kind traurig zu akzeptieren. Die Kaiserin scheut sich nicht davor sich der Trauer über ihre verlorene, oder auch nie bestandene Fruchtbarkeit hinzugeben. Sie lässt die Tränen laufen, und zwar solange, bis die bis dahin unterdrückte Lebendigkeit wieder über sie hinweg rollt. Sie hat gelernt sich in die Passivität fallen zu lassen, in das Ungewisse, Unplanbare und macht sich frei von krampfhafter Aktivität. Nur das Hindurchgehen, die völlige Hingabe an das Gefühl der Trauer, Hilflosigkeit, Angst und Tod kann einen

Neubeginn einleiten, wie immer dieser dann aussehen mag.

Die Kaiserin weiß, Trauer ist wichtig, egal ob sie einen geliebten Menschen verliert, oder sie selbst die Trennung herbeiführt. Sie unterscheidet eben zwischen edlen und unedlen Menschen, den nur der Geselligkeit wegen vergeudet sie nicht ihre Zeit mit einem ihr unwürdigen Mann und hütet sich vor dem „behaglichen“ gemeinsamen Sumpf. Sie bevorzugt notfalls immer die einsame Klarheit.

Manchmal muss sie sich auch von lieben und netten Menschen trennen, wenn sie erkennt, dass sie sich nach einer Begegnung müde, ausgelaugt oder gelangweilt fühlt, oder immer wieder Alkohol im Spiel ist. Sie fragt sich immer wieder: Stärkt es mich, oder schwächt es mich? Es ist sicher schmerzlich, aber als gute Gärtnerin weiß die Kaiserin, dass es Not tut, Licht und Raum für Neues zu schaffen um nicht zu verhärten. Sie weiß auch, dass es nicht hilft die Dinge hinauszuzögern. Todgeweihtes muss gehen. Tut sie es rechtzeitig, kommt immer wieder ein neuer Frühling. Versäumt sie den heilsamen Schnitt, nehmen die Verhärtung und das langsame Absterben seinen Lauf, bis das der endgültige Tod sie aus einem grauen Leben erlöst.

Steckt die Kaiserin in ihrer Trauer fest, hilft es ihr, viel frische grüne Sprossen zu essen, Obst, besonders Birnen, sowie Mandeln und Pinienkerne. Vorsicht ist geboten bei scharfen Gewürzen, Kaffee und Kräuter die bitter sind. Und sie braucht viel Schlaf, besonders vor Mitternacht.

Erkenntnisse

- Die Kaiserin macht sich nichts vor.
- Die Kaiserin trennt sich von allem Überflüssigen.
- Die Kaiserin durchwandert tiefe Abgründe.

6.10. Machtwechsel – Wechseljahre – Drachenzeit

„Das himmlische Wasser ist versiegt, die monatliche Essenz fließt nicht mehr.
Zahlreich sind meine Gegner, und meine Macht ist beendet.
Gebt mir einen Zauber."
Da lacht der Weise Sun Simiao: „Ich bin ein einfältiger Alter.
Die Kaiserin seid Ihr. So will es die Bestimmung.
Große Dinge stehen bevor, und Euer Weg ist erst zur Hälfte beschritten.
Hitze versprüht Ihr und Kraft, kein Blut schwemmt sie davon.
Der hölzerne Drache bäumt sich auf. Frei ist die wilde Macht.
Doch auch der Drachen Kraft muss gehorchen,
wenn die Tigerin der Klugheit es gebietet.
Kraft braucht Lenkung, Kraft braucht Richtung.
Seid Tigerin, und beherrscht den wilden Drachen.
Reitet ihn, und er wird Euch tragen, wohin Ihr wollt.
Weint und klagt, und er wird Euch zerstören mit Feuer und Leid."
Li, Krautwald

Man kann sagen, die erste Hälfte der Erwachsenenjahre einer Frau, wird bestimmt durch den Rhythmus von Zu- und Abnehmen ihrer Kraft und Fülle durch die Gesetze der Natur. Hat die Frau Kinder, gehört erst die zweite Hälfte des Lebens ihr allein. Es ist wie ein Geschenk und auch eine Herausforderung, jetzt ihre Kräfte verschwenderisch für das einzusetzen, was nun ihr wichtig ist. Mit dem Versiegen der Menstruation hat die Frau nun alle Kraft für sich selbst. Sie verfügt über viel Erfahrung und hat nun die Möglichkeit, das umzusetzen, was sie schon immer wollte, sich aber vorher vielleicht gar nicht traute oder keine Zeit dazu hatte. Vorausgesetzt, sie will dieses Geschenk annehmen.

Die Frau um die Fünfzig ist eine Madame kein ‚liebliches Mädchen', aber eine Kaiserin war ohnehin niemals dieses Mädchen. Sie liebt sich selbst und verschenkte ihre Liebe mit vollem Herzen. Gebettelt oder geschmachtet hat sie nie, oder nur für kurze Zeit, in der sie vergessen hatte, dass sie eine Kaiserin ist. So wird sie sich jetzt auch nicht ducken, denn sie ist am Höhepunkt ihrer Macht. Welche Rolle stünde ihr besser als die einer machtvollen Matrone – natürlich im positiven Sinne gemeint. Aber vielleicht hat sie doch Zweifel, fürchtet sich vor den Wechseljahren, den berüchtigten Hitzewallungen, Stimmungsschwankungen, Schlafstörungen, Depressionen und zu allem Überfluss wird sie auch noch zunehmen? Nicht nur die Kaiserin, sondern wir alle wissen, dass eine ganze Industrie von diesen fleißig genährten Ängsten lebt.

Alle wollen diesen armen Frauen „helfen", sie sollen sich nicht weiterentwickeln zu machtvollen Frauen, sondern ängstliche Mädchen bleiben. Darum ist der Ausdruck *„Matrone"* auch so negativ besetzt, doch *Matrone*[80] bedeutet eigentlich nichts anderes als *„große mächtige Mutter"*. Die kluge Kaiserin aber weiß um ihre neuen Energiereserven und kann diese in einem Alter nutzen, in dem gleichaltrige Männer oft schon rapide abbauen. Für sie kann ein alter Menschheitswunsch in Erfüllung gehen noch einmal jung zu sein mit all der Erfahrung. Es sind die kraftvollsten Jahre – die Drachenzeit einer Frau.

Nur Naive verwechseln dieses „jung sein" mit Faltenfreiheit. Jung sein bedeutet inneres Feuer zu haben und zu glühen vor Begeisterung, Erregung und Anstrengung. Wohin mit all ihrer Kraft, den Müdigkeit kennt sie kaum mehr. Mit Dreißig musste sie sich ihre Kräfte einteilen, die Zeit zum Schlafen und Ausruhen fehlte oft da die Kinder noch klein waren und so war ihr meistens eher kalt. Jetzt ist es anders. Das Schlafbedürfnis ist dramatisch weniger geworden und sie könnte Nächte durchtanzen. Und genau das soll die Kaiserin tun, wenn ihr danach ist. Gerade bei Befindlichkeitsstörungen ist die subjektive Bewertung der Beschwerden, die gefürchtete Erkenntnis, dass die Wechseljahre beginnen, oft der am meist krankmachende Faktor. Das *„himmlische Wasser"* versiegt, die Menstruation bleibt aus und nun stehen der Frau Kräfte zur Verfügung, die zuvor mit der Blutung zyklisch frei gesetzt wurden. Störungen wie Gereiztheit, Hitzewallungen und Schweißausbrüche entstehen erst recht, wenn die Frau ihre Kraft und ihr Feuer zurückhält. Sie lernt durch den Mainstream diese Kraft als Krankheitssymptom zu interpretieren, hält sich an Verordnungen der Ärzte und an allerlei Ratgeber, dabei delegiert sie ihren Körper an die

---

80. *Matrone,* spätmittelhochdeutsch **matrōne**, belegt seit der Zeit um 1400, entlehnt aus lateinisch **mātrōna** *„ehrbare, verheiratete Frau"*, eine Ableitung von lateinisch **māter** „Mutter", eine Gesetztheit und Würde ausstrahlende ältere Frau. Geschichtlich eine in Europa verehrte Muttergottheit. Im modernen Sprachgebrauch meist abwertend für eine ältere, dominante und füllige Frau.

Wissenschaft, anstatt nach ihrer eigenen Ordnung zu leben.

Einer Kaiserin ist ihre Kraft nicht peinlich und sie wetteifert nicht mit anderen Frauen um künstliche Faltenfreiheit. Sie traut sich ihre Kraft und Macht durch Erfahrung zu. Sie traut sich in einer Besprechung das Fenster zu öffnen und, mit einem Seitenblick auf einen jungen Mann, zu sagen: „Mir wird ganz schön heiß" und lacht dabei. Sie darf ihre Macht annehmen und in jeder Situation hemmungslos ausleben, sie ist eine Kaiserin!

Die angeborene Essenz, in ihren gegensätzlichen und nicht zu trennenden Aspekten Yin und Yang, verbraucht sich im fortschreitenden Alter. Je nach Lebensstil geschieht dies eher unterschiedlich stark. Während sich das Yang in nach außen gerichteten, kreativen und aggressiven Tätigkeiten wie oft bei körperlicher Arbeit erschöpft, verbraucht sich das Yin durch Stress, Schlafmangel, emotionale Erregung und starke Gefühle, durch Geburten, Fehlgeburten und Blutverlust. Die meisten Frauen verbrauchen ihr Yin meist viel schneller als ihr Yang, während es bei Männern meist umgekehrt ist. Bei vielen Frauen überwiegt ab der Lebensmitte oft das hitzige Yang und mit dem Versiegen der Blutung wird diese Hitze nicht mehr ausgeleitet. Der Großteil des kühlenden und zusammenhaltenden Yin ist verbraucht und die Frau gerät durch das hitzige Yang ganz schön in Wallung und versucht ihren exaltierten Zustand möglichst zu verbergen. Dabei sind Herzklopfen und Hitzewallungen ein Zeichen dafür, dass die Frau noch viel vorhat, aber sich nicht traut. Übrigens erleben junge Männer diesen Zustand oft in der Pubertät und haben kein Problem damit auch bei Kälte im T-Shirt rumzulaufen.

Die Frau in ihrer „Drachenzeit" lernt nun diese Kraft anders zu nutzen. Dies kann dazu führen, dass sie ein völlig neues Leben anstrebt, selbstbewusster, selbstbestimmter, sexuell zielstrebiger und kompromissloser. Nicht alle Frauen trauen sich Gelegenheiten zu schaffen, in denen sie energetisch so handeln wie sie empfinden und es kommt zu emotionaler Gereiztheit. Wenn die Frau das lebt, was in ihrem Inneren nach außen drängt, löst sich auch diese angestaute Energie. Findet der Wandel nicht statt, sondern verharrt die Frau in Unentschlossenheit, Mutlosigkeit, in gewohnten Bindungen und Konventionen, werden emotionale und auch körperliche Missempfindungen oft unerträglich. Oder werden notwendige Entscheidungen nicht getroffen, dann kommt es zum Energiestau in der

Galle. Die Frau wird bitter und frustriert, Mund und Nase werden trocken und bei massivem Energiestau kommt es zu einer schmerzhaften *Steinbildung*[81]. Diese Frauen gehen dann verbittert und putzsüchtig durchs Leben, pflegen nicht selten sehr garstige Gedanken, ihren Neid und all das Schöne und Liebevolle anderer Menschen lassen sie nicht gelten. Unbeweglichkeit, Arthrose, Trockenheit, Blähungen und grauer Teint sind die unschönen Begleiterscheinungen. Der erste Schritt aus diesem Zustand wäre sich die eigene Boshaftigkeit einzugestehen und die dahinterliegende Wut zu spüren.

Die Kaiserin trifft Entscheidungen! Sie weiß, eine falsche Entscheidung ist besser als gar keine. Darum sucht sie, sie sehnt sich nach dem noch Undefinierten bis sie findet und weitergeht. Sie hält nicht fest. Sie sucht, findet und geht einfach weiter.

So sind viele Frauen in ihrer zweiten Lebenshälfte sehr Yang geprägt und viele Männer haben ihres in diesem Alter schon verbraucht. Die *Yang-Energie*[82] vieler Männer wird müder, ihre Potenz nimmt ab. Nicht selten entsteht bei älteren Männern der Wunsch nach einer jungen Frau, um sich an ihr zu erfreuen und um die Energie der Jugend ein Stück weit zurückzuholen. Die junge Frau erhofft sich nicht selten materiellen Wohlstand und besseres Versorgtseins. In Wirklichkeit ist es meist ihre Suche nach dem Vater, der entweder nie anwesend oder nicht greifbar war. Deshalb läßt die Kaiserin ihre Yang-Energie brausen wie die Meeresflut. Sie wird zur Tigerin, die den Drachen mit Klugheit und Entschlossenheit reitet, so wird sie auch ziemlich sicher von sogenannten typischen Wechselbeschwerden verschont bleiben. Wichtig ist jetzt für sie ihr Yin, das Zusammenhaltende, zu bewahren. Leidet sie unter *Yin-Mangel*[83] kann es zu Nachtschweiß, Blutungen und Zwischenblutungen kommen. Hilfreich ist viel Schlaf, Ruhe, Stille, allgemein eher Reizentzug und *Yin-Versiegelung* (Übung: Reise zum inneren Zinnober). Viel seltener kommt es in dieser

81. *Gallensteine* (*Cholelithiasis* von altgriechisch *chole* ‚Galle' und *líthos* ‚Stein') sind Ablagerungen in der Gallenblase, die durch ein Ungleichgewicht löslicher Stoffe in der Galle entstehen.

82. *Yang-Mangel* (Leere): Das weibliche Prinzip *Yin* dominiert. Der Mensch fühlt sich antriebslos und kann sich oftmals nur schwer durchsetzen. Körperliche Symptome: Rückenschmerzen, Blässe, Kältesymptome, Ödeme, Durchfall und Blähungen.

Zeit bei einer Frau zu einem Yang-Mangel.

Wird wenig bis gar nicht auf den natürlichen Ausgleich der männlichen und weiblichen Energie eingegangen, findet sich fast jede Frau damit ab den Arzt aufzusuchen. Dieser verschreibt Hormonsubstitute als Ersatz, um dem Körper der Frau vorspiegeln, er altere nicht. Hier werden ganz natürliche Umbruchsphasen im Leben einer Frau zu Krankheiten erklärt, die weder ihre Individualität noch ihre Eigenständigkeit respektiert. „Es liegt halt an den Hormonen." Mit diesem profanen Satz finden sich viele ältere Frauen ganz widerstandslos als Erklärung für ihre Befindlichkeiten ab. Sie schleudern ihn auch völlig unreflektiert den Jugendlichen ins Gesicht, die ganz natürlich in ihrer idealistischen Sturm-und-Drang-Zeit ihren Platz in der Gesellschaft erst finden müssen. Diese reagieren oft zu Recht gereizt auf die Unterstellung, dass alles nur „die Hormone" seien. Die Gesellschaft mag gerne bequeme Menschen und sieht es nicht gern, wenn angeeckt wird. Die junge und auch die ältere Kaiserin erlauben sich immer ganz unbequem ihren eigenen Standpunkt.

Was tut nun eine Kaiserin als eine Madame und Tigerin? Sie reitet die Drachenenergie und lebt Toleranz, Großmut und Humor, den genau diese Haltung bringt ihr ein erfülltes Leben. Edle Menschen dienen der Kaiserin als Inspiration und sie hält sich nicht damit auf anderen Menschen vorzuschreiben, was sie sollen. Über Unedle ärgert sie sich nicht, da ihnen die notige Herzöffnung fehlt, um die wesentliche Dinge zu erkennen. Eine Kaiserin besteht auch nicht auf ihren alten Erkenntnissen, denn alles wandelt sich und nichts ist wahr oder falsch. Sie missioniert nicht, sondern trinkt Tee.

Sie weiß, dass weder durch die Antifaltencreme, das Lifting oder durch Hormonpräparate ihre Jugend zurückkommt. Ihre Jugendlichkeit und Lebendigkeit kommt von innen, durch ihre Freude, Spontanität und ihren Humor. Sie entscheidet sich für die Wahrheit, dass sie eben keine Dreißig mehr ist und nutzt die natürliche Kraft ihres Alters. Warum soll sie mit

83. *Yin-Mangel* (Leere): Der Anteil an *Yang* ist in diesem Fall deutlich grösser. Im Körper hat sich Hitze ausgebreitet. Für den Menschen ist diese oft spürbar: Symptome sind Hitzewallungen, trockene Haut, Appetitlosigkeit, Schwitzen sowie heiße Hände und Füße. Auf psychischer Ebene machen sich Schlafstörungen, Nervosität, Hyperaktivität und Unruhe bemerkbar.

Fünfzig wie Dreißig aussehen? Männer können nicht der Grund sein. Diejenigen, die eine Frau zur Dekoration für ihr Ego suchen, fallen dadurch weg. Diejenigen, die eine Energietankstelle, eine kostengünstige Hausfrau, eine Altenpflegerin suchen, fallen ebenfalls weg und auch die, die Angst vor einer starken Frau haben.

„Zartes Silberhaar schamlos im String, verborgen reife Sinnlichkeit"
Haiku - Nika Baum

Was bleibt sind die in jedem Alter raren Männer. Männer, die hinter die Fassade blicken, keine rigiden Auffassungen und Dogmen vertreten, sondern ihre differenzierten Ideen, Träume, Visionen, Humor und eine reife schöne Männlichkeit leben. Solche Männer haben Charme, Esprit und prahlen nicht mit ihrer Sexualität. Diese Männer wünschen sich eine Frau, die nicht nach ihrem Einkommen fragt oder ob er denn eine Familie ernähren kann. Sie wünschen sich eine geistig unabhängige Frau, die es versteht nach ihren eigenen Gesetzen zu leben und die andere Menschen so sein lassen kann, wie sie sind. Diese Männer wissen Qualität zu schätzen – eine Kaiserin eben; aber auch echte Kaiserinnen sind rar. Wie erkennt nun die Kaiserin einen guten Liebhaber?

Es sind Männer, die die Kraft und Leidenschaft eines Kriegers (vgl. 4.3.ff) auch in die Sexualität bringen, im Beruf erfolgreich sind, ohne allerdings nur für ihren Beruf zu leben. Sie sind erfolgreiche Manager genauso wie talentierte Handwerker, die gar keine zwei linken Hände haben. Oder auch die weisen Magier (vgl. 4.4.ff) unter den Männern, mit denen die Kaiserin tief in die Liebe eintauchen kann. Diese sind oft Freiberufler, Künstler und auch Heiler und suchen mit ihrer Muse gemeinsam die Transzendenz in der Liebe. Oder Männer, die alles Leben aus ihren offenen Herzen heraus betrachten können, die Ekstase suchen, in der Sexualität neugierig und verspielt sind und Frauen entdecken wollen. Diese Männer sind begnadeter Liebhaber (vgl. 4.5.ff). Und dann gibt es auch noch die Könige (vgl. 4.6.ff). Sie sind sehr selten, meist schon alte Seelen und hinterlassen bei einer Frau immer tiefen Eindruck. Jede Kaiserin weiß sofort, wenn sie einen König vor sich hat.

Dieser Mann verbindet in seinem Leben Kraft und Magie mit tiefer Liebe, einer männlichen Liebe, die dem großen Ganzen zufließt. Er ist der würdige Mann an der Seite einer Kaiserin.

„Wie der Wind will ich durch ihr Haar wehen um dessen Duft zu rauben unter ihren Rock gleiten und ihre Haut entflammen“
Tanka – Denis Thériault.

Eine Kaiserin hat sich der Wahrheit verpflichtet und das heißt, sie muss sich immer wieder gnadenlos selbst reflektieren. In ihrer Ehrlichkeit zu sich selbst wird sie feststellen, dass auch sie manchmal „unkaiserlich“ agiert. Sie weiß, dass weder sie selbst eine „perfekte Kaiserin“ ist, noch, dass es „den perfekten Kaiser“ gibt. Sie ist Frau und vor allem ein menschliches Wesen in Entwicklung. Darum erkennt sie ihre Fehler an, übt immer wieder ihre Tugenden und sucht sich „den Besten“ unter den Männern aus. Wenn Mann und Frau sich in ihrem Sosein annehmen, als gemeinsames Ziel das Kaiserlich-Königliche im Menschsein anstreben, werden sie sich zum wahren und göttlichen Menschen erheben. Wir sind alle viele Leben lang auf dieser Reise.

Erkenntnisse
- Die Kaiserin traut sich.
- Die Kaiserin geht ihren Weg.
- Die Kaiserin hält sich nicht an Konventionen.
- Die Kaiserin liebt das Leben.

6.11. Weisheit, Vollendung und der letzte Liebhaber

Die Alte, die Weise. In den Märchen bewunderte ich sie und sie war immer eins meiner Vorbilder. Nicht hässlich wie eine Hexe, wie *Baba Jaga* oder *Frau Holle*, die zweifelsohne alle mächtig und auch furchteinflößend waren. Ich stellte mir die alte Weise mächtig, aber auch schön vor, als würdevolle Frau, der das Wissen gelebter Zeit viele Falten ins Gesicht geprägt hat. Eine zeitlose und interessante Schönheit – eine alte und weise Kaiserin. Sie gibt denjenigen Rat und selbstlose Unterstützung, der sich ihrer würdig erweist.

Ich denke, jede alte Dame, die auf ein erfülltes Leben zurückblickt, ist weise geworden. Sie kann weit über den Tellerrand schauen, die Dinge mit Gelassenheit aus einem völlig anderen Blickwinkel heraus betrachten. Sie kann zuhören und Rat geben. Sie hat viel zu geben, wenn sie großzügig ist. Aber wer will ihr zuhören? Werden die alten Weisen noch geachtet? Verstanden? Oder zählt heute nur mehr Jugend, Effektivität und Flexibilität? Eine traurige Wahrheit ist leider auch, dass nicht alle alten Menschen weise sind. Wer das ganze Leben im Trott verbracht hat, wenig erlebte, alles aufschob, ist oft innerlich schon längst vor seiner Zeit gestorben. Der weise Sun Simiao schrieb: „Mangelt es an Essenz, mangelt es an Geist und Freude. Schwindet die Essenz vor der Zeit, werden die Menschen im Alter zum wandelnden Leichnam.“ Wer selbst sich nichts traute und nichts genossen hat, gönnt auch den jungen Generationen nichts. Diese mutlosen Alten finden auch immer scheinbar vernünftige Gründe, nicht am Leben teilzunehmen. Es gibt sie eigentlich in jedem Alter. Eine Kaiserin ist gewissermaßen eine „wilde Alte“ und lebt und liebt bis zum letzten Atemzug!

Unsere Gesellschaft assoziiert mit Alter auch immer Gebrechen und Krankheit. Aber Alter an sich macht nicht krank und gebrechlich. Es ist vielmehr die Angst davor, die Mutlosigkeit und die Depression. Das Alter könnte eigentlich der Höhepunkt eines Lebens werden, wo wir uns hemmungslos öffnen und alles Unwichtige loslassen. Sun Simiao's Weisheit bringt es auf den Punkt: Krankheit, ob im Alter oder schon lange vorher, ist zuallererst ein Essenzverlust. Der Geist wird schwächer, der Körper weicht auf und scheint sich aufzulösen, die Knochen werden porös, das Gedächtnis und auch das Gehör lässt nach, Ohrengeräusche, trockene Schleimhäute, schwache Blase und Nachtschweiß kommen noch dazu. Aber am schlimmsten verdunkelt Angst und Mutlosigkeit die letzten Jahre. Sinnvoller wäre es, beim ersten Anzeichen solcher Störungen, dem schon durch eine entsprechend gute Ernährung und Lebensqualität entgegen zu wirken. Ein deutliches Problem ist auch Energie-Stagnation, die körperlich zu Verschlackung führt. Sichtbar als Altersflecken, Warzen, Verhärtungen, Steifheit, Gelenksveränderungen, Tumoren und Schmerzen aller Art. Dies resultiert vor allem aus geistiger Unbeweglichkeit, Starrsinn, Konventionalität und mangelnder Lebensfreude.

Häufige Folgen sind Depression, einfach weil die Lebensenergie nicht mehr frei fließt. Humor, eine unkonventionelle Geisteshaltung, körperliche und geistige Bewegung und der Mut zu manchmal auch radikaler Veränderung und Neuanfang sind die wichtigsten Heilmittel. Kräuter und Essenzen wirken entgiftend und können die Verschlackung lösen. Es ist soweit richtig, dass es eigentlich keine „Alterskrankheiten" gibt, aber das Qi wird mit den Jahren schwächer und verbraucht sich. Deshalb ist eine achtsame und gute Lebensweise sehr wichtig. So bleibt eine Kaiserin in jeder Lebensphase auch humorvoll und heiter. Die Essenz zu versiegeln (Übung: Reise zum inneren Zinnober S. 283) und alle anderen Kräfte frei fließen lassen bringt immer Heilung starres Festhalten macht dagegen alt und krank.

Je weniger Energie einem Menschen zur Verfügung steht, umso weniger Widerstand kann er bei schädlichen äußerlichen Einflüssen leisten. Hitze, Kälte, Wind und Wetterumschwünge lösen deshalb schnell eine Infektion oder Gelenkserkrankung aus. Das Alter selbst ist keine Krankheit, aber trotzdem bleibt es eine Kunst, bis ins hohe Alter gesund zu bleiben. Auch wenn der Körper sich immer weiter reduziert, so können die richtigen Kräuter, als Essenz oder Tee zubereitet, dennoch für Harmonie und Ausgewogenheit sorgen. In dem Maße, wie die körperliche Präsenz und Stärke schwindet, sollte auch die Gebundenheit an Regeln nachlassen und die Toleranz steigen. Das beste Beispiel ist die Oma, die dem Enkelkind das erlaubt, was sie als Mutter verboten hat, dabei weise über Dinge lächelt, wo sich andere noch aufregen. Sie weiß, Freude ist viel wichtiger als das sture Einhalten von Regeln. Intoleranz entsteht aus Angst, wenn der Mensch spürt, dass seine Körperlichkeit schwindet. Er hofft die Zeit anhalten zu können, indem er jede Veränderung leugnet. So versäumt er aber leider den eigentlichen Höhepunkt im Leben: die ungehemmte Offenheit und das Loslassen. Nur das Verschenken macht den Geist und das Herz frei. Die alte Kaiserin wirft also allen Ballast, Regeln, Konventionen und Besitz ab, wird bedingungslos offen und darf eine neue Art Freiheit genießen.

Jeder muss letztendlich sterben. Die Angst vor dem Tod gehört eben auch zum Leben dazu. Bei vielen Tieren ist Angst eine Grundemotion und eine lebensrettende Regung. Der Mensch aber, als das gefährlichste aller Tiere, hat ein ganzes Leben lang Angst, meist sogar grundlos. Angst, was zu verpassen, nicht dazugehören, verlassen zu werden, Angst um die Rente und arm zu werden, nicht geliebt zu werden, Falten zu bekommen, dick zu werden, und so fort. In der Chinesischen Medizin wird die Emotion Angst den Nieren zugeordnet und auch der Wille sitzt in den Nieren. Besitzt der Mensch einen starken Willen, so gibt er niemals auf, kämpft und stirbt furchtlos. Leider werden viele Menschen regelrecht von ihren Ängsten beherrscht, diese schädigt die Nieren und die Willenskraft und beschleunigen den Prozess des Verfalls.

Das Altern selbst ist ein natürlicher Vorgang bei dem Verfall in Wachstum übergeht. Der Körper löst sich mehr und mehr auf, der Geist wird weit und grenzenlos. Solange das Wachstum stärker ist als der Verfall, wird das Alter auch nicht als Last empfunden, eher als Befreiung. Ein sehr ängstlicher Mensch beginnt frühzeitig zu altern, ohne das sein Geist sich weitet, da die Nierenessenz abnimmt und Ängste jede Weiterentwicklung verhindern. Um unaufhörlich zu wachsen, bedarf es eines starken Willens und Mut. Nur guter Wein wird mit den Jahren auch besser, ein schlechter Wein wird sauer. Ängstliche Menschen engen ihren Geist mit Besitzdenken ein, brauchen Status, kaufen Immobilien aus Angst zu verarmen. Wenn sie reisen, dann immer nur in bekannte Länder, in „unser Hotel", oder gehen zu „unserem Italiener", das Haus ist dreifach versichert, das Auto hat Standheizung, und alles Neue und Unbequeme macht in Wirklichkeit Angst. So wird bei „einmal nicht schlafen können" oder dem ersten Ungleichgewicht des Blutdrucks gleich ein Medikament genommen, bei der ersten Wallung verschreibt die Ärztin Hormone und generell wird jede Woche der Arzt konsultiert – zur Vorsorge versteht sich.

Die ersten Gleichaltrigen sterben und spätestens dann ist sie da, die Angst vor dem Tod. Der selbstgewählte Lebensstil ist wie ein Korsett geworden, unbeweglich, und unabänderbar. Man würde vielleicht etwas Neues beginnen, aber wie ist das mit der Rente vereinbar? Erstarrung beginnt in dem Moment, wo wir versuchen, den Fluss des Lebens aufzuhalten. Wenn wir uns aus Bequemlichkeit und Feigheit gegen unsere inneren Impulse entscheiden, schwächen wir unseren Willen, unsere Essenz und der Schwung im Leben wird immer weniger. Der sinnlose Kampf gegen das Altern kostet Lebenskraft und verlängert nicht. Nur eine Kaiserin, die sich jeden Tag aufs Neue einlässt, ihr Verrückt-sein kultiviert und die ständige

Veränderung nutzt, wird der Erstarrung entgehen und auch im Alter lebendig bleiben. Hier ist übrigens, mit Ausnahmen, *Ginseng*[84] ein wahres Wundermittel.

Was tut nun die alte Kaiserin? Sie weiß schon lange, was ihr entspricht. Sie ist weise und hat Visionen, sie weiß um ihre Magie und blickt gelassen ins Jenseits. Das einzige was sie fürchtet sind Sätze, die mit „Ach, hätte ich doch …" beginnen und das einzige, was sie bereut, sind nur die „Dummheiten", die sie nicht begangen hat. Sie stirbt wie sie gelebt hat, als Tigerin. Daher gönnt die Kaiserin den jungen Menschen von ganzem Herzen ihren Spaß, einfach weil das Leben ausgekostet werden will. Sie erzählt freizügig und ungeschminkt von ihren Kämpfen und Missgeschicken und unterstützt andere, wenn mal was schief geht. Wie oft hören wir von älteren Menschen „… früher ist es ja viel schöner gewesen …", das trifft auf die Kaiserin nicht zu. Sie genießt das Leben in jeder Lebensphase und in jedem Alter.

Auch wird sie den Satz nicht hören „Früher muss sie ja eine sehr schöne Frau gewesen sein". Eine Kaiserin ist zeitlos, schön, lebenslustig, humorvoll und kann über sich selbst lachen, das ist ihre große Anziehungskraft. Sie will kein erstarrtes Aussehen durch Facelifting und Botox, ihre Attraktivität beruht auf ihrer Macht, ihrem Wissen und ganz besonders auf ihrer magisch-spirituellen Ausstrahlung. Das heißt aber nicht, dass Erotik und Sexualität unwichtig werden, sondern nur die Illusionen darum. Aber auch im Alter zeigt sich immer wieder: nicht jeder Mann ist einer Kaiserin gewachsen.

Die Kaiserin lässt sich nicht bevormunden, schon gar nicht, wenn es um ihren Körper geht, darum sucht sie sich Ärzte, Therapeuten und Heilkundige, die sie nicht belehren oder gar bevormunden, sondern solche die sie informieren auch wenn die Kasse das nicht bezahlt. Sie sichert sich vor Übergriffen durch eine Patientenverfügung ab, denn nur sie selbst trägt die Verantwortung für ihre Gesundheit. Und sie jammert nicht. Die Kaiserin weiß, dass viele Altersbeschwerden durch einen Mangel an Vitalstoffen verursacht werden und nährt sich deshalb von feinen und edlen

---

84. *Ginseng* (*Panax ginseng*) wird vor allem im fernen Osten von Heilkundigen als stärkendes Mittel (Tonikum) genutzt, unter anderem gegen Müdigkeit und Erschöpfung. Siehe mehr unter: https://www.ginsenginfo.at/ginseng-in-der-medizin/

Speisen anstatt von Fertiggerichten, Billignahrung und Junkfood. Sie hat lieber wenig, dafür aber sehr gutes Essen am Teller, gerne frisch und mit vielen Kräutern, anstatt fettige Fleischgerichte und tote Dosenkost. Auch an ihre Haut lässt sie nur die edelsten Öle und feinsten Seifen die ätherisch duften, und ebenso hält sie es mit ihrer Bekleidung. Ihre nahen Freunde und ihre Liebhaber sind Menschen mit guter Energie und sie macht nur mehr das, was ihr wirklich Freude bereitet, denn sie muss niemanden gerecht werden oder angepasst sein.

„Es gibt Menschen, die leben, aber sie sind schon gestorben.
Es gibt Menschen, die sind schon gestorben, aber sie werden immer leben."
Chinesisches Sprichwort

Auch weiß sie: Guter Sex mit jüngeren und jung gebliebenen Männern verlängert das Leben, schlechter Sex verdirbt es. Sex ist Inspiration und intensiviert die Lebenslust, darum geht es ihr! Was nützt ein an Jahren langes Leben, wenn Lebendigkeit, Lust und Liebe fehlt? Das gleiche gilt für ihren geistigen Austausch mit ihren Gesprächspartnern. Warum Zeit mit langweiligen, dummen und oberflächlichen Menschen verbringen? Eine ältere Dame darf alle ihre Rücksichtsmaßnahmen getrost über Bord werfen. Was ihr gut tut ist der Kontakt mit Kindern, jungen Leuten, Künstlern und sensitiven Menschen. Hier wird ihre Weisheit gerne angenommen, die somit auch wachsen kann, weil sie großzügig teilt. Dabei spart sie die Schattenseiten nicht aus. Sie urteilt nicht über die schmerzhaften, schmutzigen und traurigen Seiten des Lebens, denn einer Kaiserin ist klar, dass die Weisheit aus den dunkelsten Stunden kommt. Vergliche man Weisheit mit dem weißen Lotus, so wächst auch er nur aus dem dunklen Schlamm zum Licht. Somit stammt ihre Weisheit aus Erfahrung, und durch Schmerz hat sie ihr Lachen gefunden.

Jung oder Alt sein, hängt nicht nur mit dem biologischen Alter zusammen. Es gibt alte Zwanzigjährige und junge Achtzigjährige. Genauso hat Dummheit und Geist nicht wirklich etwas mit dem Grad der Ausbildung zu tun. Darum bleibt die Kaiserin aktiv. Sie ist immer im Kontakt zum Leben und lebt intensiv. Jeder Tag könnte der letzte sein, doch die Kaiserin hat keine Angst vor dem Tod. Sie weiß, er wird ihr letzter und bester Liebhaber. Oft schon hat sie in verschiedenen Lebensphasen die Sehnsucht nach ihm verspürt. Sie läuft ihm nicht davon, denn die Sehnsucht nach dem Tod ist die Sehnsucht nach Ganzheit. Im Alter darf die Kaiserin all ihr Feuer auflodern lassen, auf großer Flamme kochen, denn sie ist dem Tod schon nahe – eigentlich wie immer im Leben. Sie macht sich nichts vor, sie ist schamlos und genießt ohne Reue ihr Leben, was sollte ihr auch schon passieren? Wenn es soweit ist, wirft sie sich ihrem letzten Liebhaber bedingungslos in die Arme. Aber zuvor trinkt sie Tee.

Erkenntnisse

- Die Kaiserin meidet Herrschsüchtige, die nicht lachen.
- Die Kaiserin bricht das letzte Tabu.
- Die Kaiserin bereut nur die Dummheiten, die sie versäumt hat.
- Die Kaiserin ist großzügig.
- Die Kaiserin erwartet den Tod als ihren letzten Liebhaber. (Vgl. Li, Krautwald 2020)

Vielleicht erscheinen manchem Leser die Beschreibungen und Herangehensweisen dieses Kapitel etwas überzeichnet, zu hart oder zu selbstbewusst. Bitte bedenken Sie, dass die Beschreibung der Kaiserin und der gereiften Archetypen, ihre Macht und Selbstbewusstheit immer mit Liebe und Mitgefühl verbunden sein sollten. Das sollte unbedingt verinnerlicht werden. Ob wir den Weg der Kaiserin beschreiten oder die Heldenreise wagen, es gibt keinen Anspruch zu Perfektionismus. Wir sind und bleiben ein ewig lernender Mensch und Schüler auf einem geistigen Pfad. Das heißt auch, wir werden weiterhin an unsere persönlichen Grenzen stoßen und diese überschreiten. Wir werden weiterhin Krisen erleben und diese mit einem höheren Bewusstsein meistern. Unser Leben wird deshalb nicht frei von Fehlern, sondern, wir werden die Fehler erkennen und uns immer wieder neu ausrichten zu einem neuen Herzbewusstsein und für verantwortungsbewusste und tätige Liebe.

„Der Mensch bringt täglich sein Haar in Ordnung, warum dann nicht sein Herz?“
Chinesisches Sprichwort

Geist *und* Gefühl wollen beständig genährt und geheilt werden. Darum beschreibe ich nicht nur Theoretisches, sondern ebenso Praktisches zum Selbst-erforschen, Selbst-erkennen und Selbst-heilen. Auf unserem ganzen Erdenweg, aber besonders bei unserer Suche nach der „wahren Liebe" fühlen wir bitterlichst auch unsere ältesten und tiefsten Wunden, unsere Kindheitswunden. Wir haben uns, lange bevor wir in dieses Leben geboren wurden, das richtige Elternhaus für unsere Lebensaufgabe gewählt, die wir genau mit diesen Eltern lernen dürfen. Machen wir uns diese Wunden wieder bewusst und differenzieren wir, so sehen und spüren wir unser verletztes inneres Kind. Dieses verletzte innere Kind dürfen wir nun, da wir selbst erwachsen sind, in die erlösende und notwendige Heilung bringen. Wir sind alle zugleich Lernende *und* auch Lehrende, Fragende *und* Erkennende, Leidende *und* Heilende.

Geheilt sein bedeutet frei sein von Leiden. Wahre Freiheit ist nur dadurch zu erlangen, dass wir uns für Ganz-sein entscheiden und unsere Wunden und Verletzungen wahrnehmen und annehmen. Diese Bewusstheit bringt Freiheit. Diese Bewusstheit führt uns auf den Weg zur wahren Liebe. Osho sagt: Wahre Liebe ist immer neu. Sie wird nie alt, weil sie nichts ansammelt, nichts anhäuft. Das heißt, wahre Liebe kennt keine Vergangenheit, sie ist immer im Jetzt. Und solange wir unsere Schmerzen der Vergangenheit mit uns schleppen, solange können wir *wahre Liebe* nicht erkennen.

(…) sie ist immer frisch, so frisch wie ein Tautropfen am Morgen. Sie lebt von Moment zu Moment, sie ist wie ein Atom. Sie hat keine Beständigkeit, sie kennt keine Tradition. Jeden Moment stirbt sie und jeden Moment wird sie wieder geboren. Sie ist wie der Atem: Du atmest ein, du atmest aus, wieder atmest du ein und wieder atmest du aus. Du sammelst ihn nicht innen an. Wenn du den Atem ansammelst, wirst du sterben, denn er wird schal, er stirbt ab. Er verliert diese Vitalität, die Qualität des Lebens. Genauso ist es mit wahrer Liebe – sie ist wie Atmen; jeden Augenblick erneuert sie sich selbst."

OSHO The Open Door, Talk #13

Wahre Liebe kann, so wie Osho es sieht, mit dem Atem verglichen werden. Wann immer also jemand in seiner Liebe durch vergangenen Schmerz festgefahren ist, hört die Liebe auf zu atmen, zu fließen, und das was Leben an sich ist, verliert an Bedeutung. Der Mensch wird hart und hartherzig, durch seine Selbstbezogenheit und seinen Egoismus. Der Verstand wird so beherrschend, dass er sogar das Herz beeinflusst und das Herz besitzergreifend wird. Das Herz kennt ursprünglich kein Besitzdenken, aber der Verstand vergiftet es mit Neid und Eifersucht. Wahre Liebe bezieht sich nicht auf ein Etwas oder auf Jemanden. Wahre Liebe ist ein innerer Zustand und bedeutet in die ganze Existenz verliebt zu sein! Aus unseren Augen strahlt Liebe, unsere Worte sind voller Liebe, unser Tun ist durch unsere Liebe zur Existenz geprägt und wir fließen davon über. Es ist ein ewiger Strom, wie unser Atem, ein- und ausatmen. Nach und nach können wir diese Magie der Liebe mit jedem Atemzug in uns erschaffen. Doch zuvor bedürfen unsere Wunden und Verletzungen der Heilung. Im nächsten Teil möchte ich darum näher auf verdrängte Verletzungen eingehen.

TEIL IV

SCHATTENLAND

7. Wunden und Verletzungen

Unreife Liebe sagt:
„Ich liebe dich, weil ich dich brauche."
Reife Liebe sagt:
„Ich brauche dich, weil ich dich liebe."
Konfuzius

Ganz allgemein die Liebe zu leben und zu erfahren ist sehr leicht, sie aber so in Worte zu fassen, dass jeder das Gleiche darunter versteht, ist sehr schwierig, wenn nicht gar unmöglich. Wenn wir ganz tief in uns nachforschen, werden wir feststellen, dass kein anderes, von uns gebrauchtes Wort unwahrer ist als das Wort „Liebe". Durch dieses unterschiedliche Verständnis wurde und wird seit jeher immenses Leid verursacht. Durch die Priesterschaft erfährt Liebe und besonders die sexuelle Liebe eine Tabuisierung und Abspaltung vom Religiösen. Religion wird als ursprüngliche Wortbedeutung mit ‚*Rückbindung*' übersetzt und man sollte hier klar unterscheiden: *Konfession* ist nicht *Religion.*[85] Darüber hinaus wurde vollständig verdrängt oder gar vergessen, dass Sexualität und Spiritualität nur die zwei Seiten einer Energie sind und die Verleugnung bzw. Verdrängung die Sache explosiv werden lässt. Welche Wunde wird hier wohl verdrängt?

---

85. Das Wort „*Religion*" ist aus den lateinischen Begriffen „*religio*" und „*religare*" entstanden. *Religio*" hat viele Bedeutungen, z.B. *Glaube* und *Gottesverehrung*, *Heiligtum* und *Aberglaube*, aber auch *Gewissen*, *Gewissenhaftigkeit*, *Genauigkeit*, *Verpflichtung* und *Skrupel.* ‚*Religare*' heißt übersetzt *zurückbinden*, *umbinden*, *anbinden*, *festbinden*, *losbinden.* Ich verstehe unter *Religion* die „*Rückverbindung*" zu „*unserer Quelle*", dem *Urgrund*, zum Großen *Bewusstsein*, zu *Gott.* Diese Rückverbindung sehe ich frei für jeden erreichbar, der bereit ist Suchender zu werden, völlig unabhängig von jeder *Konfession* (Bekenntnis/ Zugehörigkeit) zu einer bestimmten dogmatischen religiösen Anschauung.

7.1. Die Urwunde

Das Grund-Übel unserer Welt ist die Verdrängung. Die meisten Verbrechen wurden bzw. werden immer noch im „Namen Gottes", im Namen der Liebe und in Verbindung mit Macht und Sex begangen. Es scheint paradox, aber es ist die Verdrängung der Ur-Wunde in den Schattenbereich.[86]

Verdrängung ist der Versuch der Vermeidung von Schmerz, sowie der Vermeidung von Verlust und Tod. Menschen lügen und betrügen, rauben und töten aus Verlust-Angst. Sie führen Kriege, begehen Völkermorde, begehen Suizid und allerlei Gräueltaten aus Angst vor Verlust-Schmerz. Eigentlich ist es die Angst vor dem eigenen Tod.

„Sie wandelt alles, was Sie berührt.
Alles, was Sie berührt, wandelt Sie …"
G. Croissier

Unsere zum Großteil entartete Lifestyle-Ökonomie, die rasant fortschreitenden Technologien, sowie Wissenschaft und Politik, opfert Männer wie Frauen, Kinder, Tiere, Wälder, sogar den eigenen Planeten und alles in dem Irrglauben, damit das eigene Überleben zu sichern. Wir denken, wir essen das Fleisch von unseren Mitgeschöpfen, weil wir hungrig sind. Aus einer höheren Ebene des Bewusstseins betrachtet, verdrängen wir damit nur unsere eigene Todesangst, weil wir hungrig nach „Leben" sind. Manche Menschen, wir bezeichnen sie als Psychopathen, sind schwer gewalttätig und vergewaltigen Kinder, Frauen und Schwächere, vermeintlich ohne ersichtlichen Grund. Aus einer höheren Ebene des Bewusstseins betrachtet tun sie es, weil sie die eigene Kleinheit und

---

86. Die Bedeutung des *Schatten* in der Psychologie: Es sind all jene Persönlichkeitsteile in uns, die wir abgespalten und verdrängt haben (ins Unbewusste), z.B. aus Angst nicht geliebt zu werden, die sich uns jedoch wieder im Außen als Spiegel präsentieren. Nach C.G. Jung ist für die Reifung eines jeden Menschen die bewusste Auseinandersetzung mit dem eigenen Schatten absolut bedeutsam. Das heißt, es gilt den eigenen Schatten (alle unbewusste Aspekte des Selbst) zu erkennen, zu akzeptieren und in die eigene Persönlichkeit zu integrieren.

Hilflosigkeit nicht fühlen können oder wollen. Aus einer höheren Ebene des Bewusstseins betrachtet, vernichten wir alle Leben in unsagbarem Ausmaß, weil wir immer noch denken, damit ist unser eigenes Leben gesichert. Wir töten, um uns auf magische Weise unsterblich zu fühlen. *„Alles Un-Heil des modernen Menschen resultiert aus der Verleugnung der Ur- Wunde, aus dem Verlust der kosmischen Einheit, dem Verlust vom ewigen Leben*" schreibt Gertraud Croissier in ihrem Buch „Die magische Wunde". Das ganze Elend dieser Welt wurzelt in dem vergeblichen Versuch, den unumgänglichen Schmerz des irdischen Lebens um jeden Preis zu vermeiden und Karma, Tod und Wiedergeburt zu leugnen. (Vgl. Croissier 2021)

„Solange es Schlachthäuser gibt, wird es auch Schlachtfelder geben!"
Leo Tolstoi

Hier weitere Worte von *Jorgos Canacakis*[87] aus vor über dreißig Jahren (1987) und sie sind aktueller denn je: *„Es passt nicht zum Wohlstandsdenken und zum Traum vom nie endenden Glück, der zum Alptraum gerät. Die Vergötterung der Wissenschaft, die Allmacht der Technologie und die Hoffnung auf eine bis zur Unkenntlichkeit ausdehnbare Lebenserwartung sind unsere neuen Götzen gegen das Sterben. Den Tod abschaffen zu wollen scheint unser größtes Ziel zu sein,* {…}.

Die Missachtung der Zusammengehörigkeit von Leben und Sterben, von Geburt und Tod als natürliche Einheit hat fatale Auswirkungen für unser gegenwärtiges und zukünftiges Leben: Lebensangst, Entfremdung vom Leben, von der Natur, Unsicherheit, Zukunftsangst, Gefühllosigkeit, die sich in leib-seelisch-geistigen Krankheiten ausdrücken." (Vgl. Canacakis 1989, S.80)

Was vor dreißig Jahren noch schlimmste Befürchtung war, ist heute kollektive Wirklichkeit. Die Menschenwelt ist verrückt. Ich möchte hier nicht weiter auf aktuelle Einzelheiten eingehen, aber es scheint, der Wahnsinn ist für viele Menschen zur leidvollen Normalität geworden. Meine Gedanken finden dazu ein bekanntes Zitat:

---

87. *Jorgos Canacakis*, (29. April 1935) ist ein griechischer Diplompsychologe und Psychotherapeut. Er wurde einem breiteren Publikum durch seine Arbeiten und Seminare zum Thema Trauern und Trauertherapie bekannt.

„Kurz bevor die Sonne aufgeht, ist die Nacht am dunkelsten."
Selma Lagerlöf

Und so heißt es nicht nur hoffen und denken, sondern umdenken. Umdenken, was den Schmerz – betrifft individuell und kollektiv! *„Integrierter Schmerz wandelt sich in Mitgefühl und Mitgefühl drängt in tätige Hilfe, in den alltäglichen Dienst am Leben."* So schön und klar beschreibt es Gertraud Croissier. (Vgl. Croissier 2021, S. 14)

Wir müssen Licht *und* Dunkelheit, Leben *und* Tod, Freude *und* Schmerz, somit das Gesetz der *Polarität*, einfach nur bereitwillig anerkennen. Da unser patriarchales Ego dies nicht so einfach anerkennt, werden nur Licht, Freude, langes Leben usw. akzeptiert und der gegenteilige Pol wird nicht nur zum individuellen Schatten, sondern zum Schatten des Kollektivs. Heilung bedeutet immer Ganz-Werdung und so müssen als erstes *wir selbst* den Schatten annehmen lernen. Und das will natürlich nicht missverstanden werden, den Schatten annehmen heißt nicht das Böse und Üble gut heißen. Dazu möchte ich den Unterschied von Polarität und Dualität erklären.

7.2. Polarität vs. Dualität

Sie fragen sich jetzt sicher: Sind Gut und Böse wirklich eins? Oder ist beides eine Illusion? Oder eine notwendige Erfahrung? Das Kennen des Unterschieds von *Polarität* und *Dualität* ist die Grundlage, die es uns überhaupt erst ermöglicht, Missverständnisse und Halbwahrheiten zu vermeiden und eine klare Ausrichtung im Bewusstsein zu finden. Dieses Unterscheiden sehe ich als Schlüssel zur Weisheit der Schöpfung und als Voraussetzung zu einer neuen Realität in Resonanz mit der kommenden Zeit.

Um den Unterschied wirklich zu verstehen reicht eine kurze Fußnote nicht aus. Darum möchte ich hier weiter ausholen und die Erklärung des Schweizer Philosophen *Armin Risi*[88] heranziehen.

---

88. *Armin Risi,* geb. 1962 in Luzern, ist ein Schweizer Dichter, Veda-Botschafter und Autor von esoterischen und spirituellen Büchern.

„Alles ist eins" ist ein Kernsatz der Esoterik und des ganzheitlichen Denkens. Die Erklärungen, die dazu gegeben werden, sind oft sehr unklar und diffus, manchmal sogar unvereinbar verschieden, je nach dem Weltbild, dem die jeweilige Erklärung entspringt. Grundlegend zu unterscheiden sind die Erklärungen der *atheistischen* und der *theistischen*[89] *Esoterik*[90] (ich persönlich vertrete die theistische Esoterik). Obwohl „Atheismus" ein Kein-Gott-Glaube ist, wird nicht selten auch in der atheistischen Esoterik von „Gott" gesprochen.

Gemeint ist damit eine absolute Einheit: ein abstraktes, neutrales Total von Energie, das weder Bewusstsein noch Willen hat. Dieser „Gott" ist bewusstlos und willenlos. *„Dein Wille geschehe" (Mt 6,10)* ist aus dieser Sicht ein unerleuchtetes Gebet, eben weil geglaubt wird, Gott habe keinen Willen. Diese Weltsicht, die die Einheit verabsolutiert, wird *Monismus* genannt.

Die Rechtfertigung des Negativen, statt Korrektur durch Demut, Erkenntnis und Umkehr, ist die höchste Form des Selbstbetruges.
Armin Risi

Alles ist eins – auch Gut und Böse? Wenn alles „eins" ist, ist auch die Zweiheit eins. Das würde bedeuten, dass Gut und Böse untrennbar miteinander verbunden sind wie die zwei Pole der Elektrizität oder das Ein- und Ausatmen; wenn man nur das eine wolle, erzeuge dies Ungleichgewicht und Blockaden. Das Brisante ist nun, dass diese Ansicht zu den

---

89. *Theismus,* von griechisch *theós* „Gott", bezeichnet den Glauben an Götter bzw. eine göttliche Ordnung hinter allem Existierenden im Universum. Spezieller bezeichnet der Monotheismus den Glauben an einen personifizierten und absolutistischen Gott und der Polytheismus den Glauben an mehrere Götter. Atheismus von altgriechisch ἄθεος *átheos* „ohne Gott" bezeichnet die Abwesenheit oder Ablehnung des Glaubens an einen Gott oder Götter. Es gibt verschiedene Formen des Atheismus.

90. *Esoterik* von altgriechisch ἐσωτερικός *esōterikós* ‚innerlich', dem inneren Bereich zugehörig, von innen herverstehbar ist in der ursprünglichen Bedeutung des Begriffs eine philosophische Lehre, die nur für einen begrenzten „inneren" Personenkreis zugänglich ist, im Gegensatz zu Exoterik als allgemein zugänglichem Wissen. Andere traditionelle Wortbedeutungen beziehen sich auf einen inneren, spirituellen Erkenntnisweg, etwa synonym mit Mystik, oder auf ein „höheres", „absolutes" Wissen.

Geheimlehren der höchsten Machtkreise gehört die sagen: *„Gut und Böse sind in Wirklichkeit nicht zu trennen; das Böse fördert das Gute; ohne das Böse könnten wir nicht wissen, was gut ist; letztlich ist nichts gut oder böse, denn alles ist eins."* Aber wenn man darüber genauer nachdenkt, ist es ganz sicher nicht so. Warum?

Hinsichtlich des *Karma-Gesetzes*[91] sagt diese monistische Ansicht, dass alles nach den Gesetzen von *Ursache und Wirkung* ablaufe, weshalb alles, was den Menschen zustoße, von diesen selbst in ihr Leben gerufen worden sei, auch Kriege, Versklavung, Deportation in Konzentrationslager, usw. Oft hört man: „Wäre es nicht ihr Karma gewesen, wäre es ihnen nicht zugestoßen. Die Tatsache aber, dass es ihnen zustieß, zeigt, dass es ihr Karma war, d. h. von ihnen selbst verursacht wurde. Denn alle schaffen ihre eigene Realität." Dies ist eine einseitige und halbwahre Darstellung des Karma-Gesetzes und damit ein gefährliches Missverständnis. Wenn ein ganzheitliches Verständnis fehlt, wird die Einheit verabsolutiert, was wie oben gezeigt *zu einer Rechtfertigung des Bösen führt.* Dadurch geht die Klarheit des Gewissens und des Unterscheidungsvermögens verloren, nicht zuletzt in den hohen Rängen der religiösen und säkularen Machtpyramiden.

Intuitiv spüren die meisten Menschen, dass bei solchen Ansichten etwas nicht stimmen kann. Die spirituelle Philosophie kann zeigen, warum diese Intuition richtig ist. Polarität und Dualität ist eben nicht dasselbe! Die Zweiheit ist nicht einfach „eins". Die Zweiheit muss differenziert betrachtet

---

91. *Karma* kommt aus dem Sanskrit und bedeutet Handlung, gewollte Tat. Um das eigene Karma zu verstehen, ist es hilfreich die *5 Karma Gesetze* zu kennen. Diese erklären, wie Ursache und Wirkung auf verschiedenen Ebenen zusammenhängen. 1. *Die direkten Karma-Gesetze:* Dazu zählen unter anderem die Naturgesetze (hermetischen Gesetze), Gesetze der Gesundheit, innere psychologische Gesetzmäßigkeiten, Grundsätze zwischenmenschlicher Kommunikation, Grundsätze des beruflichen Erfolgs und vieles mehr. 2. *Die Karma-Gesetze der Gedankenkraft:* Gedanken sind Kräfte, die auf die physische Weltwirken können. 3. *Das Karma-Gesetz der Kompensation:* „Was du nicht willst, das man dir tu´, das füg´ auch keinem andern zu." „Wie du in den Wald rufst, so hallt es auch heraus." 3. *Das Karma-Gesetz der Evolution:* Leben als Schule. Du erfährst das, was du brauchst, um spirituell zu wachsen. Es gilt, die dir gestellten Aufgaben anzunehmen. 4. *Das Karma-Gesetz der Gnade Gottes:* Nicht alles ist logisch erklärbar. Letztlich bleibt das Universum ein Mysterium. Und hinter allem steht die Gnade Gottes.

werden, denn es gibt zwei Arten von Zweiheit: Polarität und Dualität. Was genau ist nun der Unterschied? Diese Begriffe sollten nicht gleichgesetzt werden, denn sie sind nicht Synonyme. Polarität enthält den Begriff „Pol" und Elektrizität besteht beispielsweise aus zwei Polen, die nicht zu trennen sind und sich gegenseitig bedingen. Ebenso hat eine sich drehende Kugel zwei Pole. Hier ist ganz klar, dass gleichwertige Gegenteile gemeint sind, wo es kein Gut und Böse gibt im Gegensatz zur Dualität, die entsteht, wenn ein natürliches Gleichgewicht gebrochen wird.

Polarität ist somit die Zweiheit von *gleichwertigen, sich gegenseitig ergänzenden Polen,* gründend im natürlichen Gleichgewicht der göttlichen Ordnung. Polarität ist das Grundprinzip der *göttlichen Schöpfungsdynamik* und ist Ausdruck der ursprünglichen Harmonie der materiellen Welt. Beispiele für Polarität sind: maskulin und feminin, Raum und Zeit, Ursache und Wirkung, Subjekt und Objekt, „positiv" und „negativ", Schöpfung und Auflösung, Sonne und Mond oder Ein- und Ausatmen. *Dualität* ist die Zweiheit von gegenteiligen, sich *gegenseitig ausschließenden Gegensätzen,* die verursacht wird durch Spaltung und Einseitigkeit im Denken, Fühlen und Handeln. Dualität entsteht, wenn jemand den göttlichen Mittelweg verlässt und das in der Schöpfung angelegte Gleichgewicht bricht.

Dies geschieht aufgrund einer spaltenden Kraft, wobei „*spaltend*" die gleiche Bedeutung hat wie „*diabolisch*"[92]. Das Gleichgewicht kann man immer auf zwei Seiten hin verlieren, weshalb das Spaltende, das „Böse", doppelgesichtig ist und zwei Aspekte hat: das Zuviel und das Zuwenig. Die typischen Beispiele für Dualität sind die Gegensätze Gut und Böse, Gott-zugewandt und Gott-abgewandt, Täter und Opfer, Liebe und Hass, Licht und Dunkelheit/Unlicht (als Symbolik im Sinn von „Im-Licht-Sein" und „Getrenntheit vom Licht").

„Es ist, Satan, welcher der Gott ist unseres Planeten und der ‚Einzige Gott', und dies ohne irgendwelche metaphorische Anspielung auf ihre Schlechtigkeit und Verkommenheit."
Helena P. Blavatsky

---

92. *Diabolisch,* grch. dia-bállein; entzweien, verfeinden, verleumden, durcheinanderwerfen; (Duden Herkunftswörterbuch)

Wenn man Dualität und Polarität gleichsetzt, führt dies zum Trugschluss, Gut und Böse seien nicht zu trennen, so wie bei der Elektrizität der eine Pol nicht von dem anderen zu trennen sei. Dies jedoch ist ein Irrtum, der einer Verwechslung der Ebenen entspringt. Man kann das Ein- und Ausatmen oder die zwei Pole der Elektrizität (= Polarität) nicht mit Gut und Böse (= Dualität) gleichsetzen. Gut und Böse sind nicht gleichwertige Pole der Polarität, sondern gegensätzliche Aspekte der Dualität. Das typische Symbol hierfür ist die Dunkelheit, die nur deshalb entsteht und existiert, weil sich etwas Spaltendes vor das Licht geschoben hat. Dunkelheit ist das Gegenteil von Licht, aber Licht ist nicht das Gegenteil von Dunkelheit, denn die Ausgrenzung erfolgt nur von der Seite der Dunkelheit. Nicht das Licht erzeugt die Dunkelheit, sondern die Kräfte, die sich aus eigener Initiative vom Licht trennen und sich vom Licht, und damit auch von der göttlichen Liebe, trennen und dann pseudoreligiöse oder atheistische Ideologien formulieren, um sich selbst und ihr Verhalten zu rechtfertigen. Die Trennung vom „Licht", oder von der Quelle, bedeutet, dass man sich von der unendlichen Energie Gottes getrennt hat und deshalb auf Energiejagd gehen muss. Diese Abspaltung, mit der daraus resultierenden „Notwendigkeit" einer Jagd nach Energie, ist der archetypische Grund für alle bösen Handlungen wie Ausbeutung, Raubbau, Kriege, Gewalt, Lügen, Verleumdungen usw.

Eine Trennung vom Unendlichen ist durchaus möglich. Paradox ausgedrückt: Wir können uns von Gott trennen, aber Gott trennt sich nie von uns. Bildlich gesprochen: Wir können uns vom Licht trennen und Dunkelheit erzeugen, aber das Licht wird dadurch weder verringert noch aufgelöst, und sobald wir das Trennende überwinden, wird die vorherige Dunkelheit wieder Licht, wie wenn sie nie Dunkelheit gewesen wäre. Das Gute ist nicht abhängig vom Bösen. Gut und Böse sind nicht gleichwertig, obwohl sie beide relativ sind. Relativ bedeutet „abhängig von Bedingungen; in Relation stehend".

Das Relative definiert sich nicht aus sich selbst heraus, sondern ist abhängig von höheren Kriterien. Philosophisch gesprochen: Das Relative ist abhängig vom Absoluten. Das Gute ist nicht einfach deswegen gut, weil es das Gegenteil des Bösen ist. Das Gute ist gut, weil es in Resonanz mit dem Gleichgewicht der göttlichen Ordnung ist. Das Böse hingegen definiert sich durch die Negation des Guten, weshalb die negierende („negative") Seite der Dualität immer aus zwei Einseitigkeiten besteht, dem Zuviel und dem Zuwenig.

Gut und Böse sind also nicht gleichwertig, weil das Relative nicht unabhängig existiert, sondern immer eingefügt ist in das Ganze und immer einen Bezug zum Absoluten hat. Deshalb ist es entscheidend, was wir unter „absolut" verstehen. Im ganzheitlichen (theistischen) Verständnis sehen wir das Absolute als den lebendigen Gott mit Bewusstsein und Willen, weshalb wir hier und nur hier einen absoluten Maßstab haben, nämlich das Schöpfungsgleichgewicht sowie Gottes Willen (Liebe, Verbundensein mit der Quelle, Einssein mit Gott und allen Teilen Gottes). Das Gute steht in Resonanz mit Gottes Willen, wohingegen das Böse sich selbst abtrennt und abspaltet, so wie die symbolische Dunkelheit vom Licht. Das Gute definiert sich nicht durch sein Gegenteil, sondern durch seine Entsprechung mit der göttlichen Ordnung und Liebe. Mit anderen Worten: Das Gute kann aus sich selbst heraus existieren, das Böse hingegen ist eine Verneinung der göttlichen Ordnung.

„Irrtum ist verfehlte Wahrheit, aber Wahrheit ist nicht einfach ein verfehlter Irrtum. Hass ist Mangel an Liebe, aber Liebe ist nicht einfach ein Mangel an Hass. Krieg ist Abwesenheit von Frieden, aber Friede ist nicht einfach Abwesenheit von Krieg."
Armin Risi

Das Böse ist die Kraft, die sich gegen die göttliche Ordnung wendet und als spaltende Kraft in die eine oder die andere Form von Einseitigkeit führt, bis in die Extreme des Zuviel und Zuwenig. Die atheistische bzw. monistische Esoterik führt zu dem Trugschluss, Gut und Böse seien gleichwertig und könnten nur gegenseitig existieren, das heißt: Alles sei relativ. Lüge und Wahrheit seien immer nur relativ und subjektiv. Liebe könne nicht ohne Hass existieren, und ohne Hass gäbe es keine Liebe. Ohne Dunkelheit gäbe es kein Licht. Ohne das Böse gäbe es nichts Gutes. Das ist die typische *„luziferische"* Selbstrechtfertigung des Bösen.

Eine weitere wichtige Unterscheidung ist die von Einheit und Ganzheit. Ganzheit umfasst die Einheit, ist aber mehr als einfach nur Einheit. Die Ganzheit umfasst sowohl die Einheit (Nondualität+Dualität) als auch die

Vielheit (Bewusstsein, Individualität) und damit verbunden das Mysterium des freien Willens. Dies ist entscheidend für ein ganzheitliches (theistisches) Verständnis von Karma.

Karma bedeutet nicht einfach Vorherbestimmung, wie in der oben beschriebenen Selbstrechtfertigung geglaubt wird. Karma bedeutet Ursächlichkeit oder Kausalität – das Prinzip von Ursache und Wirkung als das sechste hermetische Gesetz. Und die wichtigste Ursache ist immer der Wille des Menschen. Wie frei unser Wille ist, ist abhängig von der Reinheit unseres Bewusstseins.

Wir haben einen freien Willen, weil wir Teile Gottes sind und weil Gott *Bewusstsein und Willen „hat"*. Wird das Absolute nur als Einheit gesehen, ohne Willen und Bewusstsein, hätten auch wir keinen freien Willen. Wir wären wie willenlose Spielbälle im Fluss von Aktion und Reaktion.

Und ja, es stimmt: Es gibt keine Zufälle. Alles, was geschieht, hat eine Ursache, und die Hauptursache in unseren Interaktionen ist immer der freie Wille. Wir haben immer die Möglichkeit, die Weichen neu zu stellen. Das Leben findet *immer* in der Gegenwart statt. Wir können jederzeit neue Karma-Ketten beginnen und auch alte Karma-Ketten auflösen. Das ist die Verantwortung, die mit dem freien Willen einhergeht. Erst durch die Gesetze von Aktion und Reaktion kommen wir in bestimmte Situationen, aber die Gesetze zwingen uns nicht zu bestimmten Handlungen. Karma prädestiniert nur Situationen, aber nie Handlungen. Selbst wenn jemand aufgrund eines früher erlittenen Unrechts die Möglichkeit bekommt, Gleiches mit Gleichem zu vergelten, ist neben den Gesetzen immer auch der freie Wille und das Gewissen vorhanden, und diese inneren Stimmen sagen uns, was dem göttlichen Willen entspricht. Ob wir dementsprechend handeln oder nicht ist unser freier Wille und unsere Verantwortung. Somit stellt sich die Frage: ist das Böse außerhalb von Gott?

Wenn Gott die Ganzheit ist, umfasst er alles, also auch das Böse, denn es gibt nichts außerhalb des Allumfassenden. Wenn wir diese heikle Wahrheit monistisch interpretieren, führt dies wiederum zu einer Rechtfertigung des Bösen. Das Böse ist „außerhalb" von Gott, so wie Dunkelheit „außerhalb" des Lichts ist, aber wenn die Mauern fallen, ist dort, wo Dunkelheit war, ebenfalls Licht. Um es paradox zu formulieren: *Gott ist alles, aber nicht alles ist Gott.* Oder bildlich ausgedrückt: *Licht ist überall, aber nicht überall ist Licht.*

Nämlich dort nicht, wo es dunkel ist. Aber *„Licht ist überall"*, deshalb kann es dort, wo es dunkel ist, auch wieder licht werden. Licht schafft keine Dunkelheit, lässt die Dunkelheit aber zu, wenn sich jemand von „ihm" abtrennen will. Im Licht haben wir immer einen aktiven freien Willen. Niemand muss im Licht bleiben, und niemand muss in die Dunkelheit gehen. Die Erzeugung von Dunkelheit ist eine freiwillige, keine notwendige Erfahrung. Wäre das Böse notwendig, wäre es gleichwertig wie das Gute, so wie dies von monistischen und atheistischen Weltbildern letztlich impliziert wird.

Diese Differenzierungen sind sehr wichtig, denn hier entscheidet es sich, ob wir das Böse rechtfertigen oder es als solches erkennen, um es dadurch zu heilen. Solange wir es mit nicht-ganzheitlicher Philosophie rechtfertigen, stärken wir es, genauso wie wenn wir Angst davor haben, es hassen oder es ignorieren. Die vorrangige Herausforderung in der heutigen Zeit ist die allumfassende Heilung. Dazu gehören zuallererst die klaren Unterscheidungen. Unterscheiden, um richtig zu entscheiden.

7.3. Das Sonnen – und das Schattenkind

Unterscheiden will erst gelernt werden, damit wir bewusst in der Ganzheit, nach der wir uns immer so sehnen, auch leben können. Es ist schließlich nicht immer einfach, gute und rechte Entscheidungen zu treffen. Um bewusst Ganzheit zu erfahren müssen wir unsere Schatten wieder ins Licht bringen – es reicht nicht nur um sie zu wissen. Ein solcher Weg führt in die Tiefe, in die eigene Unterwelt, zu unseren Trieben oder wie Siegmund Freud es nannte: zum „ES", dem *Lustprinzip*[93] und zum inneren Kind. Wird dieser Weg wirklich bis in die Tiefen gegangen, so ist er oft mit einer sogenannten *Wandlungs-Krise* verbunden. Diese Wandlungs-Krise hilft innerlich zu wachsen, das heißt wirklich erwachsen zu werden und die Wahrheit (über

93. Das *Strukturmodell der Psyche* oder *Drei-Instanzen-Modell* ist ein von dem österreichischen Tiefenpsychologen Dr. Sigmund Freud beschriebenes Modell der Psyche des Menschen, bestehend aus drei Instanzen mit unterschiedlichen Funktionen: das „ES" (Bedürfnisse, Libido, Destrudo), das „ICH" (kritischer Verstand, Triebverzicht und -aufschub), und das „ÜBER-ICH" (Gebote, Verbote).

sich selbst) zu erkennen.

„Ihr werdet die Wahrheit erkennen, und die Wahrheit wird euch befreien."
Johannes 8,32

Jeder Mensch hat eine einzigartige Heilungs- und Entwicklungsaufgabe. Ebenso hat er seinen ganz individuellen Lebensweg, seinen ganz persönlichen Seelenplan und er bringt alle entsprechenden Voraussetzungen dafür mit, um *sich selbst* zu erkennen. Jeder von uns hat Kräfte, Talente, Fähigkeiten, die, leicht zu erkennen in einer guten Horoskop-Deutung, nach Erfüllung drängen.

„ES" bezeichnet jene unbewusste Struktur, deren Inhalt psychischer Ausdruck der Triebe (etwa Nahrungstrieb, Sexualtrieb, Todestrieb), Bedürfnisse (Geltungsbedürfnis, Angenommenseins-Bedürfnis) und Affekte (Neid, Hass, Vertrauen, Liebe) ist. Zentral sind dabei die Grundtriebe, der Vereinigungstrieb (auch „Libido") und der Zerstörungstrieb (auch „Destrudo" oder Tanatostrieb). Sie nehmen zentrale Rollen im Ödipuskomplex ein. „Es ist der dunkle, unzugängliche Teil unserer Persönlichkeit; das wenige, was wir von ihm wissen, haben wir durch das Studium der Traumarbeit und der neurotischen Symptombildung erfahren und das meiste davon hat negativen Charakter, lässt sich nur als Gegensatz zum Ich beschreiben. Wir nähern uns dem Es mit Vergleichen, nennen es ein Chaos, einen Kessel voll brodelnder Erregungen." (Sigmund Freud: Neue Folge der Vorlesungen.)

Und da jeder Mensch Potential besitzt, das er nutzen kann, ist es eigentlich nichts „Besonderes" im Sinne einer narzisstischen Aufwertung. Wir folgen lediglich unserem Lebensplan und erfüllen unsere heilsame Aufgabe, indem wir dem Leben dienen. Diese Erkenntnis könnte uns sogar vor narzisstischem „Sich-groß-machen" oder schamhaftem „Sich-klein-machen" schützen. Wenn wir unsere innere Spaltung überwinden und unterscheiden lernen, anstatt zu trennen, wenn wir alle Schattenanteile in uns anerkennen, dann führt dies zu wahrer Selbst-Erkenntnis und zur Selbst-Verwirklichung im Sinne der Verwirklichung unseres wahren höheren Selbst.

„Der Schmerz ist der große Lehrer der Menschen. Unter seinem Hauche entfalten sich die Seelen."
Marie von Ebner-Eschenbach

Um dies zu erreichen, müssen wir uns um unsere Triebe kümmern, um unser inneres Kind und besonders um das, was in der Vergangenheit in uns verletzt wurde. Jeder Erwachsene war einmal Kind, und dieses innere Kind geht auch beim Erwachsenwerden nicht verloren. Die Erfahrungen unserer Kindheit prägen ganz enorm unser späteres Verhalten im Leben. Das verletzte innere Kind erkennen wir daran, dass uns eben die Vergangenheit immer wieder einholt und sich seelische Verletzungen immer wieder wiederholen. Zumeist stammen sie aus der Kindheit, aber auch aus vergangenen Leben und sind uns immer unbewusst, solange bis wir beginnen sie zu erkennen, sie lernen liebevoll anzunehmen und zu heilen. Es kann sich um Kränkungen des Selbstwerts handeln, um Liebesentzug, Vernachlässigung bis hin zu schwerem Missbrauch. Es geht immer um negative Erfahrungen, Kränkungen, unschöne Erlebnisse und belastende Emotionen, die wir als Kind in irgendeinem Leben gemacht, erlebt, gefühlt haben. Sie bleiben tief in uns verwurzelt und beeinflussen uns unbewusst. So lassen sich falsche Entscheidungen, Ängste und Konflikte auf die Wunden zurückführen.

„Demut ist Unverwundbarkeit."
Marie von Ebner-Eschenbach

Aber natürlich war in der Kindheit auch nicht immer alles schlecht. Es gab auch schöne und glückliche Momente voller Lachen und Freude. Deshalb unterteilt die Psychologin, Therapeutin und Spiegel-Bestseller-Autorin Stefanie Stahl das innere Kind in ein Sonnen- und ein Schattenkind. Überwiegen die schönen Momente, gehen wir mit Stärke und Selbstbewusstsein ins Erwachsenenleben. Sitzen Schmerz und Enttäuschung sehr tief, steht uns das Schattenkind oft im Weg und hindert uns daran, unser volles Potenzial zu entfalten. Um uns von der Vergangenheit zu befreien und mit uns ins Reine zu kommen, führt uns der Weg über dieses innere Kind, mit dem wir Frieden schließen dürfen.

Was kann man nun für sein inneres Kind tun, wenn uns die Vergangenheit nicht loslässt? Oder man immer wieder und wieder vor dem selben Problem steht, dass uns am Vorwärtskommen und am Glücklichsein hindert? Es ist sicher nicht einfach, auf sein Schattenkind zuzugehen. Die Psychologin und Yogalehrerin *Selina Vogt* bietet dazu einen Online-Test mit dem Titel *„Welches Schattenkind steckt in Dir?"* an[94] Dieser Test könnte eine erste Begegnung mit Ihrem Schattenkind sein. Sie bekommen von ihm ein erstes Bild und können es so vielleicht besser verstehen, um es danach noch näher kennen lernen zu wollen. Weitere Schritte ergeben sich, wenn man erstmal Angst und Distanz überwindet und mutig einen ersten Schritt ins eigene Innere tut. Dann können Sie die fünf Bewusstseins-Schritte nach Stefanie Stahl machen, um sich mit seinem inneren Kind noch genauer zu befassen. Sehr wirkungsvoll ist auch die Reflexion mit einem Berater oder Therapeuten um aus den alten Verhaltensmustern auszusteigen.

7.4. Fünf heilsame Schritte

Schritt 1: Stellen Sie sich Ihrer Vergangenheit

Um mit dem inneren Kind in Kontakt zu treten, müssen Sie sich Ihrer Vergangenheit stellen. Oft verdrängen wir Negatives und versuchen es zu überspielen. Trotzdem bleiben die negativen Erfahrungen und Emotionen weiterhin da und beeinflussen uns unbewusst. Wenn Sie mit Ihrem inneren Kind in Verbindung treten wollen, lassen Sie auch das Negative und Schmerzhafte zu. Akzeptieren Sie, was früher geschehen ist, versuchen Sie es anzunehmen was keinesfalls meint, die schlimmen Erfahrungen gut zu heißen. Auch das schlimmste Schicksal anzunehmen ist eine notwendige Voraussetzung, um es endgültig hinter sich zu lassen. Nur wenn Sie sich Ihren schmerzhaften Gefühlen stellen, kann ein Heilungsprozess auch wirklich stattfinden.

Schritt 2: Lassen Sie Ihre Glaubenssätze los

94. https://www.einfachganzleben.de/meditation-achtsamkeit/selbsttest-inneres-schattenkind

Negative Glaubenssätze sind oft der Hinderungsgrund, um neue Dinge zu wagen, nach vorne zu schauen und sich selbst zu verwirklichen. Wenn Sie als Kind oft Sätze wie „Das kannst du nicht", „Du bist nicht gut genug" oder „Du verdienst das nicht" gehört haben, dann werden Sie sich auch als Erwachsener weniger zutrauen. Diese negativen Glaubenssätze können unser gesamtes Handeln prägen und uns deshalb immer wieder in eine Sackgasse laufen lassen.

Höchste Zeit also, diese Glaubenssätze aus der Kindheit loszulassen und in positive umzuformulieren. Sie können das sicher ganz hervorragend, denn Sie sind sehr wohl gut genug und verdienen alle Liebe und Zuwendung dieser Welt. Das Umpolen zum positiven Denken braucht aber auch seine Zeit. Wenn Sie sich immer wieder selbst positiv bestätigen, können Sie alles schaffen, was Sie wollen. Das Gerede der anderen kann Ihnen ganz egal sein, wenn Sie nur an sich selbst glauben.

Schritt 3: Schließen Sie Frieden mit alten Verletzungen

Vielleicht haben Sie von Ihren Eltern wenig Liebe und Aufmerksamkeit bekommen, oder durften Ihre kindlichen Bedürfnisse nicht frei ausleben? All diese seelischen Verletzungen prägen uns und hinterlassen oft tiefe Wunden, die nie wirklich heilen konnten. Doch es ist nie zu spät für den Heilungsprozess. Deshalb verbinden Sie sich mit Ihrem Schattenkind, trösten Sie es und schließen Sie Frieden mit dem, was geschehen ist. Sagen Sie ihm die Dinge, die Sie damals von Ihren Eltern gerne gehört hätten. Sagen Sie ihm, dass Emotionen wie Wut, Enttäuschung und Verzweiflung völlig ok sind. Und sagen Sie ihm, dass es nicht allein ist. Geben Sie ihm jetzt die Geborgenheit und Liebe, die es damals vermisst hat.

Schritt 4: Stärken Sie Ihr Sonnenkind

Um alte Wunden zu heilen und endlich frei für ein zufriedenes, erfülltes Leben zu sein, sollten Sie Ihr Schattenkind trösten und gleichzeitig Ihr Sonnenkind stärken. Denn es steht für das Selbstbewusstsein, mit dem Sie durchs Leben gehen, sich Ihren Herausforderungen stellen und genau das tun, was Sie glücklich macht. Erinnern Sie sich an die wundervollen Momente in Ihrer Kindheit, als die Welt in Ordnung war, Sie keine Sorgen hatten und sich völlig geborgen fühlten? Aus diesen Momenten können Sie

Ihre Stärke ziehen. Auch wenn der Alltag, der Job oder die Beziehung so manche Herausforderungen bereithält – Ihr Sonnenkind gibt Ihnen die Kraft, Probleme zu bewältigen und positiv nach vorne zu blicken.

Schritt 5: Entdecken Sie Ihre Bedürfnisse

Wenn Sie sich intensiver mit Ihrer Vergangenheit beschäftigen und die Wurzeln Ihrer Verhaltensmuster erkennen, werden Sie Ihre eigenen Bedürfnisse ganz neu entdecken. Was wollen Sie wirklich im Leben? Was macht Ihnen wirklich Spaß? Welche Ziele würden Sie gerne noch erreichen? Viel zu lange haben Sie Ihre Bedürfnisse, Wünsche und Träume in den Hintergrund gestellt, weil Ihnen der Mut und das Selbstvertrauen zur Verwirklichung gefehlt haben. Doch mit neuem Selbstbewusstsein steht Ihnen die Welt offen. (Vgl. Stahl, 2017)

7.5. Die schöpferische Macht des Schatten

„Der Teufel ist das, was du siehst, wenn du mit dem Rücken zum Licht stehst."
Karin Waltl

Dunkelheit als etwas Negatives ist etwas Duales, wie uns *Armin Risi* näher erklärt hat, und somit auch etwas, dass ich in mir verändern kann, wenn ich es beleuchte. Licht ist Bewusstheit und Schatten (Dunkelheit) ist Unbewusstheit. Ich selbst kann entscheiden, wann und wie ich mich für das Licht öffnen möchte, mich „durchlichten" lassen möchte. Indem ich den Schatten in mir erkenne, kann ich ihn wandeln und allein ich entscheide, wann und wie ich die Reise zum Licht antreten möchte.

Die Wunden gehen in den Schatten, sinken ins Unbewusste und beherrschen von dort aus die Menschen. Psychische Schatten bilden sich aus allen unangenehmen, schmerzlichen, entsetzlichen und ängstigenden Erfahrungen, Empfindungen, Gefühlen, inneren Bildern und Gedanken, die *dem personalen Ich unannehmbar* erscheinen. Darum unterliegen sie der Abwehr und werden verdrängt, verleugnet, abgespalten oder in Form von Projektionen beim Anderen untergebracht. Es ist das menschliche Ego, welches die Schatten verleugnet – *das Ego ist der Schatten des personalen Ich.* Es will Macht, Reichtum und ewige Jugend, um jeden Preis, es hat riesige unbewusste Todesangst, daher kämpft es mit allen zur Verfügung stehenden Mitteln. Es ist unbewusst-aggressiv, voller Gier, Machtstreben, Brutalität und zuweilen auch voller Mordlust. Das Ego ist unfähig zu fühlen, darum fehlt ihm die Fähigkeit zur Liebe und zum Mitgefühl. (Vgl. Croissier, S. 262)

Besonders ein spiritueller Mensch sollte wach bleiben und sich nicht von seinen Ego-Anteilen täuschen lassen. Nirgends ist der narzisstische Schatten so problematisch wie im Bereich der Psychologie, der Religionen und der Esoterik oder allgemein in Heilberufen. Es reicht nicht zu meditieren, zu philosophieren und sich am Begriff „Non-Duality"[95] festzuhalten. Solange wir uns hier verkörpern, liegt unsere spirituelle Aufgabe auf der Erde, sonst wären wir gewiss an einem anderen Ort. Hier auf Erden dürfen wir uns unserer Lebensrealität, unseren alten Wunden stellen. Wir können das „Finstere und Böse" zu etwas „Lichtvollen" in uns wandeln, dann, wenn es sich zeigen darf, wenn es aus dem Schatten befreit wird. Das Lichtvolle, die Liebe, Dankbarkeit und Freude kann uns hier ein Anker sein, der uns hält, wenn die Dunkelheit und der Schmerz uns zu überwältigen droht. Balancieren und ausgleichen, diese Aufgabe meistert dann das „Selbst". Die destruktive Energie, die dem Schatten abgerungen wird indem dieser ans Licht gelangt, fließt direkt zurück zum personalen Ich. Ich-Bewusstsein führt zu Selbst-Bewusstsein und damit letztlich zur Befreiung.

7.6. Schattenarbeit

„Wir finden die Erleuchtung nicht, indem wir uns Lichtfiguren vorstellen, sondern die Dunkelheit ins Licht des Bewusstseins bringen."
C.G. Jung

---

95. Non-Duality oder Nicht-Dualität bedeutet, dass Zwei und Mehr, die voneinander getrennt sind, nicht als eine Realität oder Wirklichkeit existieren, einschließlich des Raumes, der sie trennt. Sie existieren, doch ihre Namen, Realität, Wirklichkeit und Trennung sind nichtsdestoweniger illusionär. Dr. Vijai S. Shankar, Gründer der Academy of Advaita.

Zur Schattenarbeit eignen sich viele tiefenpsychologische, energetische bzw. ganzheitlich spirituelle Methoden, um Schattenaspekte zu integrieren. Hier einige Beispiele:

Traumarbeit mit dem konkret erinnerten Traum und die folgende Deutungsarbeit, ist eine sehr direkte Methode zur Anerkennung des Schattens. Dazu ist ein Traumtagebuch zur Aufzeichnung des Trauminhalts wichtig und die anschließende Analyse.

Mit *Inneren Reisen, Trace-Reisen* oder *Schamanischen Heilungs-Ritualen* können der „dunkle Bruder" und die „dunkle Schwester" in uns belichtet und angenommen werden.

Mit *Systemischer Arbeit* wie zum Beispiel *Familienaufstellung* achten wir die dunklen Vermächtnisse unserer Familienmitglieder und Ahnen, nehmen den eigenen Schatten an und geben zurück, was nicht zu uns gehört.

Mit *energetischer Körperarbeit* (Feldenkrais, Alexander-Technik, Thai-Yoga, Lomi-LomiNui, Yoga- und Atemtechniken, usw.) werden abgespaltene Schatten-Impulse wieder in den Körper integriert.

In der *Gestalttherapie* und im *Psychodrama* wird zu den Schattenfiguren dialogisch wieder eine Beziehung hergestellt.

Mit einer „alchemistischen Meditation" wird das Bleierne des Schattens wieder ausbalanciert und in „Gold" (Bewusstsein, Weisheit) verwandelt.

In der *Reinkarnationstherapie* werden Schatten aus vergangenen Leben erkannt und im Hier und Jetzt durch Integration ins Bewusstsein wieder geheilt.

Im *Holotropen Atmen*, im Zustand eines veränderten Bewusstseins, werden die unterschiedlichsten Dimensionen der Schatten erkannt und können im Atemprozess transformiert werden.

Schatten-Integration kann auch künstlerisch sein, indem wir unseren Schatten kreativ Gestalt geben, ihn wesenhaft und sichtbar machen durch Bilder, Skulpturen, Dichtung, Theater und Tanz.

7.7. Fragen zum Schatten

„Wohin man auch geht, sich selbst entkommt man nicht. Es ist so wie mit dem eigenen Schatten, der folgt einem auch überallhin.“
Haruki Murakami

Wenn man beginnt, sich mit dem eigenen Schattenanteilen auseinander zu setzen, helfen zu Anfang ganz konkrete Fragen, die man sich selbst, ganz in Ruhe und Stille und mit ausreichend Zeit, stellen kann. Idealerweise werden die beantworteten Fragen mit einem Therapeuten/Heiler reflektiert.

- Bin ich bereit, meine eigenen Schatten zusehen?
- Welcher verborgene Schatten bedrängt oder beschämt mich am meisten?
- Wem möchte ich mich mit meinem Schatten mitteilen?
- Welche meiner Schatten projiziere ich am ehesten auf andere? Warum?
- Kann ich meine Projektionen beobachten?
- Bin ich bereit sie zurückzunehmen?
- Habe ich mit der Zurücknahme bereits heilsame Erfahrungen gemacht?
- Welche einseitige Vorstellungen bezüglich meiner Schatten habe/hatte ich von mir selbst?
- Welches sind meine harmlosen Schatten?
- Welches sind meine finsteren Schatten?
- Kenne ich die Angst „böse“ zu sein oder auch nur so zu erscheinen, wenn mein Schatten sichtbar wird?
- Welcher meiner Schatten geht am ehesten in Resonanz mit den Schatten anderer, mit einem Kollektivschatten?
- Welcher Kollektivschatten hat Macht über mich? Hat mich gepackt, infiziert?
- Wie behindere ich meine Selbst-Entwicklung, indem ich meine Schatten verleugne?
- Wie fühle ich mich, wenn mein abgelehnter Schatten durch Begegnungen oder Ereignisse (als Spiegel) in mein Leben tritt?
- Kenne ich das Erleben und Erleiden der Schatten-Realisierung?
- Wie fühle ich mich in der Anerkennung meiner Schatten?
- Bin ich schon einmal „Dämonen“ oder „Teufeln“ begegnet?
- Gibt es in mir einen „dämonischen Schatten“, einen Dämon?

- Wodurch ist er entstanden, durch welche persönlichen Traumata?
- Durch welche Generationen überdauernde oder gesellschaftlichen Traumata?
- Wie zeigt er sich?
- Resultieren meine finsteren Schatten eher aus panischer[96] Verleugnung? Verleugnung der erdhaften, wilden und sexuellen Energie?
- Oder resultieren sie aus der Verleugnung von Eigen-Willigkeit bzw. Eigen-Mächtigkeit? Oder aus beidem?
- Kenne ich die drängende energetische Ladung meiner Schatten?
- Mit welchem Schatten und in welchen Situationen erlebe ich dieses Drängen am Stärksten?
- Gibt es in mir eine wilde Schattenmacht, die befreit werden will?
- Habe ich den Nutzen integrierter Schattenenergie schon erlebt? Als zunehmende Ich-Stärkung? Lebensfreude? Bewusstseins-Entwicklung? Erfahrung von Einheit? Schöpferische Kraft? Oder anders?
- Wie fühle ich mich mit den Schattenthemen anderer?
- Welche Ängste fühle ich, wenn ich den Schatten anderer begegne?
- Welche dieser Schatten ängstigen mich am meisten?
- Haben diese Schatten auch mit mir zu tun?
- Was möchte ich bezüglich meiner Schatten verändern? (Vgl. Croissier, S. 296 ff)

7.8. Reise zum inneren Schatten

„Wer das Licht bringen will, muss in die Dunkelheit gehen."
Benjamin Stramke

Schattenarbeit funktioniert nur dann, wenn man zu seinem Schatten steht, sich zu ihm bekennt und zwar völlig. *„{...} das völlige Bekenntnis, und zwar nicht nur die intellektuelle Feststellung eines Tatbestands durch den Kopf, sondern auch die Auslösung der zurückgehaltenen Affekte, die Feststellung des Tatbestandes durch das*

96. *Panik* oder *panisch sein* ist ein hochgradig emotionaler Zustand übersteigerter Angst. Der Name leitet sich ab von dem griechischen Hirtengott *Pan.* Er symbolisiert auch die Sexualität, die Wollust und die Liebe. Panischer Schrecken befällt die Hirten, wenn Pan sich in Tollheit erhebt.

Herz {...}[97] schrieb C.G. Jung. Bei meinen Klienten arbeite ich viel mit der Methode „Reisen ins Innere“, „Trance-Reisen“, Phantasiereisen oder wie man es nennen mag. Es ist immer eine Reise in unser Unbewusstes, in unsere Seelenlandschaft, die wir sonst nur aus unseren Träumen kennen. Ich möchte dem Leser nicht zu viele Bilder oder Szenen vorgeben und leite die Reise deshalb so an, dass Sie Raum für eigene Impulse und innere Bilder haben. Dies wirkt heilsam, weil sich die Weisheit der archetypischen Bilder ganz individuell in Ihrem Inneren entfalten darf. Betrachten Sie diese Anleitung nicht als Feststellung sondern eher als Anregung und folgen Sie bitte immer Ihrer inneren Weisheit.

Nehmen Sie sich Zeit, Ruhe und sorgen Sie für einen ungestörten Rahmen.

Sitzen Sie bitte aufrecht aber bequem und atmen Sie etwas tiefer als Sie das sonst tun.

- Schließen Sie Ihre Augen, verbinden Sie sich mit dem Großen Bewusstsein und mit Mutter Erde, indem Sie Ihre Füße wahrnehmen und Ihren Scheitel, durch Ihren lebendigen Atem oder mit einer Bewegung Ihrer Hände ... wie Sie das gerne möchten, so ist es gut. (...)
- Machen Sie sich nun mit Hilfe Ihrer inneren Augen auf den Weg ins Schattenreich.
- Finden Sie einen eigenen Zugang zu Ihrem Schattenreich ... vielleicht hinab, über eine Treppe ... durch das Öffnen eines Tores ... einem Boot über einen Fluss, ein Steg, eine Brücke ... durch einen Höhleneingang ... lassen Sie ein Bild kommen. (...)
- Sie betreten nun eine andere Welt ... das innere Reich des Schattens. (...)
- Schauen Sie sich um: Was sehen Sie? Wie sieht die Landschaft aus? Welche Wesen leben hier? Wie sehen diese Wesen aus? Gehen diese in Kontakt zu Ihnen? Wie? Sind sie hilfreich oder eher hinderlich? (...)
- Ziel der Reise ist die Begegnung mit Ihrem zentralen Schatten, der in Ihrem aktuellem Thema wirkt. Welches Gefühl steigt auf, wenn Sie sich diesem Ziel nähern? (...)
- Was empfindet Ihr Körper? Wie reagiert er? (...)
- Sie kommen nun langsam Ihrem Ziel näher, vielleicht verändert sich die Landschaft?

---

97. Carl G. Jung, Grundwerk Bd.2, S. 148

- Die Behausung Ihres Schattens wird allmählich sichtbar.
- Wie, wo wohnt er/sie? Haus, Hütte, Höhle, Palast? Etwas ganz anderes? (...)
- Sie treten ein und können nun, vielleicht, Ihr Schattenwesen sehen.
- Schauen Sie es an. Wie sieht es aus? Achten Sie auf jede Gestalt, jede Erscheinungsform. (...)
- Er/sie ist Ihr dunkler Bruder, Ihre dunkle Schwester ... Ihr kennt Euch schon lange.
- Ihr habt einen gemeinsamen Ursprung und ihr wurdet einmal getrennt.
- Was fühlen Sie, wenn Sie Ihren Schatten sehen? Atmen Sie in dieses Gefühl. (...)
- Begegnen Sie Ihrem Schatten-Wesen mit Achtung und Wertschätzung. Vielleicht möchten Sie sich vor ihm verneigen?
- Sie erinnern sich: Diese Schwester, dieser Bruder hat Ihnen durch ihr/sein Verbergen geholfen, bestmöglich zu überleben. (...)
- Vielleicht möchten Sie ihr/ihm dafür danken? (...)
- Beobachten Sie nun ganz ohne Wertung wie das Wesen Ihnen begegnet. (...)
- Ist Kontakt zwischen Euch möglich? (...)
- Vielleicht spricht das Schattenwesen mit Ihnen? Was? (...)
- Möchten Sie ihm antworten? (...)
- Vicllcicht kann cin Dialog zwischen Euch entstehen. (...)
- Bitten Sie Ihr Schatten-Wesen nun um ein Geschenk für Sie. (...)
- Das Geschenk kann ein Gegenstand, ein Symbol, ein Bild oder eine verbale Botschaft sein. Achten Sie jede Form und nehmen Sie das Geschenk dankend und wertschätzend an.(...)
- Verwahren Sie es gut bei sich, vielleicht nahe am Körper, vielleicht nehmen Sie es sich zu Herzen. (...)
- Wie möchten Sie die Beziehung nun weiterhin halten und stärken?
- Möchten Sie Ihren Schattenbruder/Ihre Schattenschwester zu Ihnen nach Hause einladen? Möchten Sie bitten, im Alltag zu erscheinen um mit-zu-leben oder in Ihren Träumen zu erscheinen? (...)
- Vielleicht möchten Sie sie oder ihn hier, in dieser Behausung, wieder besuchen und sagen: Ich komme bald wieder. (...)
- Wenn Sie möchten, dann treffen Sie eine Verabredung.

- Danken Sie Ihrem Schatten-Wesen und verabschieden Sie sich nun, sagen Sie „Auf Wiedersehen“ und verbeugen Sie sich vor ihm. (…)
- Machen Sie sich nun auf den Heimweg, mit dem Geschenk nahe bei Ihnen.
- Beschließen Sie, das Geschenk ans Licht zu bringen und in der Welt wirken zu lassen.
- Öffnen Sie die Augen, atmen Sie tief, strecken Sie Ihren Körper und sehen Sie sich im Raum um.
- Vielleicht möchten Sie ein Kreisbild[98] von der Begegnung mit Ihrer inneren Schatten-Gestalt malen? Oder die Erfahrungen aufschreiben, damit sie nicht ins Unbewusste absinken. Oder möchten Sie vielleicht Ihre Erfahrungs-Geschichte gerne mit einem Menschen teilen, damit sie gehört wird?

Durch diese Arbeit kann sich all das Verdrängte, ob Ohnmacht, Schmerz, Trauer und Wut lösen, alles kann wieder ins Fließen kommen. Persönlicher und kollektiver Schmerz will durch weinen und klagen sichtbar und hörbar werden. *Jorgos Canacakis* schreibt: *„Der Trauerschmerz muss durchlitten werden. Wenn du deine Tränenquellen zuschüttest, werden deine Gefühle verdursten.“*[99] Selbst-Erkenntnis ist eben nicht nur ein mentaler Vorgang, denn ohne das fühlende Verstehen gibt es kein geistiges Erwachen. Gefühle und nicht unser Verstand offenbaren uns die Weisheit der Seele. Gefühle (weibliches Prinzip), die angenommen und *bewegt* werden, verbinden sich mit Geist, Intellekt (männliches Prinzip) im menschlichen Herzen zu einer Einheit. Auch diese Verbindung von Weiblich und Männlich, diese Hochzeit von

98. *Kreisbilder* bzw. *Mandala* -Symbole als eine Art von Bildgestaltungen möchte ich an dieser Stelle zumindest erwähnen, da Jung ihnen in seinen therapeutischen Ansätzen eine wichtige Rolle zuweist. Das altindische Wort *Mandala* bedeutet *Kreis* im allgemeinen Sinne. Im religiösen und psychologischen Bereich bezeichnet es *Kreisbilder*, die spontan in Träumen oder Konfliktzuständen vorkommen und bei allen Kulturen und Völkern anzutreffen sind. Die Symbolik der Mandalas wird vor allem in der typischen Anordnung und Symmetrie der Bildelemente deutlich, die auf die Mitte bezogen sind und somit eine Ganzheit versinnbildlichen. (Vgl. Martina Carl, *Tiefenpsychologische Kunsttherapie und die Lehre C.G. Jungs*, Studienarbeit 2001 unter 2.3. *Symbol, Bildgestaltung und Mandalas*)

99. *Jorgos Canacakis, Ich sehe deine Tränen*, S.13

Gefühl und Geist ist in Wahrheit ein sexueller Akt aus dem als „Kind“ die Emotionale Intelligenz und Herzoffenheit hervorgeht. Aus dieser Einheit gestaltet sich menschliche Schöpfungsmacht und wir können das Leben, der eigenen inneren Wahrheit entsprechend durch tätiges Wirken, heilsam gestalten. Damit heilsame Manifestation gelingt, beschreibt *G. Croissier* eine „Schöpfungsformel“ durch fünf aufeinanderfolgende Schritte:

- Wahres Sein (Seele/höheres Selbst)
- Wahres Fühlen
- Wahres Denken
- Wahres Sprechen
- Wahres Tun

Wenn uns Veränderung zum Positiven trotz aller Anstrengung nicht gelingt, dann liegt das meistens an einer Störung im „Wahren Fühlen“ oder bereits im „Wahren Sein“.

Wenn Sein, Fühlen, Denken, Sprechen und Tun nicht synchron und im Einklang sind, gibt es einen inneren Widerspruch, der sich immer wieder zeigen wird und wir können unser Leben nicht so gestalten wie wir wollen. Gefühle und Emotionen beruhen auf energetischen Schwingungen unseres Energiefeldes (Aura). Je durchlässiger und klarer unsere Aura ist, desto klarer sind wir im Denken, Fühlen und Sprechen. Um unsere Verletzungen und Wunden wirklich zu heilen, müssen wir klar fühlen (weiblich) und klar denken (männlich). Bleibt ein Teil in uns unterentwickelt, kann es keine gleichwertige Verbindung, keine Hochzeit von Gefühl und Geist geben und das Herz bleibt mehr oder weniger „verschlossen“. Das ist es, was wir in unserer Gesellschaft oft auch sehen: klischeehafte, unpersönliche, oberflächliche Beziehungen, Unverbundenheit und Abtrennung von der Welt als Ganzheit. Mit Gedanken und Worten können wir andere Menschen täuschen, aber wahre Gefühle sind identisch mit dem Ursprung, der Quelle und offenbaren die Wahrheit der Seele. Darum gibt es keine Heilung der Wunden, wenn wir nicht bereit sind zum Wahren Fühlen.

7.9. Wahres Fühlen kann man üben

- Treffen Sie die bewusste *Entscheidung*, Ihre Gefühle (in Bezug auf den jeweiligen Schattenaspekt) so tief wie möglich zu fühlen und ganz und gar anzunehmen.
- *Schließen* Sie die *Augen*, atmen sie tief und ruhig, spüren Sie nach Innen.
- Spüren Sie Ihr *Grundgefühl* zum Schattenanteil, ist es Angst, Schmerz, Trauer oder Wut? Widmen Sie sich dem Gefühl, dass Sie aktuell am ehesten wahrnehmen können.
- Erkennen Sie ihr *Gefühl-Abwehr-Muster* gegen dieses Grundgefühl. Fragen Sie sich: Wie vermeide ich dieses Gefühl? Was tue ich, wenn ich voller Schmerz, Trauer, Wut und Angst bin? Gehe ich dann zum Kühlschrank? Telefoniere ich dann? Schalte ich den Fernseher ein? Suche ich Streit mit meinem Partner? Oder …?
- Entscheiden Sie sich nun dafür, dieses Gefühl ganz anzunehmen und sprechen Sie laut den Satz: „Ich bin bereit, den Schmerz, Trauer, … anzunehmen und tief zu fühlen." Schreiben Sie ihn auf um ihn nicht zu vergessen.
- Warten Sie nun, bis durch eine aktuelle Situation in Ihrem Leben dieses Gefühl in Ihnen wieder ausgelöstwird.
- Gehen Sie nun NICHT in die Vermeidung, sondern widmen Sie sich voll und ganz diesem Gefühl. Das braucht Mut, doch Sie erinnern sich daran, Sie haben sich dafür entschieden! Also geben Sie sich dem Gefühl hin. *Atmen* Sie in das Gefühl hinein.
- Erspüren und empfinden Sie das Gefühl im *Körper*. Wo im Körper können Sie das Gefühl am ehesten wahrnehmen? Legen Sie Ihre Hand auf diese Stelle.
- Halten Sie genau dort im Körper das Gefühl und atmen Sie hinein. Geben Sie ihm Ihren lebendigen Atem, damit es stark werden kann. Atmen Sie weiter und lassen Sie nun dieses Gefühl sich *ausdehnen*, geben Sie dem Gefühl Raum.
- Lassen Sie nun das Gefühl, die Emotion sich im Körper bewegen. Wie will sich das Gefühl bewegen? Wie will es sich über den Körper ausdrücken? Wie schwingen?
- Vielleicht als Zittern, Zucken, Beben, mit den Füßen stampfen, mit den Händen schlagen erlauben Sie sich jeden Ausdruck über den Körper,

lassen Sie die Bewegung stark werden. Eine solche *Katharsis*[100] ist heilsam für Leib und Seele.

- Nehmen Sie nun Ihre *Stimme* dazu. Sie ist die Brücke der Gefühle und führt Sie von Innen nach Außen.
- Lassen Sie mit jedem Ausatmen einen Ton vom Gefühl her kommen. Mit jedem Ausatmen lassen Sie das Gefühl tönend schwingen: Wimmern, weinen, schreien, brüllen, wie es eben will …
- Atmen und tönen und bewegen Sie sich in dieser Weise solange, bis die emotionale Ladung ganz von selbst weniger wird, absinkt …
- Vielleicht wandelt sich jetzt der Bewegungsimpuls, vielleicht will der Oberkörper sich weiten, wollen die Arme sich ausbreiten oder nach oben strecken. Vielleicht wollen die Knie sich in Demut senken, knien, … oder vielleicht will sich der Körper weich, wiegend, trösten bewegen. Folgen Sie jedem Ausdrucks-Impuls.
- Auch das Tönen verändert sich, wird leiser, weicher, wandelt sich in einen Sing-Sang, ein Lied, ein Seelen-Lied, ein Dankes-Gebet. (Vgl. Croissier, S. 343f)

7.10. Zeig deine Wunde

„Ich betrete das tiefe Tal meines Schmerzes.
Ich tauche ein, in die Dunkelheit,
in das Schwarz, stürze in meinen Schmerz und
sinke im Zusammenbruch immer tiefer,
gehe zu Boden, gehe zu Grunde.
Ich atme aus und ein Ton entweicht,
es ist ein Jammern, ein Klagen, ein Brüllen vor Schmerz.
Endlos, klagend, anklagend, „warum?" fragend.
Verwundetes Herz. Ich lasse den Schmerz fließen,
so wie er will. Schütteln, zucken, zittern,
der Schmerz zieht an meinen Augen, reißt an meinem Mund und

100. *Katharsis* bedeutet bei Aristoteles die *Reinigung der Seele von Leidenschaften* als Wirkung des antiken Trauerspiels. Psychologisch meint es das *Sich-befreien von psychischen Konflikten und inneren Spannungen durch emotionales Abreagieren.*

ich schreie, brülle, es brüllt aus altem un-aus-halt-barem Schmerz.
Lass es brüllen, sage ich zärtlich zu mir.
Beben wird weniger, Brüllen wird leiser.
Schreien wird Weinen, Weinen wird tönen,
Tönen wird Singen, Singen wird Beten.
… Stille … Ich danke Dir."
G.R. Croissier

Wir dürfen, sollen und müssen letztlich unsere Wunden zeigen, sonst bleiben sie ewig im Schattenland unserer Seele. Wir haben leider verlernt, im Erdreich unseres Schmerzes Wurzeln zu fassen, weil die gesellschaftliche Verpflichtung, glücklich zu erscheinen (glücklich = erfolgreich) uns seit Kindheit geprägt hat. Wir haben gelernt uns „zusammenzunehmen", „runterzuschlucken", so tun als ob nichts wäre. Kränkung, Angst, Schmerz kann aber nicht „verdaut" werden. Sie setzt sich im Körper fest, fällt in die tiefsten Schatten und macht uns krank. Warum Kränkungen krank machen darauf gibt kein Geringerer als der Gerichtspsychiater und Bestseller-Autor *Dr. Reinhard Haller* Antwort in seinem Buch *„Die Macht der Kränkung"*.[101]

Rückzug, Einsamkeit und Ruhe können dabei helfen unsere Wunden zu pflegen. Auch Tiere ziehen sich zurück um ihre „Wunden zu lecken". „Zeig deine Wunde!" ist die Botschaft von Chiron, dem verwundeten Heiler der griechischen Mythologie.[102] Von ihm heißt es, er zog sich in eine Höhle zurück, in die Erdmutter, und heulte vor Schmerz. Wir sind auch *„verwundetet Heiler"* und brauchen auch Rückzug um schmerzliche Erschütterung zuzulassen, wenn wir dem Körper erlauben zu beben und zucken, dann, wenn die gestaute Energie sich entlädt. (Vgl. Croissier, S. 345)

Ob in den alttestamentlichen Klageliedern des Jeremia oder in der griechischen Totenklage, der *Myroloja*, man kannte immer schon den heilsamen dramatischen Ausdruck von Verlust-Schmerz, schreibt der griechische Psychologe *Canacakis*. Es handelte sich dabei gewissermaßen auch um eine „Kunst" die von Frauen, den Klageweibern, ausgeübt wurde. Dieses Schreien und Klagen galt nach und nach als verpönt, wurde als

101. *Reinhard Haller, Die Macht der Kränkung*, 2019 Ecowin Verlag. Sehen Sie dazu auch den gleichnamigen Vortrag als Youtube-Video der Arbeiterkammer Vorarlberg.

102. Chiron zeigt uns auch in unserem Geburtshoroskop unsere Urverletzung.

barbarisch und heidnisch angesehen und später verboten. Dieses Schreien, Klagen, sich an den Haaren reißen vor Schmerz, das begegnet uns heute interessanterweise auf einer geschlossenen psychiatrischen Abteilung. Eine dramatische Verlust- oder Gewalterfahrung verlangt ebenso einen dramatischen und gewaltigen Ausdruck über Körper und Stimme um Erlösung zu finden. Wird die emotionale Entladung unterdrückt, verboten oder gar gewaltsam behindert, wie bei Gewaltverbrechen oder Folter, bleibt die aggressive Ladung im Leib-Seele-System stecken und mündet in schwere körperliche und seelische Störungen. Depressionen, mittlerweile eine psychische Volkskrankheit, ist aus energetischer Sicht eine Verdichtung und Verhärtung von Schmerz und Wut, unerlöst und daher lähmend. Der *dramatische Ausdruck* von Kränkung, Schmerz und Leid über den Körper und Stimme ist eine Erlösung dessen und braucht Begleitung. Schmerz darf und soll zelebriert werden, so bekommt er „Form“ und wird sichtbar. Erst danach wird es innerlich still, friedvoll. Erst dann erfüllt Licht die Dunkelheit.

„Nur der verwundete Arzt, vermag zu heilen.“
Anselm Grün

Begleitung ist hier auch eine gewisse Herausforderung an den Begleiter. Was will die Seele eines Opfers? Sie will Annahme. Einfach nur Annahme von dem was war und von dem was ist. So kann auch nur jemand begleiten, der seine eigene innere Hölle durchschritten hat, nur ein solcher kann Seelen-Führer in dieser Dunkelheit sein, ein „Eingeweihter“. Die wichtigste Haltung ist eine *annehmende Präsenz*. Sie erschafft das Heilungsfeld, indem sich das Dunkelste und Finsterste zeigen darf, weil der Leidende gewiss ist, in Liebe gehalten zu werden. Zulassen was ist oder sein will, keine Beschwichtigung, kein Trost, nur Dasein und ein mitfühlendes Klage-Echo sein, denn ja: „Es tut so weh!“

Ich begleite Menschen bei ihrem „Abstieg“, bis an den „toten Punkt“ wo sie über sich sagen, sie sind am Boden, es geht nicht mehr tiefer. Hier liegt ein erstes Geschenk: Der Boden. Der Boden selbst hilft beim Aufstehen! Auf dieser Reise zum Urschmerz in uns, lernen wir uns erst wirklich kennen.

Wir erkennen, wer wir wirklich sind, und auch, wie stark wir sind. Hier möchte ich ein Wortgeschenk einer Freundin frei zitieren: „Wir lernen die Wasser unserer Gefühle kennen, wie einer, der schwimmen lernt. Am Beginn halten wir uns verkrampft am Ufer fest, haben kein Vertrauen und Angst vom Wasser mitgerissen zu werden. Wir fürchten die Tiefe und kämpfen solange, bis wir loslassen müssen! Wir schlagen um uns, versuchen nicht zu ertrinken, bis dass wir endlich erkennen, es ist das Wasser selbst, dass uns trägt!" Dazu brauchen wir auch göttlichen Beistand. Das Göttliche spricht in der Stille zum Menschen, wenn er zur Ruhe findet, wenn er hört und fühlt. Das Göttliche spricht durch Tiere und Pflanzen, Täler und Berge, Sturm und Wolken, Blitz und Donner und alle Erscheinungen der beseelten Natur. Ein Text der Essener[103] kann uns helfen, uns mit der Göttlichen Kraft zu verbinden:

Enochs Vision – Die Älteste Offenbarung – Gott spricht zum Menschen:

„Ich spreche zu dir: Sei still, wisse, ich bin Gott.
Ich sprach zu dir als du geboren wurdest:
Sei still, wisse, ich bin Gott.

Ich sprach zu dir bei deinem ersten Blick:
Sei still, wisse, ich bin Gott.

Ich sprach zu dir bei deinem ersten Wort:
Sei still, wisse, ich bin Gott.

Ich sprach zu dir bei deinem ersten Gedanken:
Sei still, wisse, ich bin Gott.

Ich sprach zu dir bei deiner ersten Liebe: Sei still, wisse, ich bin Gott.

---

103. Essener oder auch Essäer ist der Name für eine nach strengen Vorschriften lebende, jüdische Gruppierung der Antike.

Ich sprach zu Dir bei deinem erstem Lied:
Sei still, wisse, ich bin Gott.

Ich spreche zu dir durch das Gras der Wiese:
Sei still, wisse, ich bin Gott.

Ich spreche zu dir durch die Bäume der Wälder:
Sei still, wisse, ich bin Gott.

Ich spreche zu dir durch die Täler und Hügel:
Sei still, wisse, ich bin Gott.

Ich spreche zu dir durch die Heiligen Berge:
Sei still, wisse, ich bin Gott.

Ich spreche zu dir durch Regen und Schnee:
Sei still, wisse, ich bin Gott.

Ich spreche zu dir durch die Wogen des Meeres:
Sei still, wisse, ich bin Gott.

Ich spreche zu dir durch den Tau des Morgens:
Sei still, wisse, ich bin Gott.

Ich spreche zu dir durch den Abendfrieden:
Sei still, wisse, ich bin Gott.

Ich spreche zu dir durch das Leuchten der Sonne:
Sei still, wisse, ich bin Gott.

Ich spreche zu dir durch die funkelnden Sterne:
Sei still, wisse, ich bin Gott.

Ich spreche zu dir durch den Sturm und die Wolken:

Sei still, wisse, ich bin Gott.

Ich spreche zu dir durch Donner und Blitz:
Sei still, wisse, ich bin Gott.

Ich spreche zu dir durch den geheimnisvollen Regenbogen:
Sei still, wisse, ich bin Gott.

Ich werde zu dir sprechen wenn du allein bist:
Sei still, wisse, ich bin Gott.

Ich werde zu dir sprechen durch die Weisheit der Alten:
Sei still, wisse, ich bin Gott.

Ich werde zu dir sprechen am Ende der Zeit:
Sei still, wisse, ich bin Gott.

Ich werde zu dir sprechen wenn du meine Engel gesehen hast:

Sei still, wisse, ich bin Gott.

Ich werde zu dir sprechen in Ewigkeit: Sei still, wisse, ich bin Gott.

Ich spreche zu dir: Sei still, wisse, ich bin Gott."

Aus *„Die unbekannten Schriften der Essener"*. Friedensevangelium Buch 2, Frankfurt 1978, übersetzt aus dem Aramäischen von *Edmond B. Szekely*, vgl. S. 15-18, Enochs Vision. *Gertrude Croissier* erläutert dazu in Ihrem Werk auf S. 373:

- Im „sei still" erleben wir das Geschenk der Gnade.
- Im „wisse ich bin" erkennen wir das Geschenk der Gewissheit.
- Im „ich bin Gott" erahnen wir das Geschenk der eigenen Göttlichkeit.

Somit erfahren wir und sind gewiss: Es gibt eine Kraft, die ist größer als der Schmerz, eine Kraft, die alles durchdringt, eine Kraft, in welcher der

Schmerz gehalten ist: Es ist die Kraft der Liebe.

7.11. Heilung braucht Stille

Jede schmerzliche Energieentladung, jeder intensive Ausdruck von Schmerz führt uns im Weiteren – sofern dieser Fluss des „durch den Schmerz hindurchgehen" nicht behindert oder gestört wird – zu unserem Selbst. Wir kommen nun in eine Phase der Ruhe, der Stille und zu innerem Frieden. Hörbar durch ein langes tiefes Ausatmen oder einen Seufzer der Erleichterung. Das war in unserer Kindheit schon so und es hat sich nicht geändert, sofern wir den Schmerz zulassen und bereit sind durch ihn hindurch zu gehen. Nach Regen kommt die Sonne, nach einem emotionalen Sturm kommt auch wieder Ruhe. Hier steckt das fünfte Hermetische Prinzip des *Rhythmus*[104] dahinter.

Genauso wie der Ausdruck von Schmerz zelebriert werden will, so will auf die emotionale Unruhe nun Ruhe folgen und gehalten werden. Diese Stille auszuhalten, sich nicht gleich wieder von oberflächlichen Bewegtheiten des Lebens einwickeln zu lassen, sondern die Stille zu halten ist eine Herausforderung. Gleichzeitig ist es Voraussetzung für Befreiung und Heilung, die einem nur zuteil wird, wenn die Dunkelheit durchschritten, der Schmerz befreit und im fühlenden Stillsein das zusammen kommen kann, was vorher gebrochen und getrennt war. Dazu müssen wir uns einen Rückzug in die Stille erlauben. Wir müssen dem Zeitdruck des überfrachteten Alltags, dem Überangebot an Ablenkungen und Verlockungen widerstehen lernen, denn nicht selten kommt es genau aus diesem Grund zum Zusammenbruch mit der Diagnose „Burnout". Ohne den Raum zur Stille und Zentrierung, können körperliche und seelische Reifeprozesse nicht zu Ende gebracht werden. Alles Gute kann sich nicht darauf entfalten, weil die Basis fehlt.

Wenn wir uns ablenken, sinkt das bis dahin Erkannte schnell wieder ab ins Unbewusste und wirkt weiter als Schattenmacht. Der Zyklus von

104. *Rhythmus*: „Alles fließt, aus und ein; alles hat seine Gezeiten; alles hebt sich und fällt; der Schwung des Pendels äußert sich in allem; der Ausschlag des Pendels nach rechts ist das Maß für den Ausschlag nach links; Rhythmus gleicht aus." (Kybalion)

energetischem Aufstieg und folgendem Abstieg wurde nicht beendet und der Kreis konnte sich nicht schließen. Je tiefer die schmerzhafte Erfahrung, umso länger braucht es Ruhe und Stille. Ohne sie können wir nicht ausheilen, sind unzufrieden, glücklos und bleiben als Unheil zurück. Nur in der Stille kann sich die Wunde wieder schließen. Nur hier finden wir Frieden, Einheit und Glückseligkeit.

Fragen ans Ich:

- Bin ich bereit, mir Raum und Stille für meine Heilung zu gewähren?
- Wo finde ich zu mir? In den Bergen, am Meer, im Wald, auf der Alm, auf einer Insel, im Kloster? Kann ich mir vorstellen allein Urlaub zu verbringen?
- Was fühle ich bei dieser Vorstellung? Freude? Angst? Angst wovor?

Erlauben wir uns durch diesen Heilungsprozess zu gehen, so finden wir Erlösung vom Ur-Schmerz. Das heißt auch, es flammt eine neue Sehnsucht in uns auf, die uns nach und nach erkennen lässt, dass „wahre Liebe" nicht von dieser Welt ist, wir sie aber auf diese Welt bringen können! Es geht nicht mehr einzig darum, diese „wahre Liebe" im Außen zu suchen und von außen zu erhalten, sondern sie in uns selbst zu erzeugen. Hier erheben wir uns, wir erhöhen uns selbst und in der Verbindung mit Sexualität auch mein anderes Ich, das Du im Sinne des Partners.

„Es geht kein Weg daran vorbei, wenn du Schmerz, Trauer,
Wut und Angst in dir heilen möchtest.
Es geht nur über das Fühlen. Darüber reden, sich austauschen und sich von außen
beobachten ist nur die Tür.
Heilen ist ein reiner Prozess des fühlen des Gefühls!
In seiner ganzen Tiefe.
In seiner ganzen Weite.
In seinem reinsten Schmerz.
In der totalen Zerrissenheit.
In seinen absoluten Wahnsinn.
In seiner absoluten Schwärze.
In seiner absoluten Einsamkeit.

In seiner absoluten Verzweiflung.
Alle Blockaden, jedes Trauma, jeder Verlust,
jede Verletzung wird durch das durch-leiden erst lös-bar gemacht.
Nicht durch Worte. Nicht durch das Denken. Nicht durch Distanz.
In diesem Prozess des Heilens begegnest du einem essentiellen Wesen,
dem Tod. Du wirst deine Todes-Angst berühren.
Auf dem Weg der Heilung sterben wir immer und immer wieder.
Auf allen Ebenen werden unsere alten
Energiekörper verbrannt.
Dadurch werden die alten Muster unserer Illusionen und Wut aufgelöst.
Der Schmerzkörper wird entladen.
Nicht denken, fühlen! So wie Kinder es tun,
wenn sie Schmerzen, Ungerechtigkeit und Wut fühlen,
wahrhaftig in jeden Moment, ganz nah am Herzen fühlen.
Direkte Reaktion ohne Verzögerung.
Mit den Jahren haben wir die „Gefühls-Spontanität" verdrängt,
unter eine Maske gedrängt, hinter einer Fassade, versteckt hinter Türen.
Schweigend hinter geschlossenen Fenstern,
gemeinsam... einsam. Es ist immer eine Frage der Zeit,
bis die Wahrheit wie ein Schwert durch dein Leben zieht
und unter Schmerzen das Licht der Wahrhaftigkeit sucht.
Es gibt kein Nein im Herzen dieses Lebens.
Jedes Nein zum Rhythmus deines Herzens
mündet in Schmerz und Krankheit.
Es ist nun Zeit. Suche die Räume in dir auf.
Jene die dir bereitgestellt wurden
um in ihnen zu klären, Ruhe und Kraft zu finden und um
zu „FÜHLEN".
Immer und immer wieder, bis es sich mehr und mehr lösen kann.
Schweiß... Albträume... Atemnot... Todesangst...
Schwindel... Kälte... Wut... Schreien... Zerstören...
Freier Fall... Verkrampfen... Einsamkeit...
Zittern... Ohnmacht... Wahnsinn... Betäubung...
Dunkelheit... Kontrollverlust... Depression...
verlangen gefühlt zu werden!

Tust du es nicht, werden sie mit jeder Ablehnung und jedem NEIN
mächtiger und präsenter in deinem Leben.
Das Leben reißt dir die Selbstverleugnung von deinem Gesicht...
Es geht nur um eins. Du bist ein Kind des Lebens.
Deine Urform ist das Licht. Deine Uressenz ist die Liebe.
Licht und Liebe. Das sind zwei eigenständige Wesen.
Keines von Ihnen lässt sich erfassen, geschweige denn kontrollieren.
Du bist ihr Gefäß. Du bist ihr Ausdruck. Du bist ihr Atem.
Du bist ihre Form. Beide haben nur eine ewigliche Vision:
Zu fließen. Zu atmen. Zu fühlen.
Zu durchdringen.
Zu tränken.
Zu vergehen und immer wieder neu geboren zu werden.
Schau nicht von dir weg. Schweige dich nicht an.
Belüge dein Herz nicht.
Berühre dich, in Liebe zu dir selbst.
Wisse, die Liebe liebt dich.
Mit all ihrer Tiefe und Weite, denn DU bist ihr Kind.
Vertraue dem Weg deines Herzens.
Jetzt.
...
Eines noch: du wirst durch das Feuer der Klärung gehen,
so oft, bist du alles in Vergebung und Liebe loslassen konntest.
So lange, bis du ein klares und wahrhaftiges „JA" zu dir
und diesem Leben sagen kannst.
So verbrenne im Göttlichen Funken,
damit du unter neuen Namen und neuer Form den Boden
des Friedens und der Einkehr zu dir
und deiner Liebe betreten kannst.
Vergiss nicht, Du bist unsterblich.

Heilende Texte, Markus Everdiking

TEIL V

HEIMKEHR NACH PLEROMA

8. AUF DER SUCHE NACH WAHRER LIEBE

Die Sexualität, wenn man sie von der Liebe abgetrennt sieht, wurde in ihren Vorgängen schon zur Genüge von Biologen, Psychologen und Ärzte auf wissenschaftliche Weise erforscht. Und auch Philosophen und Dichter beschrieben in unzähligen Bänden die Freuden und das Leid verliebter Menschen, darum scheint das Thema auch bereits ausgeschöpft. Dennoch bewegt uns keine andere Energie so derart wie Sexualität und Liebe. Wir empfinden keine körperliche Lust so stark wie unser sexuelles Verlangen und leben diese trotzdem meist blind, einfach der Anziehungskraft unseres anderen Pols folgend, begierig aus. Fällt dann das Erlebte wenig bis gar nicht befriedigend aus, kommt uns vielleicht gar nicht erst der Gedanke, dass wir *unsere Auffassung* von Liebe und Sexualität überdenken und gegebenenfalls ändern könnten. Der Einfachheit halber suchen wir den Fehler beim Anderen, was wiederum nichts ändert. Hier wird es schlicht eine Notwendigkeit, sich mit seinen Wunden- und Verletzungen auseinander zusetzen.

„Liebt wen ihr wollt, jedoch erst an dritter Stelle; dann wird die Liebe, die ihr für Gott und euren Meister hegt, euch beraten, und ihr seid in Sicherheit."
O.M. Aïvanhov, Le Bonfin, 16. August 1970

Erfreulich viele „Westler" erweitern bereits ihr theoretisches Wissen, ihr Bewusstsein und ihren Erfahrungsschatz durch östliche Lehren wie beispielsweise *Tantra*[105] oder *Kamasutra*[106], wo Sexualität als eine ganz

105. *Tantra* bezeichnet verschiedene Strömungen innerhalb der Philosophie und Religion des *Hinduismus* und *Buddhismus*, die Sexualität als einen Weg zur spirituellen Erleuchtung sehen.
106. *Kamasutra* bezeichnet das sinnliche Verlangen und seine Wunscherfüllung als eine Kraft der Evolution. *Sūtra* ist die Versform indischer Lehrtexte.

natürliche Kraft verstanden wird. Der eigentliche Tantra Yoga Weg ist in erster Linie ein spiritueller Weg und schließt Sexualität mit ein ohne dass diesem etwas „Schmuddeliges" anhaftet. Deshalb meine ich hier keinesfalls die irrtümlicherweise unter dem Begriff „Tantra" angebotenen Erotik-Massagen oder den rituellen Pärchensex eines Swinger-Clubs. Ich meine vielmehr den Tantrischen Yoga-Weg, der Sexualität und Spiritualität als etwas sieht, dass sich ergänzt und in seiner Verbindung zur Erleuchtung führen kann. Dies ist gänzlich eine andere Denkweise als im Westen, wo man dem Verliebtsein nachjagt, das nicht selten wieder zum Verlassenwerden führt.

Wir alle nehmen es schon seit Jahrhunderten als unser vermeintlich unabänderliches Schicksal hin, dass die Liebe stets mit Glück beginnt und in Enttäuschung, wenn nicht sogar psychischen und körperlichen Zusammenbruch endet. Doch wir irren nichtwirklich, wenn wir glauben und hoffen, allein in der Liebe unser wahres Glück zu finden. Wir scheitern in der Liebe nur deshalb, weil wir die Regeln spiritueller Weisheit nicht beachten. Wer die Einweihungslehren kennt, weiß, dass Mann und Frau die Repräsentanten der zwei Uraspekte Gottes sind: das *Ewig-Männliche* und das *Ewig-Weibliche*, woraus das ganze Universum erschaffen wurde und dass wir im Besitz derselben Schöpfermacht sind. So wie die Vereinigung von Geist und Materie, vermag auch die Vereinigung von Mann und Frau neue und lichtvolle Welten zu erschaffen.

8.1. Die unbändigeAnziehungskraft

„Ich ahne, was als Leben in dir waltet, wenn deine Blätter,
wie die Wollust, prangen und wenn dein Duft
in sehnendem Verlangen dem Kelch entschwebt,
den seine Glut gespalten."
Georg Friedrich Hebbel

O.M. Aïvanhov beschreibt dies in der Erläuterung von Männlich und Weiblich folgendermaßen: Jeder Mensch trägt die zwei Pole in sich selbst, und diese Polarisierung treibt ihn dazu, seine andere Hälfte jeweils in Frauen oder Männern zu suchen, ja selbst im Schöpfer als DER Gott.

Immerzu sucht und liebt er sich selbst. Nicht sein Äußeres, dass ihm im Spiegel entgegenblickt, nein, er sucht das andere Prinzip, den anderen Pol. Die Eingeweihten der Esoterik und des Okkultismus, sowie die Weisen und Lehrer vieler spiritueller Traditionen wissen, dass ursprünglich der Mensch gleichzeitig Mann und Frau war, also androgyn. Als die Geschlechtertrennung in der Mitte der *lemurischen Zeit*[107] stattfand, ging jedes Prinzip in seine eigene Richtung, trägt aber tief in sich, in seiner Seele eingeprägt, den Abdruck oder das Bild des anderen.

Hier möchte ich den Begriff der „*Dualseele*", „*Geschwisterseele*" oder „*Schwesternseele*" aufgreifen. Der Mensch ist ständig auf der Suche nach seinem „anderen Teil", dem Gegenteil zu dem wir streben möchten und nicht selten glauben wir diesen Teil in einer Frau oder einem Mann zu entdecken. Der Mensch glaubt das, weil das Gesicht, die Art und Weise des anderen dem sehr ähnelt, das er selbst in sich trägt. Darum setzt er alles daran um in ihrer oder seiner Nähe zu sein. Er verliebt sich. Meist merkt er nach einiger Zeit, dass dieses Bild mit dem in seiner Seele nicht übereinzustimmen scheint. Dann, wenn er seine eigenen Schatten im Partner erkennt. Also verlässt er die Frau oder den Mann, um sich nach jemand anderen umzusehen, in dem er aufs Neue seine andere Hälfte zu finden hofft. Eines Tages jedoch wird diese Begegnung beider Prinzipien wirklich stattfinden, denn die sie verbindende Liebe ist stärker als alles andere. In Wirklichkeit sind *wir selbst unsere Schwesternseele*, unser anderer Pol. Sind wir unten, ist der andere Pol oben und kommuniziert mit dem Himmel, den Engeln und Gott. Darum unterrichten alle Einweihungslehren ihre Schüler darin, mit dem anderen Pol eins zu werden. Dies ist nur durch Meditation möglich und bedeutet nichts anderes als sich mit seinem höheren Selbst zu verbinden, in Vollkommenheit und Fülle. (Vgl. Aïvanhov 2021, S.18)

„Wenn du diese Person kennenlernst,
eine Person, einen Seelenverwandten,
lass die Verbindung, die Beziehung, das sein, was sie ist.

107. Die *lemurische Zeit* begann etwa vor 252,2 Millionen Jahren und endete vor etwa 66 Millionen Jahren. Der Mensch hatte zu dieser Zeit noch eine Gruppenseele und pflanzte sich durch Selbstbefruchtung weiter. Dies endete nach der Geschlechtertrennung.

Es können fünf Minuten sein, fünf Stunden,
fünf Tage, fünf Monate, fünf Jahre, ein Leben, fünf Lebenszeiten.
Manifestiere sie so, wie sie sein soll. Das ist Schicksal.
Egal ob sie bestehen bleibt oder nicht,
so geliebt zu werden, wird dich sanftmütiger machen.
Die Seelen kommen herein, kehren zurück,
öffnen sich, und reisen aus unzähligen Gründen durch dein Leben.
Lass sie sein, wer und was sie sein sollen."
Nayyirah Waheed

In Griechenland sind Worte mit derselben Bedeutung in den Giebel des Apollotempels von Delphi „gemeißelt": *„Erkenne dich selbst!"*[108] Mit diesem Sich-Erkennen ist nicht nur das Erkennen der eigenen guten wie schlechten Charaktereigenschaften gemeint, das wäre zu einfach. In der Kultur der Maya drückte sich dies in ihren täglichen Begegnungen aus, indem sie sich mit den Worten *„In lak'ech"* begrüßten, das soviel wie *„Ich bin dein anderes Ich"* bedeutet. Worauf die Antwort lautete: *„Hala K'in"*, das heißt: *„Du bist mein anderes Ich."* Ein weiterer Hinweis steht im ersten Buch Moses: *„Und Adam erkannte sein Weib Eva"* und: *„Abraham aber erkannte Sarah."* So wird das *„Erkenne dich selbst"* zu einer Aufforderung in sich, den anderen Pol zu erforschen, um selbst zu einer Gottheit, einer Ganzheit zu werden.

Der Mensch kommt nur zur *wahren Liebe* über sein höheres Selbst. Diese Vereinigung, dieses Erkennen, vollzieht sich in den hohen Sphären des Lichts. Wäre es nicht ein schöner Gedanke mit der Durchlichtung auf der inneren Ebene zu beginnen, ganz bei sich selbst? Viele Menschen wissen gar nichts von Selbstliebe oder verwechseln diese mit Egoismus. Aber sich wahllos mit ungesundem Essen und Trinken, mit allerlei Drogen und Medikamenten voll zu stopfen, nebenher noch diverse Unterhaltungs- oder Sexsüchte zu entwickeln, kann nicht die Liebe der Zukunft oder Liebe zu sich selbst sein. Weshalb lassen Menschen ihrer Wut, ihrem Hass freien Lauf, obwohl sich doch jeder nach Liebe sehnt? Der Grund ist Verletztheit.

---

108. *Gnothi seauton* (altgriechisch Γνῶθι σεαυτόν *Gnothi seautón*, durch Elision auch Γνῶθι σαυτόν *Gnothi sautón* „Erkenne dich selbst!" / „Erkenne, was Du bist.") ist eine vielzitierte Inschrift am Apollotempel von Delphi, als deren Urheber *Chilon von Sparta*, einer der „Sieben Weisen", angesehen wird.

Durch das Verdrängen der Verletzungen wurde auch vergessen, was „wahre Liebe“ bedeutet. So muss das Verdrängte zuerst erkannt, angenommen und geheilt werden. (7. – 7.11) Jeder Mensch kann den Weg zur wahren Liebe finden, wenn er den Mut hat seine Wunden zu heilen.

Da die Sexualität zwischen Mann und Frau, der Eros, hierarchisch die unterste Ebene von Liebe darstellt, ist es doch, um zu einem höheren Bewusstsein zu gelangen, unbedingt notwendig auch die Basis der Liebe zu hegen und zu pflegen. Stattdessen bleibt sie in den spirituellen und religiösen Traditionen unbeachtet oder wird ganz absichtlich verdrängt, wie dies in den Keuschheitsgelübden vieler Religionen seit Jahrtausenden geschieht. Wie soll der Mensch sich höher entwickeln können, wenn er doch seine Wurzeln vergisst? Ist das Ergebnis dessen nicht bei vielen Menschen eine Stagnation ihrer spirituellen Entwicklung bzw. eine destruktive Entwicklung ihres Lebens hin zu Sinnkrisen und Krankheit? Sollten wir nicht bald unsere falschen Konditionierungen dekonstruieren um unserer menschlichen Aufgabe gerecht zu werden, um den Himmel auf Erden sichtbar zu machen? Was gibt uns die Energie und Kraft dazu?

8.2. Unsere Sexualität – ein missverstandenes Geschenk

Das Leben der Tiere, sofern sie ein natürliches Leben führen, wird durch ihren Instinkt bestimmt. Ebenso haben Pflanzen eine Art Instinkt, der sie an das Göttliche bindet. Die Tiere und die Pflanzen existieren einfach. Sie können jedoch an ihrer Existenz nichts ändern, nichts damit machen, denn sie sind ein Bestandteil der Existenz. Sie können nicht, wie der Mensch, aus der Existenz heraustreten und „Macher“ sein. Sie sind mit ihrer Energie, ihrem Instinkt so verschmolzen, dass sie sich davon nicht lösen können. Der Mensch kann das, denn er denkt und kann sich sein Denken bewusst machen. Er ist das einzige Wesen, das seine Energien unterdrücken oder sie transformieren kann. Er kann etwas an sich machen, etwas an sich verändern wie beispielsweise seine Konditionierungen. Der Mensch kann sich selbst beobachten. Er kann seine Energien betrachten, als seien sie von ihm getrennt.

So kann er sie verdrängen oder erkennen und transformieren. Unterdrückung, Verdrängung bedeutet nur zu versuchen, bestimmte

Energien, die in seinem Inneren real sind, zu verbergen, damit sie nicht in Erscheinung treten. Transformation bedeutet, Energie in eine andere Dimension zu transformieren, sie umzuwandeln und auf eine höhere Ebene zu bringen. *Osho* beschreibt die sexuelle Energie als Ausgangspunkt und tragende Kraft der gesamten Schöpfung. Er zeigt auf, wie der gläubige Mensch verschiedener Konfessionen von der Ablehnung der Sexualität beinahe besessen ist und andererseits dreht sich in Medien, Werbung, usw. alles nur um Sex[109].

> *„Diese Besessenheit, diese Gier nach Sex überall auf der Welt, kommt nicht daher, dass die Menschheit sexueller geworden ist. Sie kommt daher, dass ihr selbst im Sex nicht mehr total aufgehen könnt. Diese Gier nach Sex zeigt nur, dass die wahre Sache nicht stattfindet, dass nur noch Pseudo-Sex praktiziert wird. Die Gedankenwelt des modernen Menschen ist völlig vom Sex beherrscht, eben weil kein echter Geschlechtsverkehr mehr stattfindet. Selbst die Sexualität wird in den Kopf verlagert, sie ist zur gedanklichen Turnübung geworden." (Vgl. Osho 1983, S. 7f)*

Es scheint, als hätte der Großteil der Menschheit echten Sex verlernt, vergessen und verdrängt. Er findet nur mehr auf pervertierte Art im Kopf als Triebbefriedigung statt, ohne jegliche höhere Wahrnehmung und ohne jegliches Wissen über die Kraft und Macht die uns durch unsere Sexualität geschenkt wurde. Da stellt sich mir die Frage: wie kommt man aus diesem Missverständnis wieder raus?

---

109. *Sex sales,* das bestätigt sich in den letzten Jahren immer mehr. Datingportale wie *C-Date, nursex.at, MilfFinder, Bumsen* usw. sind in den ersten Rängen zu finden, ebenso wie Dating-Apps *Tinder, LoveScout, etc.* und nicht zu vergessen der riesige Markt für Sextoys wie *Amorelie, EIS* oder *Orion,* die riesige Umsätze verzeichen. Laut de.statista.com erreichte die Dating-App Tinder im Jahr 2021 einen Umsatz von 1,65 Milliarden US-Dollar. Im Jahre 2006 wurde *EIS GmbH*, der Onlineshop (Erotikversandhandel) mit 15 Mitarbeitern in Bielefeld gegründet. Stand 2018 beträgt der Umsatz 131 Millionen Euro.

8.3. Sex und Ego

„Nur wer das Ziel der vollkommenen Lauterkeit in sich spürt, der ist in der Lage, die Triebinstinkte zu läutern und sein inneres Tier zu bändigen."
Akron

Sex hat etwas an sich, dass uns irgendwie verlegen macht. Das kommt nicht nur von unserer Gesellschaft. Auf der Welt gibt es viele Gesellschaftsarten, aber keine hat bis heute den Sex als leicht genommen. Das Phänomen Sex hat etwas an sich, dass die Menschen auf der ganzen Welt verlegen, schuldbewusst und befangen macht. Warum? Auch wenn uns niemand eine Moralpredigt gehalten, niemand Konzepte darüber aufgestellt hat, Sex hat etwas an sich, bei dem uns irgendwie komisch wird. Warum ist das so? Wie ich bei *Osho* erfahre, offenbart Sex unsere größte Abhängigkeit, denn zu unserer Lust und Freude ist jemand anderes nötig. Ohne jemand anderen ist diese Lust und Freude nicht wirklich möglich. Also sind wir abhängig und das kränkt unser Ego. Je egoistischer und ichbezogener ein Mensch ist, desto entschiedener ist er gegen Sex. Die sogenannten „Heiligen" sind alle gegen Sex. Nicht weil Sex etwas Schlechtes ist, sondern wegen ihres Egos. Sex kränkt ihr Ego am tiefsten, lese ich bei *Osho* und kann nicht widersprechen.

Beim Sex ist immer auch die Möglichkeit der Zurückweisung gegeben. Der andere kann dich zurückweisen, du wirst vielleicht nicht so akzeptiert wie du bist und der andere kann einfach Nein sagen. Vielleicht denken wir, das ist die größte Zurückweisung, wenn du jemanden um Liebe angehst und der andere weist dich zurück. Das menschliche Ego sagt vielleicht sogar, es sei besser, es gar nicht erst zu versuchen, als sich zurückweisen zu lassen. Wie haben vielleicht auch Angst vor Abhängigkeit oder bereits vor der Möglichkeit dazu, aber es wird noch schmerzhafter! Beim Sex wird der Mensch wieder tierisch. Auch in der heutigen Zeit kränkt diese Aussage so manche Anhänger kirchlicher Dogmen, die Moralprediger und Scheinheiligen, weil diese sich im Wesentlichen beim Liebe machen nicht von einem Hund, Pferd oder einem anderem Säugetier unterscheiden. Natürlich streben wir als spirituell ausgerichteter Mensch danach, Rohheiten wie unkontrollierte Wut, Aggression und Gewalt, in uns zu läutern und zu überwinden. Die Lösung kann aber nicht darin liegen, die

Freiheit der Sexualität oder lustvollen Sex als „tierisch“ zu verurteilen, was heute dennoch geschieht. Durch Verdrängung entsteht ein riesiger Schatten, der wiederum auf pervertierte Art und Weise, wenn auch nur in unseren „heimlich“ Gedanken, an die Oberfläche drängt.

In vielen Bereichen haben wir uns eine Kunstwelt geschaffen wie beispielsweise bei unserer Nahrung. Wir haben Kultiviertheit entwickelt, kochen unser Essen, haben Tischmanieren und haben uns deutliche Unterschiede zur Nahrungsaufnahme der Tiere hergestellt. Hunger ist bei uns weniger geworden und wir legen Wert auf Geschmack. Tieren ist der Geschmack an sich egal, für das Tier ist Hunger ein elementarer Drang, der gestillt werden muss. Tiere sind auch nackt – wir leben entgegen aller Naturgegebenheit. Wir wollen und können auch nicht mehr nackt sein. Wenn jemand nackt herumläuft, so wie der „Flitzer“ durch ein Fußballstadion läuft, kollidiert er plötzlich mit der Zivilisation. Nacktheit wird nur an festgelegten Orten geduldet. Soweit sind wir in Wirklichkeit von aller Natürlichkeit entfremdet!

Dabei ist „nackt sein“ an sich, sich „nackt zu zeigen“ etwas absolut Unschuldiges. Ich möchte gerne einen durchaus provokanten Gedanken mit Ihnen teilen: Trotzdem wir durch die Medien ständig mit nackten Menschen oder nackten Körperteilen konfrontiert sind, reagieren wir als Gesellschaft sehr sensibel darauf, wenn wir Nacktheit in der ganzen Blöße vor uns haben. Ginge, einfach so, ein nackter Mensch auf der Straße, vielleicht auch noch in der Nähe einer Schule, schon wären wir mit großer Wahrscheinlichkeit völlig aufgebracht und würden ziemlich sicher einen Triebtäter vermuten. Im Falle eines Mannes der da ginge, sogar ganz bestimmt. Wir würden sofort die Polizei rufen, auch dann, wenn dieser Mensch keinem anderen etwas angetan hat. Würde jedoch ein Mensch mit einer Waffe auf der Straße spazieren, würden wir dann auch in dieser Weise reagieren? Das Nacktsein an Orten die nicht dafür vorgesehen sind, lässt uns sofort an das Tierische, Triebhafte und Unkontrollierbare denken, an das was uns eigentlich Angst macht. Die Waffe, ein Produkt des intelligenten Menschen, scheint weitgehend unproblematischer zu sein.

Und so sind wir Menschen eigentlich auch nicht gegen das Nacktsein, sondern gegen das Tierische in uns. Das ist es, was unser Ego kränkt! Bekleidet ist der Mensch kein Tier. Mit Essgewohnheiten und Manieren ist der Mensch kein Tier. Mit Sprache, Moral, Philosophie, Religion ist der Mensch kein Tier. Wir gehen in die Kirche um zu beten, also sind wir kein Tier. Sex ist aber eine tierische Aktivität, genauso, wie wir auch unsere Kinder auf tierische Weise zur Welt bringen. Physisch sind wir Säugetier, das ist Fakt. Deshalb können moralisierende Menschen Sex auch nicht genießen, sind dagegen und dulden es notwendigerweise zur Vermehrung, aber er ist zu tierisch und das lässt ihr Ego nicht zu.

Beim Sex fallen „tausende Jahre“ an Zivilisation einfach ab und ganz plötzlich sind wir wieder ein „Tier“. Diese Angst wieder „zum Tier“ zu werden macht erwartungsfreie Liebe zum anderen fast unmöglich. Die Angst ist real, denn, wenn das Ego verliert, dann werden wir „verrückt“, wild, tierisch und es kann alles passieren. Unterdrückung und Verdrängung dient hier als Schutz und scheint der einfachste Weg zu sein, dies alles zu vermeiden. Wir lassen vom Ganzen nur das Wenige zu, dass uns nicht in Gefahr bringt, nur das, was wir auch kontrollieren können. So kontrollieren wir, manipulieren wir und lassen nicht mehr zu ekstatisch zu sein das meint, völlig „außer sich“ zu gelangen.

Religionen haben diese Angst des Menschen, seine Neigung egoistisch zu sein, ausgenutzt und sie haben Techniken der Unterdrückung geschaffen. Sexualität ist die vitalste und stärkste Energie überhaupt, das wissen wir unbewusst und haben davor Angst. Wir haben eigentlich vor Kontrollverlust Angst. Dabei könnte Sexualität uns dazu dienen frei zu werden. Frei von Bevormundung, frei von Manipulation, frei um in eine neue Verantwortung zu gehen. Wir sollten beginnen diese Kraft zu transformieren. Wenn wir gegen sie ankämpfen ist es eigentlich nichts als Zeitverschwendung. Wir sollten uns um unsere Angst, die Kontrolle zu verlieren, kümmern. Angst verhindert Liebe. Erst wenn wir diese überwinden können, entdecken wir auch die Schönheit im Sex, dann, wenn höhere Liebe mitschwingen darf.

8.4. Der innere Zeuge

Die Angst ist besonders dann da, wenn wir spüren, dass Kontrolle verloren geht. Und so bald die Kontrolle weg ist, kann man nichts mehr tun. Aber das stimmt nicht. Es gibt die Kontrolle des beobachtenden Selbst, den inneren Zeugen. Das ist nicht die Kontrolle des manipulierenden Verstandes, sondern die Kontrolle des Selbst, das beobachtender Zeuge ist.

Diese Kontrolle ist völlig natürlich, ohne dass man dabei das Gefühl hat Kontrolle auszuüben, denn sie erfolgt spontan, frei, schwebend und ist einfach Zeuge, das heißt sein eigener innerer Beobachter sein. Kontrolle loszulassen bedeutet keinesfalls, unbewusst werden. Machen wir Sex, oder begeben wir uns in den Sex? Werden wir Zeuge, dann werden wir wild (wie ein Tier), aber nicht unbewusst (wie ein Tier). Wenn ich bewusst bin macht die Kraft der Wildheit keine Angst, es verbirgt sich keine Gefahr in ihr, dann ist Wildheit schön.

Nur ein wilder Mann kann wirklich schön sein. Eine Frau, die nicht wild ist, kann ebenfalls nicht schön sein. Wild sein heißt lebendig sein! Vollkommen bewusst sein, nicht unbewusst. Sind wir in der Gewalt unserer unbewussten Kräfte, dann erschaffen wir *Karma*[110]. Und so ist die Methode oder der Prozess des Zeuge-Werdens nichts anderes als der Transformationsprozess selbst. Bleiben wir wach und beobachtend, wenn wir uns in den Sex „hineinbegeben". Alles was geschieht sollten wir einfach beobachten, wir sollten es durchschauen, dabei sehr achtsam sein und keinen einzigen Punkt übersehen. Was auch immer in unserem Körper, in unserer Psyche und in unserer inneren Energie geschieht der „neue Stromkreis" wird hergestellt, unsere Körperelektrizität bewegt sich auf einem neuen Weg, auf einem kreisförmigen Weg, der uns letztendlich eins mit unserem Partner werden lässt. Das können wir spüren, wenn wir hellwach und beobachtend bleiben. Wir merken, dass die Gedanken abfallen und dass unser Geist leer wird. Wir werden feststellen, dass wir einfach sind, im Hier und Jetzt, dass aber kein Ego mehr da ist. Wir können uns als das Größere wahrnehmen zu dem wir geworden sind. Das Ich und das Du haben sich in dieser größeren Energie aufgelöst. (Vgl. Osho 2005, S. 180ff)

Diese Verschmelzung kann und soll nicht unbewusst geschehen, denn dann verfehlen wir etwas ganz Wesentliches. Dann wird es zwar immer noch wunderbarer schöner Sex sein, und auch nicht verkehrt, aber keine Transformation. Wenn Sex unbewusst erfolgt, fährt man bald wieder in den alten Gleisen. Das heißt, geschieht Sex unbewusst, werden wir immer und

110. *Karma* bezeichnet ein spirituelles Konzept, nach dem jede Handlung – physisch wie geistig – unweigerlich eine Folge hat.

immer wieder diese Erfahrung machen wollen.

Diese Erfahrung ist sicher wunderbar, so wunderbar sie eben sein kann, aber sie wird bald zur Routine werden. Jedes Mal, wenn wir Sex haben, wird mehr Begehren bzw. Lüsternheit erzeugt und aus dieser Unbewusstheit werden wir wie Süchtige. Unsere Sexualität wird an Schönheit verlieren. Je häufiger, desto mehr begehren wir nach einer Steigerung, solange, bis Sex eine Perversion wird oder wir das Interesse daran verlieren. Das ist der Teufelskreis. Wir wachsen so aber nicht, wir drehen uns nur im Kreis.

Osho beschreibt dieses „sich im Kreis drehen" als schlecht, weil auf diese Weise kein Wachstum möglich ist und wir wertvolle Energie einfach verschwenden. Mit derselben Energie wäre aber viel mehr möglich. Bleiben die Erfahrungen in der horizontalen Energie werden sie mit der Zeit langweilig, denn alles, was sich auf diese Art wiederholt verliert den Reiz und Langeweile macht sich zwischen den Paaren breit. Ist es nicht so?

Wenn wir aber die Energie vertikal erleben, bereit sind zu einer höheren Ebene aufzusteigen, dabei hellwach bleiben, dann nehmen wir drei wichtige Dinge wahr: erstens eine Energieveränderung in unserem Körper (*Kundalini-Energie*), zweitens das Abfallen der Gedanken (*Ruhe im Geist*) und drittens das Abfallen des Egos vom Herzen (*bedingungslose Liebe*). Diese drei Dinge sollten wir achtsam verfolgen. Wenn wir den dritten Punkt wahrnehmen, wenn kein Ego mehr im Herzen ist, dann hat sich die Energie der Sexualität in etwas ganz anderes transformiert. Dann sind wir nicht mehr beim Sex dann sind wir in der spirituellenLiebe.

Osho schreibt im Kommentar zum *Vigyan Bhairav Tantra,* veröffentlicht in *The Book of Secrets,* St. Martins Press, New York 1998[111]: *„Eben darüber spricht Shiva fortwährend im Vigyan Bhairav Tantra und in anderen Tantra Büchern. Fortwährend spricht er über dieses Phänomen: man wird umgewandelt, eine Umwandlung geschieht. Das kommt dadurch zustande, dass man beobachtender Zeuge wird. Folgt ihr der Unterdrückung, dann könnt ihr sogenannte Menschen werden pseudo, oberflächlich, im innen hohl, einfach nur Attrappen, nicht authentisch, nicht echt. Folgt ihr nicht der Unterdrückung, sondern dem ungehemmten Genuss, dann werdet ihr wie ein Tier werden schön, schöner als der sogenannte zivilisierte Mensch, aber eben nur Tiere –, nicht hellwach nicht bewusst, ohne Kenntnis der Möglichkeiten des Wachstums, des*

111. Deutsche Ausgabe: *Osho, Vigyan Bhairv Tantra,* 5 Bde., Osho Verlag, Köln 2002. Vgl. auch *Osho, Das Buch der Geheimnisse,* Bd. 1, Innenwelt Verlag, Köln 1998

menschlichen Potentials. Wenn ihr die Energie transformiert, dann könnt ihr göttlich werden. Und merkt euch: Wenn ich göttlich sage, ist beides inbegriffen. Das wilde Tier mit seiner gesamten Seinsschönheit ist da. Dieses wilde Tier wird nicht abgelehnt und geleugnet. Es ist da vollkommen ausgestattet, weil es achtsamer, aufgeweckter ist. So ist denn die ganze Wildheit da und deren Schönheit. Und alles was die Zivilisation zu erzwingen versucht, ist da, aber eben von sich aus, nicht erzwungen. Sobald die Energie transformiert ist, kommen Natur und Gott in euch zusammen die Natur mit ihrer Schönheit, Gott mit der absoluten Gnade."

Sexualität so zu betrachten und vor allem so zu leben, macht meiner Meinung nach einen weisen Menschen aus. Es ist die Zusammenkunft von Natur und Göttlichkeit, ohne Abgetrenntsein, sondern sich im Bewusstsein seiner tierischen Natur zu er-heben. Es ist die Zusammenkunft des Erschaffenen und des Schöpfers, die Zusammenkunft von Körper und Seele, von dem was unten ist und von dem was oben ist. Das ist es, wenn Himmel und Erde sich vereinigen.

8.5. Wie finde ich zu meinem inneren Zeugen?

„Tao geschieht, wenn Erde und Himmel zusammenkommen."
Laotse

Bevor wir beim Geschlechtsakt innerer Zeuge unserer Selbst sein können, müssen wir versuchen, erst einmal bei anderen Handlungen im Leben dieser Zeuge zu sein. Es ist eine grundlegende Quelle für die Transformation unserer Sexualität dieser Zeuge zu werden, darum üben wir erst überall anders Zeuge zu werden. Beim Spazierengehen auf der Straße oder im Wald, beim Autofahren, bei der Hausarbeit usw. Wir sollten versuchen dabei absolut im Jetzt zu sein, absolut bei der Sache die wir tun. Versuchen wir es erst bei den einfachsten Tätigkeiten, bei ganz einfachen Dingen.

Versuchen wir es beim Reden, beim Zuhören und seien wir dabei immer hellwach. Es ist anfangs erstaunlich, wie schwierig das eigentlich ist. Aber ohne bei alltäglichen Dingen Zeuge sein zu können, wäre es eine Selbsttäuschung auch nur zu denken, man könnte es beim Liebemachen. Doch eines Tages gelingt es auch beim Liebesakt. Und wenn das geschieht, dann, so würden es jedenfalls die Tantriker nennen, dann ist die *Ekstase die Erfahrung der Transzendenz.*

Von diesem Augenblick an ist Sex kein Sex mehr, Sex als solches wird verschwinden. Von da an ist es *Glückseligkeit,* die man durch Sexualität erreicht hat. Hier ist der Beginn einer grundlegenden Transformation die uns göttlich werden lässt. Glückseligkeit ist die *Erfahrung von Göttlichkeit.* Der Leser wird jetzt vielleicht fragen: Wie ist es, selbst „Gott" zu sein? Wie fühlt sich das genau an? Werde ich es auch erkennen? Was sind die Wesensmerkmale bzw. wie verhält sich so jemand?

So jemand verhält sich nicht abhängig. Er ist absolut unabhängig. Er selbst ist in einem *Zustand der Liebe* (nicht nur in einem Gefühl) und schenkt seinem Partner Liebe, aber ohne Notwendigkeit. Er schenkt aus einem Überfluss heraus, aus der Fülle an Liebe, denn abhängig sein von Liebe (als Gefühl) bedeutet Mangel. So jemand freut sich einfach wenn der andere Liebe annimmt, aber auch das bedeutet für ihn keine Notwendigkeit. Diese Art von Liebe und Sex ist schöpferisch und der Sex an sich keine Notwendigkeit mehr, kein Druckabbau. Wenn kein Sex stattfindet, transformiert er diese Kraft in Schöpferkraft, in Kreativität und wird vielleicht künstlerisch, musisch, oder auch ganz anders. Dann tut sich für uns ein unglaubliches Tor an Schöpferkraft auf, denn alles was wir tun, wird ein schöpferischer Akt, alles was wir machen wird kunstvoll sein.

8.6. Beziehung ist Alchemie

Im Buch *„Das Manuskript der Magdalena"* von *Tom Kenyon* und *Judi Sion* bin ich auf das Kapitel *„Alchemie in der Beziehung"* gestoßen und finde ihre bildhaften Beispiele zur Transformation sehr passend.

Für viele Menschen ist die Beziehung zum Partner ein ewiger Machtkampf, ein Pokerspiel. Jeder möchte das bessere Blatt haben und gewinnen. Es wird geblufft, gelogen und betrogen und wir Menschen geben oft vor jemand zu sein, der wir in Wirklichkeit gar nicht sind. Dies ist das Modell vieler Beziehungen unserer Zeit. Das gilt nicht für „heilige Beziehungen", für Seelenpartnerschaften. Heilige Beziehungen sind sicherlich nicht jedermanns Sache, denn auch hier geht es um *höheres*

Bewusstsein im Sinne von *Erwachtsein.* Diese Art der Beziehung verlangt gegenüber sich selbst und gegenüber dem Partner größte Aufrichtigkeit. All unsere Hoffnungen, Ängste, all die jämmerlichen und neidischen Gedanken, all das, was wir gerne verschweigen, all das wird unter dem klaren Licht des Bewusstseins vor unserem Partner ausgebreitet. Unser Partner muss das Gleiche tun. Und es funktioniert nicht, wenn man sich Hintertürchen offen lässt. Es funktioniert für keinen von beiden, wenn man nicht in absoluter Ehrlichkeit miteinander umgeht. Ohne diese radikale Aufrichtigkeit kann die Alchemie in der Beziehung nicht stattfinden.

Wie in allen alchimistischen Prozessen geht es auch bei dieser Arbeit darum, eine Form in eine andere zu verwandeln. Die Form ist die Dynamik, die sich zwischen zwei Menschen entwickelt. Die meisten von uns neigen dazu, nach einer Weile in einen Trott zu verfallen. Die Lebendigkeit, die am Anfang der Beziehung noch da war, lässt nach und beide werden unbewusster ich denke wir kennen das alle auf die eine oder andere Weise.

Der Meister wurde gefragt, was der Unterschied zwischen Chemie und Alchemie in Paarbeziehungen sei, und er antwortete mit diesen schönen und weisen Worten: „Leute, die nach ‚Chemie' suchen, sind Liebeswissenschaftler, das heißt, sie sind an Aktion und Reaktion gewöhnt, betrachten eher die Oberfläche, da auch ihr Denken eher linear ist. Menschen, die ‚Alchemie' finden, sind Künstler der Liebe, die ständig neue Arten des Liebens erschaffen und ihre Art der Wahrnehmung ist eher vertikal. So könnte man sagen, Chemiker lieben aus einer „gewissen Notwendigkeit". Die Alchemisten nach Wahl. Die Chemie stirbt mit der Zeit, Alchemie wird durch die Zeit geboren. Die Chemie liebt Äußeres und Verpackungen. Alchemie genießt den Inhalt und geht in die Tiefe. Chemie passiert. Alchemie wird gebaut. Alle suchen Chemie, nur manche finden Alchemie. Chemie zieht Chauvinisten und Feministinnen an und lenkt sie ab. Alchemie integriert das männliche und weibliche Prinzip, weshalb sie zu einer Beziehung freier Individuen mit eigenen Flügeln wird und nicht zu einer Anziehungskraft, die den Launen des Egos unterliegt." Abschließend sagte der Meister mit Blick auf seine Schüler: „Alchemie bringt zusammen, was Chemie trennt. Alchemie ist die wahre Ehe, Chemie die Scheidung, die wir jeden Tag bei den meisten Paaren sehen. Lasst uns anfangen, bewusste Beziehungen aufzubauen, denn die Chemie wird unseren Körper immer altern lassen, während die Alchemie uns immer von innen streicheln wird."

Es bedarf hoher Achtsamkeit und liebevoller Bemühungen eine Beziehung bewusst und lebendig zu halten. Viele Beziehungen bleiben auf der Strecke, weil die Partner unwillig oder unfähig sind, die zur Erhaltung der Beziehung notwendigen Mühen auf sich zu nehmen. Es mangelt an Bereitwilligkeit, an Einfühlungsvermögen, an Zeit. Abstumpfung schleicht sich langsam ein und was früher aufregend war, ist nun langweilig. Das geht bis zu emotionaler und psychologischer Lethargie, einer völligen Unbewusstheit und Entfremdung, die meist der Todesstoß in der Beziehung ist. Oder die Beziehung wird zum Kriegsschauplatz erklärt, bei dem es nur um Sieger und Verlierer geht.

Die Form, die in einer Beziehung gewandelt werden muss, ist also die Form des gewohnten Umgangs miteinander. Wie in allen alchimistischen Prozessen, bedarf es auch hier eines Gefäßes, damit die Reaktion stattfinden kann. Das Gefäß oder der Behälter für die Transformation bilden hier *Würdigung und Sicherheit*, ohne die es unmöglich ginge. Es ist wichtig erst zu überprüfen, wie sich beide Partner fühlen, denn fehlt es an Sicherheit und Würdigung, wäre die Art der Alchemie mit dem derzeitigen Partner reine Zeitverschwendung. Sprechen sie über die Gefühle der Unsicherheit und der möglicherweise fehlenden Anerkennung. Es kann durchaus sein, dass es hier etwas zu lösen gibt.

Wir haben jetzt schon zwei von drei Elementen, die wir in der Alchemie brauchen. Etwas das transformiert wird (der gewohnte Umgang miteinander) und das Gefäß (Sicherheit und Würdigung in der Beziehung). Ein drittes Element ist noch notwendig: Die Energie, die die Reaktion antreibt. In der Regel ist das die Energie, die in Form von Hoffnungen, Ängsten, Sehnsüchten und allerlei neurotischen Mustern in Beziehungen enthalten sind. Um das weiterzuführen, muss ich aber erst etwas über *Stahl* erzählen.

In der japanischen Kampfkunst „Aikido" gibt es den Ausdruck: „Das Schwert des Geistes zu schmieden". Diese Metapher meint, durch Reinigung und Läuterung des Geistes zu einer selbstbewussten und friedvollen Haltung zu finden. Auch unser „Selbst" wird auf eine Art „geschmiedet". Es setzt sich zusammen aus: Selbstwert, Selbstliebe, Selbstvertrauen, Selbstbewusstsein usw. ähnlich einem Schwert aus einer

Stahllegierung. Sehr früh schon wurde das Selbst im heißen Schmelzofen unserer Kindheit, unter dem formenden Druck unserer frühen Erfahrungen geschmiedet. In dieser frühen Zeit unseres Lebens wurden die Elemente unserer Psyche miteinander verschmiedet. Und genau wie bei der Stahlerzeugung erfolgt dies unter enormer Hitze und großem Druck.

Das Innenleben eines Kindes ist oft ganz anders, als es sich die Erwachsenen seiner Umgebung vorstellen. Das psychologische Leben eines Kindes wird direkt dadurch bestimmt, wie es mit all den Gefahren und Gelegenheiten, von denen es umgeben ist, umgeht. Ob es sich dabei um Lebensbedrohliches wie ein geistesgestörtes Elternteil oder um Missbrauch handelt, oder um scheinbar harmlose Dinge, wie die Frage, mit wem man zum Abschlussball geht, spielt hier keine große Rolle. Wenn ein Kind ums Überleben kämpfen musste, wirkt das natürlich weit ins Erwachsenenleben hinein. Aber auch die kleinen Dinge, zum Beispiel mit wem man sich abgibt, haben Einfluss. All diese großen wie kleinen Entscheidungen erzeugen psychische Hitze und enormen Druck. Die Legierungen der Persönlichkeit werden zusammengeschmolzen oder auch weggebrannt. Wenn wir das Erwachsenenalter erreicht haben, ist das Schwert geschmiedet und die Legierung unserer Persönlichkeit steht fest. Manche von uns tauchen aus dem Schmelzofen der Kindheit mit scharfen Klingen auf, andere Klingen sind eher stumpf. Manche von uns halten ihre Schärfe aufrecht und andere scheinen sie nicht halten zu können. Einmal aus dem Ofen, behält Stahl seine Form. Eine der wenigen Möglichkeiten, diese noch einmal zu verändern, besteht darin, den Stahl wieder so zu erhitzen wie beim ersten Mal. Wo wir wieder beim Fühlen unserer Wunden und Verletzungen sind (7.9).

In der alchimistischen Arbeit der heiligen Beziehungen begeben wir uns freiwillig in den Schmelzofen. Die Hitze, die entsteht, wenn zwei Menschen ihre Neurosen aneinander reiben, kann enorm sein. Wenn beide Partner den Mut finden, in diesen sengenden Momenten radikal ehrlich zu sein, kann sich die psychische Legierung verändern. Dann zieht ein neuer, lebendiger, von psychologischer Wahrheit genährter Geist in die Beziehung ein. Die meisten Menschen tun jedoch alles was sie können, um die psychologische Hitze zu vermeiden. Wenn es zu heiß wird hauen sie ab, oft im wörtlichen Sinne. Andere sind weiter psychisch präsent, aber nicht mehr emotional, sondern betäuben sich mit Alkohol oder fangen an abgestumpft, fast automatisch zu leben.

Sie bewegen und unterhalten sich nur mehr an der Oberfläche, alles andere haben sie tief in sich zurückgezogen. Das fällt mit Alkohol, Drogen und Fernsehen auch nicht schwer. Hier steigt auch der Konsum (besonders seit Corona 2020) dramatisch an. Der Mensch ist kreativ und findet immer wieder Wege um sich selber nicht ins Gesicht schauen zu müssen. So stelle ich die Frage auch an den Leser: Was tun Sie, wenn es Ihnen psychisch zu heiß wird? Was tun Sie, wenn Sie kurz davor stehen, etwas zu fühlen, was Sie eigentlich lieber nicht fühlen wollen?

Die Menschen, die sich auf eine *heilige Beziehung* eingelassen haben, sehen in diesen Empfindungen einen Aufruf in der Gegenwart zu sein. Es ist dann die Zeit um radikal aufrichtig zu sein, indem beide Partner ihre wahren Gefühle ausdrücken, wie beschämend oder beängstigend das auch immer sein mag. Indem sie einander die Wahrheit sagen, kommt ein belebendes Element in die Dynamik. Psychologische Aufrichtigkeit führt zu psychologischer Erkenntnis, und mit der Erkenntnis besteht Hoffnung auf Bewusstheit, und mit Bewusstheit ist jede Veränderung möglich.

Es erfordert großen Mut im Schmelzofen der Beziehung zu bleiben, wenn es richtig heiß wird, wenn das Selbstbild ins Wanken gerät und man die Stabilität verliert. Dann ist die Sicherheit und Würdigung die vom Partner kommt ganz wichtig. Keiner will verwundet und idiotisch, dämlich, jämmerlich oder neidisch da stehen. Doch in heiligen Beziehungen kommen diese Dinge unweigerlich an die Oberfläche, so wie Moder und Fäulnis, der vom Grund des Fasses aufgewühlt wird.

Dabei ist wichtig zu erkennen, dass dies nicht bedeutet, man hat in der Beziehung irgendwas verkehrt gemacht, sondern man macht es so genau richtig. Die Kraft der Alchemie bringt die Schlacken gewollt nach Außen. Wenn das dem Partner widerfährt, kann dies ein faszinierender Prozess sein, doch es kann entsetzlich sein, wenn aus einem selbst die Schlacken herausgepresst werden. Das „Heilige" an der heiligen Beziehung ist die Art wie man Beziehung lebt. Im Wort „heilig" steckt „heil" und etwas heil zu machen, ganz zu machen, ist ein *heiliger Akt.* In dem Schmelztiegel gegenseitiger Sicherheit, Aufrichtigkeit und Würdigung kann ein neues Selbst geschmiedet werden, dass ehrlicher, bewusster und freier ist als das vorherige. Wie Phönix steigt es aus der eigenen Asche empor. Das Selbst kann seine Flügel ausbreiten und an Orte fliegen, von denen es vorher nur träumen konnte. Geheimnisse liegen darin und Schätze erwarten jene, die den Mut haben, sich in die eigenen Tiefen und in die ihres Partners zu begeben. Wer sich auf den Weg begibt, findet ein pfadloses Land vor. Der spirituelle Weg ist traditionell ein einsamer, denn man dennoch gemeinsam gehen kann.

Zeiten des Alleinseins sind auch für Menschen in heiligen Beziehungen wichtig. Doch es hat sich etwas verändert, wenn man entschieden hat, den Weg zur Göttlichkeit gemeinsam zu gehen, Seite an Seite, durch Himmel und Hölle, hinauf zu glitzernden Höhen und durch tiefe dunkle Täler, durch die dunkle Nacht der Seele. (Vgl. Kenyon/Sion 2002, S. 133 ff)

„In Nacht an Sternen bloß, von Liebesdrang glühend zum Ziel gerichtet
o wunderseliges Los!
Entging ich ungesichtet, mein Haus in Stille lassend, tief beschwichtet.
Tief in des Dunkels Schoß, verborgene Stufen längs, vermummt, umdichtet
o wunderseliges Los!
Nachts, jedem Blick vernichtet, mein Haus in Stille lassend, tief beschwichtet!
Geheim, in Zauberringen der Dunkelheit, wo mich kein Blick erkannte,
wo ich nichts sah von Dingen
und nichts mir Strahlen sandte als jenes Leitlicht, das im Herzen brannte!
Das lenkte mich, das brachte mich besser als der Tag, der grell durchblaute,
zum Ziel, wo meiner harrte
er, der zutiefst Vertraute zum Ziel,
wo ich nichts Scheinbares erschaute.
O Nacht, du holdgesinnte, o Nacht, die holder als das Frührot wachte:
o Nacht, die mich Geminnte
zu dem Geminnten brachte, die mich Geminnte zum Geminnten machte!“
„Die dunkle Nacht der Seele“, Johannes vom Kreuz, 1579

Durch die Dunkelheit des Unwissens steigt eine tiefe Urkraft auf, die eine ungewöhnliche heilige Dreieinigkeit von den Partnern erfordert. Drei Dinge, um ihre heilige Aufgabe zu erfüllen: Gegenseitige Sicherheit,

Aufrichtigkeit und Würdigung des geliebten Menschen. In einer *heiligen Beziehung* wird die sexuelle Begegnung dann zu einem *Akt der Liebe*, wenn wir gelernt haben uns hinzugeben.

8.7. Zum Akt der Liebe kommen wir auf dem Pfad der Hingabe

Der Mensch wird in eine „neurotische Gesellschaft" hineingeboren und ist als Kind, sobald es in die Gesellschaft eingegliedert ist, der neurotischen Gesellschaft ausgeliefert. So, wie wir jetzt als Gesellschaft sind, sind wir alle neurotisch und diese Neurose besteht aus einer tiefen Spaltung wie ich sie in den vorangegangenen Kapiteln schon eingehend beleuchtet habe. Aber um den Pfad der Hingabe oder den Akt der Liebe zu verstehen, muss diese Spaltung vollauf begriffen werden. Unsere Gedanken und Gefühle sind zwei verschiedene Welten. Das ist unsere Neurose, das ist in Wahrheit unsere Spaltung.

Wir identifizieren uns mit unserer Gedankenwelt und schneiden eher unsere Gefühle ab. Doch Gefühle sind wahrer als Gedanken. Gefühle sind unserem natürlichen Wesen näher als unsere Gedanken. Wir sind mit einem fühlenden Herzen und einem natürlichen Wesen auf die Welt gekommen. Wir werden in unserem Denken „erzogen", von der Gesellschaft kultiviert und trainiert in unseren Gedanken. Wir schlüpfen in Rollen und Masken, befolgen Vorschriften und verhalten uns angepasst nur um geliebt zu werden. Dabei haben wir unsere Ursprünglichkeit, ich könnte es als das ursprünglich „heile innere Kind" bezeichnen, völlig aus den Augen verloren oder fürchten uns sogar davor.

Wir wissen oft als Erwachsener gar nicht mehr, was wir eigentlich wirklich woll(t)en. Wir wissen nichts mehr über unsere wahren Bedürfnisse und versuchen meist nur die unechten Bedürfnisse zu befriedigen und mit der Unterdrückung der wahren Bedürfnisse werden zwangsläufig unechte Bedürfnisse hergestellt. Beispielsweise stopfen wir uns mit Essen voll, ohne ein Gefühl der Befriedigung zu bekommen, weil wir unseren eigentlichen Mangel nicht erkennen. Das eigentliche Bedürfnis ist, in den Arm genommen zu werden, mehr zu essen ist einzig das Ersatzbedürfnis. Zwischen Liebe und Essen gibt es übrigens einen wesentlichen

Zusammenhang und man muss wissen, dass es die Liebe ist, die man wirklich vermisst, denn die Ersatzbedürfnisse können nicht befriedigen. Da kann man so viel essen wie man will. Es gibt auch das Ersatzbedürfnis viel Aufmerksamkeit bekommen zu wollen. Man will, dass andere einem ständig Beachtung schenken und so wird man zum Beispiel Politiker oder einer der die Anerkennung und Aufmerksamkeit der Menge bekommt – ein Star.

Auch wenn man den Zusammenhang nicht gleich erkennt, es steckt das fundamentale Verlangen nach Liebe dahinter, dass aber durch diesen Ersatz niemals Befriedigung findet. Aber eine einzige Person, die dich wirklich liebt und dir ihre Aufmerksamkeit aus Liebe widmet, kann dieses Bedürfnis befriedigen.

Wenn man jemanden liebt, schenkt man ihm seine Aufmerksamkeit. Beachtung und Liebe gehören zusammen und wenn man das Bedürfnis nach Liebe unterdrückt, wird ein Ersatzbedürfnis daraus: Man möchte von anderen beachtet werden. Aber das ist unecht und befriedigt nicht – das ist die Spaltung, die Neurose.

Aber wie kann Sexualität zu einem Akt der Liebe werden? Sexualität ist das unschuldige Reine, genauso wie das schuldige Unreine. Wer bereit ist, sich mit seiner Sexualität tiefer zu beschäftigen, kommt nicht umhin in den Spiegel seiner dunklen Schatten zu schauen, der geheimen Sehnsüchte, der Todesängste, des Egoismus, der Gemeinheit und Gewalttätigkeit. Erst wenn der Mensch alle seine Schatten kennt, wenn er davon weiß und sich eingesteht, dass er immer Täter und Opfer und auch jenseits davon ist, ist er erleuchtet. Darum ist es gut durch das Dunkle zu gehen, es zu durchleben und sich mit den eigenen „bösen", „ekeligen" und „gemeinen" Anteilen zu konfrontieren. Das ist dann viel mehr als nur Erleuchtung es ist höchste Verwirklichung. Es ist das unumstößliche Wissen der Erfahrung. Der einzige Weg dorthin bedeutet, den Pfad der Hingabe zu beschreiten. Was meine ich mit Hingabe?

8.8. Der Pfad der Hingabe

„Nur das bedingungslose JA führt zur höchsten Ekstase."
Lucian Loosen

Es gibt viele Yoga-Lehren, geistige Schulen und unterschiedliche Wege zum Höchsten. Der Weg des *Yoga* basiert beispielsweise auf Willen und Disziplin; der Weg des *Tantra* basiert auf Hingabe. Tantra lässt sich als ein ganzheitlicher Weg zur Verwirklichung höchster Liebe beschreiben. Es ist in erster Linie eine Geisteshaltung und auch ein Übungsweg mit vielen Methoden, Techniken und Ritualen, dessen Ziel die höchste menschliche Verwirklichung ist. Die höchste menschliche Verwirklichung ist als Zustand größtmöglicher Erfüllung und Befriedigung zu verstehen, im Osten *Nirvana*[112] genannt. Der Weg dorthin geht über *Samadhi*[113], die Versenkung im Geist.

Es geht nicht darum ein Tantra-Meister zu werden, es geht um das Bewusstsein, das sich dahinter verbirgt, das Bewusstsein, in dem man sich als Mensch in tiefstem Frieden mit allem befindet und höchste Glückseligkeit verspürt. Das ist ebenso Ekstase, das ist *Außer-sich-Sein*, das höchste Entzückt- und Verzückt-Sein. Es ist ein Zustand, wo alle menschliche Sehnsucht nach Liebe gestillt und jeglicher Kampf und Schmerz beendet ist. An diesem Punkt hat der Mensch die ganze Schöpfung verstanden. Er oder Sie ist eins damit geworden, die Trennung, Spaltung ist beendet und die Neurose geheilt. Der Mensch schwingt vollkommen und schwingt im Strom des Einverstanden-Seins.

---

112. *Nirvana* ist ein buddhistischer Schlüsselbegriff, der den Austritt aus dem *Samsara*, dem Kreislauf des Leidens, des Daseins und der Wiedergeburten (Reinkarnation) durch Erwachen bezeichnet. Im Theravada-Buddhismus wird Nirwana erreicht durch Loslassen von allen Anhaftungen an die Bedingungen des Samsara. Folglich bedeutet Nirwana nicht etwas, das sich erst mit dem Tod einstellt, sondern kann, die entsprechende mentale oder spirituelle Entwicklung vorausgesetzt, schon im Leben erreicht werden.

113. *Samadhi*, wörtlich „fixieren, festmachen, Aufmerksamkeit auf etwas richten ist ein Begriff des Hinduismus, Buddhismus, Zen, Jainismus, Sikhismus und anderer indischer Lehren.

Es gibt nichts Schöneres als Glückseligkeit schon als Gedanke. Und einem glückseligen Menschen zu begegnen, seine beseligende Liebe, die wirkt höchst ansteckend. Auf das Erreichen dieses Zieles ist der Tantra-Weg ausgerichtet. Somit will Tantra genau wie Yoga die Vereinigung des Menschen mit seinem ursprünglichen natürlichen Zustand wiederherstellen. Es geht um nicht weniger als sein wahres Selbst zu erkennen, um die Entdeckung des wirklichen *„Ich bin"*, um das *Christus-Bewusstseins.* Das Ich des Menschen ist mikrokosmisch dasselbe, was makrokosmisch der Christus für die Welt ist. Dazu schreibt *Rudolf Steiner* in GA 133, S. 133ff: *„Seit der Jordan-Taufe lebte der Christus in den Leibeshüllen des Jesus von Nazareth, also in dessen Astralleib, Ätherleib und physischem Leib. Mit dem Kreuzestod legte er diese Hüllen ab. Von da an bis zum Ende der Erdentwicklung bilden sich seine neuen Hüllen aus dem, was die Menschen an Erstaunen, an Liebe und Mitleid und als Gewissen entwickeln. Aus dem Staunen der Menschen wird der neue Astralleib des Christus gewoben, aus Liebe und Mitleid sein neuer Ätherleib und aus den Gewissenskräften entsteht sein neuer physischer Leib."*

Es gibt in unserer Entwicklung nichts Wichtigeres, als den Sinn unseres Lebens zu verwirklichen. Zu diesem abenteuerlichen Weg der Selbstentdeckung gehört auch Hingabe in der Sexualität. Das Besondere an Tantra ist das Ernstnehmen unserer Sinnlichkeit. Tasten, Riechen, Schmecken, Hören, Sehen sind göttliche Fähigkeiten, wenn sie richtig kultiviert werden. Es sind die Tore der innersten Glückseligkeit und führen zur höchsten Selbstverwirklichung. Der ganze Körper ist Sinnlichkeit, den wir mit schönen Gedanken und Gefühlen *durchlichten müssen* um uns zu entwickeln.

Man kann sagen, es ist göttlicher Wille, dass wir unsere Sinne gebrauchen, sie verfeinern und in höchster Form zelebrieren. Die Reizüberflutung der modernen Welt kann hier zum Problem werden, der wir aber durch Achtsamkeits-Übungen und Meditation entkommen können. Dabei verschärft sich unsere Wahrnehmung noch deutlicher. Zu leben heißt sinnlich zu sein. Mit unseren Sinnen nehmen wir das Leben wahr und daran teil. Durch Sinnlichkeit gelangen wir zum Sinn und es ist der Sinn des Lebens die Sinnlichkeit zu feiern. Schönheit in aller sinnlichen Wahrnehmung zu erkennen, dass ist wahrer *Gottesdienst.*

Laut Tantra-Meister *Lucian Loosen*[114] lässt sich Hingabe (in der Sexualität) über drei Stufen erreichen:

- „Du darfst nicht mit mir machen, was du möchtest."
- „Du darfst mit mir manches machen".
- „Du kannst mit mir alles machen, was du willst."

Der letzte Punkt meint die eigentliche höchste und totale Hingabe, die natürlich bedingungsloses Vertrauen voraussetzt. Liebe ist Vertrauen. Bedingungslose Liebe ist bedingungsloses Vertrauen, das auf Gegenseitigkeit beruht und niemals einseitig ist. Es sollte kein Sex ohne Vertrauen und Liebe stattfinden. Wenn bedingungslose Liebe da ist, braucht es keine Grenzen, denn daraus entsteht nichts Perverses und Schmutziges. Wer Energie in der Sexualität nicht fließen lassen kann, sie immer zurückhält indem er dem Partner Verbots-Schilder aufstellt, steht mit Vollgas auf der Bremse. So kommt man nicht weiter, denn die Energie ist der Trieb, die Bremse ist der Kopf. Und genau hier existiert die direkte Verbindung zum Spirituellen: Du, Geliebter, kannst mit mir alles machen was Du willst. Es ist die Hingabe an Gott, die Hingabe an die Göttin auf menschlicher Ebene. *„Dein Wille geschehe"* heißt es in den heiligen Schriften. Ist das nicht gemeint als das große JA, das große *Einverstanden-sein* in dem tiefen Wissen, dass nur zu dir kommen kann was du aussendest?

Um bedingungslos JA sagen zu können, muss ich als Mensch zuerst eine eigene Identität entwickeln, in der ich mich von anderen unterscheide. Ich brauche das Selbst-Bewusstsein, die Erkenntnis mir meine eigenen Bedürfnisse zu erfüllen. Ich darf durchaus Nein sagen, Abgrenzung üben, um zu mir selbst zu finden. Aber das Nein ist ein Übergangszustand, um das eigene Ich zu erkennen, das Selbst zu stärken und die eigene Freiheit zu fühlen.

Es ist so, dass sogar Therapeuten oft jahrelang mit dem Klienten auf einem Nein herumreiten und auf Selbst-Abgrenzung pochen. Therapeuten sehen den Menschen im Kern leider zu oft als krank und schwach an, anstatt zu erkennen, dass es nur im Außen so ist. Das Innere will aber irgendwann erkannt werden, es ist unantastbar wertvoll, stark und öffnet

114. *Lucian Loosen*, geb. 1963, Yoga Lehrer, Tantra-Meister und Begründer von Kularnava® -Tantra

sich letztlich nur in der Hingabe an das Göttliche selbst. Im Nein ist Vorsicht geboten, da das oft jahrelange unnötige und regressive Herumreiten auf einem trotzigen Nein erst den negativen Glaubenssatz bildet, der da lautet: „Wenn ich mich nicht mit dem Nein abgrenze, kommt von außen etwas Böses, etwas Schlechtes, etwas Schmerzvolles auf mich zu.“ Das ist aber nichts anderes als eine unreflektierte Vorannahme von Realität, die im echten Leben aber nicht zutrifft.

Hier ist wichtig umzudenken. Denn, anstatt das abzuwehren, was man nicht (mehr) will, sollten wir fokussieren, besprechen, tun und annehmen was wir wirklich wollen. Dann wird das Nein immer überflüssiger und das Ja führt uns zum Himmel. Um ein echtes Ja zu sagen braucht es noch viel mehr Stärke als das Nein zu äußern. Und nur das Ja ist die Widerspiegelung der größten Weisheit aller spirituellen Lehren der Menschheit: Alles Leben ist *Eins* und alle Menschen sind *Eins* in der Tiefe ihres Herzens.

Jeder Mensch, der bereit ist sich im Herzen zu öffnen, kann in der innigen Umarmung höchste Freiheit erfahren. Alle Menschenherzen sind im Grunde genommen gleich groß und schön, aber eben nicht gleich frei. Im direkten Erleben von Freiheit, wissen wir darum, dass alle Menschen in der Tiefe Eins sind. Dann weiß man, es gibt im Grunde nur *ein Herz*, ein großes, strahlendes, unendlich schönes Herz. Es ist das Herz des Göttlichen, der Christus, der in jedem Menschen strahlt – unzerstörbar, ewig, unbeschreiblich schön.

Wer keine Angst und keine Opfermentalität ausstrahlt, auf den kommen selige, freudvolle, heilende und glückliche Erfahrungen zu auch auf der sexuellen Ebene. Hier wirkt das Resonanz-Gesetz, denn Gleiches zieht Gleiches an. Wenn wir daran glauben, dass nur Gutes zu uns kommen kann, dann kommt auch nur Gutes zu uns. Wer sich vor Schmerz und vor Verletzlichkeit schützt, der schützt sich auch vor der Liebe. Genau das ist der Quantensprung, den die Menschheit jetzt tun kann: Von brutaler egoistischer Selbstbehauptung und reinem Überlebens- und Aggressionstrieb zur nächst höheren Ebene des Herz-Chakra, der Liebe. Das ist die Magie des Christus-Bewusstseins, der Hingabe, die Jesus uns gelehrt hat als neue Stärke, die vielleicht am ersten Blick wie Schwäche aussieht, aber absolut keine ist.

Wer also vertraut und wirklich glaubt, er sei würdig und wert, dass ihm nur

Schönes, Heilsames und Unterstützendes widerfahre, der erlebt es auch ausnahmslos. Genau das ist die Kraft der Hingabe – körperlich und seelisch. Das Geschenk, das wir dem anderen geben ist Vertrauen. Vertrauen lernt man nur durch Vertrauen. Misstrauen ist aus Missbrauch und Schock entstanden. Wenn man hinschaut, anerkennt und gehen lässt, hat es keine Macht mehr über uns und löst sich für immer auf.

Alle jene, die noch im Misstrauen leben und mit Vorbehalten, Kontrollsucht und mit dem Bedürfnis alles abzusichern, sowie dem Zwang, alles im Griff haben zu müssen, alles von sich fern halten, halten auch Liebe und Glück von sich fern. Diese Menschen haben sich selbst eingemauert und sitzen im selbst gezimmerten Kerker. Anstatt mehr Selbstabgrenzung brauchen wir mehr Selbstliebe. Selbstliebe heißt annehmen, dass uns bereits alle Fehler vergeben sind. Das geht nur durch gelebte Spiritualität in der wir das Göttliche in uns erkennen. So erfahren wir Gnade. Das wiederum bedeutet, sich lieben zu lassen, sich dem Gefühl zu öffnen, ganz und gar geliebt zu werden und geliebt zu sein. Das ist das bedingungslose Annehmen von Vergebung, Sühne und Gnade. Das ist der Pfad der Hingabe und gleichzeitig der Ausweg aus dem Ego.

8.9. Sex ist Meditation

„Zu Beginn der sexuellen Vereinigung richte deine Aufmerksamkeit auf das anfängliche Feuerund verharre darin, um die Gluthitze des Endes zu vermeiden.“
Tantra Sutra

Im *Tantra* bemüht sich jedes *Sutra*[115] darum, uns heil und ganz zu machen. Beim Sex muss man in sein Herz-, das heißt in sein Gefühlszentrum zurückfallen, denn nur so kann Sex tiefe Befriedigung bringen und uns in unser ursprüngliches Eins-sein, in unser wahres Wesen zurück bringen. Sex ist eine so totale Handlung, dass man dadurch leicht aus dem inneren Gleichgewicht gerät. Daher kommt auch Angst vor dem Sex, denn wir sind

115. *Sutra* bezeichnet entweder einen kurzen, durch seine Versform einprägsamen Lehrsatz in der alt- und mittelindischen Literatur oder eine Sammlung solcher Lehrsätze. wie in den tantrischen Schriften.

meistens mit dem Verstand identifiziert und Sex ist eine Sache wo man den Verstand verliert. Er macht „kopflos“, der Kopf spielt überhaupt keine Rolle mehr. Beim Sex kommen alle Gedankenabläufe und alle Vernunft zum Stillstand. Und wenn das nicht so ist, dann ist es auch kein guter bzw. authentischer Sex. Dann gibt es, wenn überhaupt, nur einen oberflächlichen Orgasmus und keine tiefe innere Befriedigung.

Im Tantra wird der Geschlechtsakt dazu benutzt, wieder in die innere Einheit zu gehen. Es ist Meditation. Um das zu verstehen, muss man alles vergessen was man jemals über Sex gehört oder gelesen hat, alles, was einem die Gesellschaft, die Kirche, die Eltern jemals darüber erzählt haben. Nur so kann man sich vollkommen darauf einlassen. Kontrolle ist das größte Hindernis, denn wahrer authentischer Sex ist der Zustand ohne Denken. Man muss ganz sinnlich, ganz Körper werden, Tier werden, denn das Tier selbst ist noch heil und ganz.

Durch Sex werden wir geboren und unsere physische Erscheinungsform ist sexuelle Energie. *„Zu Beginn der sexuellen Vereinigung richte deine Aufmerksamkeit auf das anfängliche Feuer und verharre darin, um die Gluthitze des Endes zu vermeiden.“* heißt es im ersten *Tantra-Sutra*, und das macht den Unterschied zu „herkömmlichen“ Sex. Für die meisten Menschen ist der Geschlechtsakt eine Erleichterung, ein Spannungsabbau. Man hat es eilig Energie los zu werden. Der Orgasmus beim Mann setzt überschüssige Energie frei, und nachher fühlt er sich zwar erleichtert, aber auch ermattet und erschöpft.

Viel Energie ist frei geworden und er hält die Erschöpfung für Entspannung, aber diese Art der Entspannung ist nicht förderlich in einer Partnerschaft. Warum? Wenn man sich nur entspannen kann, wenn man Energie loswird, dann ist der Preis ein hoher. Außerdem kann es sich nur um rein körperliche Energie handeln, sie kann niemals so tief gehen, dass sie die geistigen Ebenen erreicht. Also meint das erste *Sutra*, dass der Mann es nicht eilig haben darf das Ziel zu erreichen. Sex besteht aus zwei Teilen: dem (Vor-) Spiel und dem Orgasmus. Also bleiben wir solange es geht beim Spiel, denn hier können wir entspannen, hier ist es eher warm als heiß. Für die Frau ist es etwas anders, sie kann viele Orgasmen haben, aber der Mann darf es nicht eilig haben das „Ziel“ zu erreichen. Vergessen wir einfach das Ziel. Kein Gedanke an den Höhepunkt, kein Streben nach Orgasmen, einfach die Energie fließen spüren. Das Spiel mit dem geliebten Partner heißt ihn zu erkunden, ihn kennen zu lernen, um völlig mit ihm zu verschmelzen, so als wäre man eine einzige Person. Aus der Energie des Mannes und der Energie der Frau ist ein Energiekreislauf geworden.

Ein Gedankenschwenker in die Alchemie und zur *Quadratur des Kreises:* Alchemistisch gesehen können zwei Liebende drei geometrische Figuren ergeben: Quadrat, Dreieck und Kreis. Hier handelt es sich um eine alte alchemistische Analyse des Liebesakts. An einem normalen Liebesakt sind nicht zwei Personen, sondern vier beteiligt, was durch das Quadrat mit den vier Ecken ausgedrückt wird.

Diese vier Winkel ergeben sich, weil jeder der beiden Partner zwiegespalten ist, zweigeteilt in eine Gedanken- und Gefühlshälfte. Also sind es vier, und das sind zwei zu viel, denn so kann niemals eine tiefe Begegnung zustande kommen. Eine Vierecks-Affäre ist oberflächlich. Es kann keine *Kommunion,* keine innere Gemeinschaft stattfinden, weil keiner der Partner die tieferen Schichten des anderen berührt. Zwei Köpfe begegnen sich, zwei Gedankenwelten, zwei Gefühlswelten. Die zweite Art der Begegnung wird durch das Dreieckausgedrückt. Die Liebenden sind zwei Personen, die durch die beiden Ecken der Basis dargestellt werden, und diese beiden Punkte werden in einem kurzen Moment plötzlich eins.

Sie werden zu der Spitze des Dreiecks. Für einen Moment verlieren wir unsere Individualität und werden mit unserem Geliebten eins. Das ist besser als ein Quadrat zu bilden, weil wir wenigstens für einen kurzen Augenblick die Kraft und Energie der Einheit fühlen. Dann fühlen wir uns nach dem Sex auch jung, frisch und erfüllt.

Die dritte Art der Begegnung ist die der *Tantriker.* Hier wird ein Kreis geschlossen. Ein Kreis hat keine Ecken und so dauert die Begegnung nicht bloß einige kurze Momente, sie ist zeitlos. Zeit spielt keine Rolle mehr. Das ist nur möglich, wenn man nicht drauf aus ist zum Orgasmus zu gelangen. Wenn man einen Höhepunkt anstrebt, wird die Sache zum Dreieck, denn nach dem Höhepunkt verliert man den Kontaktpunkt. Also sollte man so lange wie möglich nur beim Spiel bleiben. Aber wie macht man das?

Um am Anfang bleiben zu können, muss man sich viele Dinge zu Herzen nehmen. Der Liebesakt ist kein Mittel um „wohin“ zu gelangen. Ein Akt der Liebe ist kein Mittel zum Zweck. Der Akt selbst ist schon das Ziel – er hat kein Ziel, und es ist kein Weg der irgendwo hin führt. Denken Sie nicht an die Zukunft, nicht an das „wohin“, sondern bleiben Sie immer in der Gegenwart. Seien Sie sinnlich und spüren, riechen, fühlen und genießen Sie die Begegnung zweier Körper, zweier Seelen und verschmelzen Sie miteinander. Mann und Frau lösen sich ineinander auf. Vergessen Sie, dass es irgendwo etwas zu erreichen gibt, sondern leben Sie den Moment in Herzenswärme, in Liebe und bedingungsloser Hingabe zueinander. Nur wenn man es nicht eilig hat, sondern die *Sinnlichkeit im Spiel von Wolken und Regen*, wie die Daoisten es nennen, langsam genießt, dann kann man mit dem Geliebten verschmelzen. Liebe und vollkommene Hingabe führt zu Verschmelzung und das ist höchste Erkenntnis.

8.10 Es gibt kein Ziel. Alles fließt!

Sobald man es nicht mehr eilig hat, den Geschlechtsakt zum Höhepunkt zu bringen, wird das Ganze weniger sexuell. Es wird spirituell. Die beiden Geschlechtsorgane verschmelzen miteinander, die beiden Körperenergien fließen in einem Zustand tiefer, stiller Einswerdung. Diese Ebene wird nach und nach immer tiefer und kann ewig andauern. Dann wird es irgendwann zu *Samadhi*, zur *Ekstase*. Wenn man das erfahren hat, wenn man das fühlt und erkennt, verliert man jeden Wunsch nach „Sex“. Dann kann man ein *Brahachari* werden ein Enthaltsamer, sagt Osho und betont es immer wieder:

„Keuschheit wird durch Sex erlangt!“ Das mag widersprüchlich klingen, aber authentische Keuschheit hat nichts mit Verzicht zu tun, sondern mit „darüber-hinaus-gehen“. Ist es in Wahrheit nicht bei allem so? Wir können, wenn wir auch wirklich wollen, darüber hinausgehen. Würde man nur darauf verzichten, müsste Sex verdrängt werden, dann wäre man immer noch in Gedanken mit Sex beschäftigt, wie ein Süchtiger.

Tantra lehrt ebenso wie der Daoismus, dass man nicht weglaufen kann, es gibt keine Fluchtmöglichkeit. Man kann aber über alles hinausgehen. So führt der Pfad der Hingabe zu einer Sexualität in einer höheren Dimension. Sogar zu einem Leben in einer höheren Dimension. Dadurch geht auch alle Spaltung und Neurose weg und Sex ist wieder etwas Unschuldiges, ein Spiel. Mit dieser neugewonnenen Unschuld kann man auch die gesellschaftlichen Regeln befolgen, ohne sich im Geringsten damit zu identifizieren. Man trägt in der Gesellschaft Maske und spielt natürlich seine Rolle. Das hat nicht im Geringsten etwas mit Lüge zu tun. Wenn man sich seiner Masken und Rollen bewusst wird, wird man authentisch. Das ist ein wesentlicher Unterschied. Die Gesellschaft ist diesbezüglich immer noch verlogen und schlägt authentische Menschen ans Kreuz. In Zukunft werden sich jedoch mehr Menschen trauen ihr wahres Wesen zu zeigen, denn sobald man seine innere Einheit erkennt, kann einem nichts mehr erschüttern oder zum Wahnsinn treiben.

„Zu Beginn der sexuellen Vereinigung richte deine Aufmerksamkeit auf das anfängliche Feuer und verharre darin, um die Gluthitze des Endes zu vermeiden." Die Worte dieses Sutra richten sich im Besonderen an die Männer, denn der Liebesakt ohne Ejakulation wird zur absoluten Meditation. So wird Energie nicht einfach nur verschleudert, denn dann erlischt das Feuer.

„In einer solchen Umarmung erzittern deine Sinne wie Blätter im Sturmwind.
Werde zu diesem Zittern."
Tantra-Sutra

„Wenn in einer so wunderbaren Umarmung, in einer so tiefen Kommunikation mit dem Geliebten, deine Sinne erzittern wie Sturmwind, dann geh in dieses zittern hinein." So schön beschreibt Osho die Vereinigung zweier Seelen, das *Spiel von Wolken und Regen*. Wir haben, selbst wenn wir lieben, noch Angst und erlauben unseren Körpern keine oder nur wenig Bewegungsfreiheit. Denn, wenn wir zulassen was unser Körper tun will, dann breitet sich die Sexualität im ganzen Körper aus. Solange sich Sexualität auf die Geschlechtsorgane beschränkt, solange hat der Verstand die Kontrolle. Aber wenn sie vom ganzen Körper Besitz ergreift, verlieren wir die Beherrschung. Dann kann es sein, dann man am ganzen Körper zu zittern beginnt, zu stöhnen oder laut zu schreien, denn, wenn der Körper tut was er tun will, haben wir nichts mehr unter Kontrolle. Der Körper will sich frei ausdrücken in seinen Bewegungen. Leider wurde die Ausdrucksfreiheit der Frauen streng unterdrückt und zwar überall auf der Welt. Frauen dürfen nicht erzittern, sich nicht bewegen, darum bleiben viele Frauen einfach leblos liegen, wie Leichen. Der Mann führt die Handlung an ihnen aus, und sie selber bleiben reglose, passive und langweilige Partner.

Warum ist es dazu gekommen? Warum unterdrücken die Männer ihre Frauen überall auf der Welt in dieser Weise?

Sie tun es aus Angst, denn wenn der Körper einer Frau einmal von Energie ergriffen wird, kann ein Mann sie kaum noch befriedigen. Frauen können verschiedene Orgasmen, in unterschiedlicher Intensität und eine ganze Reihe davon bekommen und Männer nicht. Das kann Angst machen. Dazu kommt, dass die Frau durch den Orgasmus des Mannes noch stimuliert wird weitere Orgasmen zu haben. „Wie soll ein Mann damit fertig werden…?“ meinte Osho und ergänzt: „…die Frau brauche dann sofort einen anderen Mann.“

Der Körper einer Frau und ihre Sexualität, sofern diese frei gelebt wird, ist für Männer ein Mysterium, das wirklich Angst machen kann. Deshalb hat man auf der ganzen Welt für monogame Gesellschaftssysteme gesorgt. Es etablierte sich die Meinung, es sei besser die Frauen generell zu unterdrücken und klein zu halten. So ist es auch nicht verwunderlich, dass viele Frauen gar nie erfahren haben, was ein Orgasmus überhaupt ist. Eine Frau soll Kinder gebären, den Mann befriedigen, aber sie darf selbst nie befriedigt sein? Es frustriert, verbittert und spaltet, wenn existentielle Bedürfnisse nicht erfüllt werden dürfen. Es spaltet nicht nur Frauen, sondern auch Männer es spaltet letzten Endes die Menschheit!

Wie schön ist es dagegen, wenn Verbindung bewusst zugelassen und spürbar wird. Wenn sich im Liebesakt Energie ausbreitet und der Körper zu beben beginnt. Alle Körperteile vibrieren und jede Zelle wird lebendig. Unser Körper wird durch Sex gezeugt und wenn Zellen sich teilen, dann ist das ebenso Sex, also ist jede Zelle sexuell. Wenn man anfängt im Liebesakt am ganzen Körper zu zittern, dann ist es nicht nur eine Begegnung zwischen zwei Partnern, es ist die Begegnung jeder Körperzelle mit ihrer „Gegenzelle“. Dieses Zittern ist der Ausdruck dafür. Wir können es nicht kontrollieren und es sieht aus, als würden wir wieder zum Tier. Der Mensch ist in seiner Physis ein Tier, und daran ist nichts verkehrt.

Osho vergleicht Sex mit einem Sturmwind, der uns wie einen Baum bis zu den Wurzeln durchschüttelt. Es ist eine ungeheure Energie die uns dabei durchfährt. Alles zittert, vibriert und jede Zelle tanzt. Also sollten wir mittanzen, nicht nur zusehen. Das gilt auch für unseren Partner. Auch unser Geliebter vibriert bis in die letzte Zelle. Nur dann kann man sich treffen und dieses Treffen meine ich nicht auf der gedanklichen Ebene, sondern als Zusammentreffen zweier Körperenergien. Dann existieren keine zwei Körper mit zwei verschiedenen Gedankenwelten mehr.

Am Beginn des Liebesspiels sind es noch zwei vibrierende, zitternde Energien, die sich begegnen, und am Ende ist es ein Kreis. Aus zwei Energien ist jetzt eine Energie geworden, weil der Kreis sich geschlossen hat. Osho überschritt als geistiger Lehrer ein großes Tabu, als er seinen „Bhagwanies" spielerisch durch sexuelle Gruppenübungen (mit Bekleidung) zu höherem Bewusstsein inspirierte. Was daraus von Kleingeistern gemacht wurde wissen wir heute. Falsch verstandene freie Liebe wurde zu banalem Gruppensex und seine falsch interpretierte sexuelle Freiheit zu sexueller Verantwortungslosigkeit. So gab es reichlich Nachschub für den Porno im bürgerlichen Hirn.

Man *muss* den Verstand verlieren, denn, wenn man den Zustand nur denkt aber nicht fühlen kann, nützt keine Philosophie über *Non-Duality,* dann sind es nur leere Worte. Erst wenn man diese Aufhebung auch nur für einen Moment erfahren hat, kann man verstehen was Mystiker meinen, wenn sie von „Ganz-Sein" und von „kosmischer Vereinigung" sprechen. Es ist eine Geburt ins Universum hinein und doch ist man kein Fremder auf Erden. In diesem Gefühl verschwinden Sorgen, Angst und alles Leid wird relativ. Das ist es, was Laotse *Tao* nennt und Shankara (der ursprüngliche Lehrer des *Vedanta Yoga*) *Advaita.* Man kann sich genauso gut eine eigene Bezeichnung ausdenken, aber um dieses *Einswerden* zu fühlen, muss man nur in tiefer Liebe in den Sex hineingehen, nichts unterdrücken sondern lebendig sein, sich trauen zu zittern und zu beben.

Kann ich ohne Sex leben? Brauche ich überhaupt noch einen Partner? Irgendwann im Leben stellen wir uns vielleicht genau diese Fragen und man wird sie mit einem klaren Ja beantworten können, aber erst wenn man die *Erfahrung* gemacht hat. Es braucht dann nur mehr die Erinnerung an das Spiel, an den Akt der Liebe, und schon ist das Gefühl wieder da. Aber zuerst muss man das Gefühl erlebt haben. Wenn man das Gefühl in der Einheit zu sein kennt, kann man es auch ohne Partner herstellen. Das ist sicher nicht ganz einfach, braucht viel Übung, aber es ist möglich. Doch solange man die Erfahrung noch nicht gemacht hat, ist man abhängig von einem Partner. Wenn man den Augenblick mit einem Partner erlebt hat, in dem man nicht mehr für den Partner vorhanden war, sondern nur mehr vibrierende Energie durch die man eins wurde, durch die ein Kreis mit dem Partner gebildet wurde, dann weiß man auch, dass es in diesem Augenblick gar keinen Partner mehr gibt. Hört sich paradox an, ist aber so. Der Partner ist nicht mehr vorhanden. Er oder Sie existieren nur mehr für sich in der Einheit, das liegt im tiefsten Wesen eines jeden Menschen.

Uns Frauen fällt es leichter in diesen Zustand zu kommen, weil wir von Natur aus dazu neigen die Augen beim Liebesspiel zuzumachen. So ist es leichter sich nur auf das Gefühl zu besinnen, dass man hatte, als sich der Kreis schloss. So kann man jederzeit wieder die Augen zumachen, so als wäre ein Partner da, und sich erinnern. Fängt der Körper an zu vibrieren, zu zittern, zu beben, dann lassen wir es einfach zu.[116] Ich beschreibe es als ein „So-tun-als-ob“, aber sobald man weiß wie es geht, ist es keine Einbildung mehr. Dann ist der „Andere“ da. Er ist ja eigentlich immer da. Nun merkt man, dass der Kreis wieder hergestellt ist. Er ist nur nicht mehr körperlich durch den Partner – jetzt wird das ganze Universum zu deinem Mann oder deiner Frau. In diesem Moment ist man mit der ganzen Existenz tief vereint, ohne dass der andere als Tür benötigt wird. Ja, der andere ist eine Tür zum Himmel und das *Spiel von Wolken und Regen* ist ein Liebesakt mit der ganzen Existenz. Es hat etwas Heiliges Sexualität so zu erleben. Schade, dass die Menschen immer in Eile sind ihr „Ziel“ zu erreichen, so bemerken sie gar nicht, was noch alles sein kann.

Es ist wunderbar ein paar Stunden in tiefer Umarmung beisammen zu sein. Dass ist wirkliche eine *heilige Kommunion*, eine echte *Eucharistiefeier*[117]. So „vergisst“ man irgendwann den Anderen und er wird eine Tür zur Existenz. Hat man das einmal erfahren, kann man diese „Technik“ immer anwenden. Man hat dadurch eine neue Freiheit gewonnen, die Freiheit vom anderen. Das heißt auch es freiwillig zu tun, ohne Mangel im Äußeren oder Inneren.

---

116. Hier sollte ich noch erwähnen, dass die *Atmung* eine wichtige Rolle spielt. Sowohl beim Spiel mit dem Partner, als auch bei der alleinigen Meditation. Die Atmung steuert den Energiefluss und so auch das Tempo bzw. die Intensität der Vibration des *Ätherkörpers*. Es ist keine bestimmte Atemtechnik nötig, aber ein absoluter Vorteil, wenn man hier schon Erfahrungen gesammelt hat.

117. *Kommunion*, griech. κοινωνία koinonia lat. communio „Gemeinschaft“. Eucharistie, griech. εὐχαριστία *eucharistía* „Dankbarkeit, Danksagung“

Die ganze Existenz wird zum „Anderen", zum Liebhaber, zur Geliebten. Wenn man es einmal weiß und kann, liebt man beim Morgenspaziergang und verbindet sich mit der Morgenluft, der aufgehenden Sonne, den Bäumen. Und nachts, wenn man den Mond betrachtet verbindet man sich mit den Sternen. Dann liebt man nicht mehr nur als Gefühl, sondern wird in den Zustand der *wahren allumfassenden Liebe* erhoben. Um dieses Bewusstsein zu entwickeln müssen wir im menschlich-körperlichen beginnen, mit einem liebevollen Partner, denn dieser steht uns am nächsten.

„Vertraue einfach, und das Göttliche wird dich suchen und finden."
Osho

So werden wir transformiert. So werden wir wirklich neu geboren. Sexualität ist die Energie dazu, die uns von Grund auf verwandeln und uns in die transzendenten Bereiche führen kann. Aber wir müssen unser Denken über Sex grundlegend reformieren. So, wie unsere Gesellschaft Sex zurzeit benutzt, wird es schwierig. In einem Zeitraum von ca. 12 Wochen befragte ich 54 Klienten im Altersdurchschnitt von Anfang Zwanzig bis zu Mitte Fünfzig und fragte, wie sie sich erfüllte Sexualität wünschen, was sie sich erwarten und wie weit ihre Realität davon abweiche. Überraschend viele zeigten ihre Gesprächsbereitschaft, wenn auch manchmal schamhaft und verhalten. Was ich zu hören bekam, bestätigte meine Wahrnehmung und übertraf sie teilweise sogar, dass wir völlig falsch und unnatürlich mit Sexualität umgehen. Wir sind durch unsere Kultiviertheit voller Vorurteile, die unsere Sexualität völlig pervertiert. Zum einen verdrängt die traditionelle Gesellschaft Sex außerhalb einer festen Partnerschaft noch immer als sündhaft (Klienten wörtlich: Das gehört sich nicht!), dadurch entsteht eine große Spaltung in der Psyche des Menschen, die sich in Heimlichkeiten, Lügen und nicht selten in den alltäglichen, kleinen wie großen Perversionen zeigt. Mehr als die Hälfte der Befragten behauptete, dass sie nicht (mehr) mit negativen Vorurteilen durch früheren Generationen belastet sind. Ich denke jedoch, dass man sein Bewusstsein auch nicht so ohne weiteres davon frei machen kann. Sexualität wurde über Generationen mit Gefühlen von Scham und Schuld belegt und ich möchte aus spiritueller Sicht auch bewusst machen, dass die Energie von 126

Ahnen, das sind sieben Generationen, auf uns und durch uns wirkt. Zum anderen sprachen gerade die junge Menschen von einem hohen sexuellen Leistungsdruck, da sich ihre Vorstellung von „richtigem Sex“ an der Porno-Industrie orientiert.

Frauen wie Männer berichteten, sie lassen dann physisch wie psychisch vieles mit sich machen, dass sie gar nicht möchten, nur weil sie glauben, dass es von ihnen erwartet wird. Als Beispiel die Aussage einer Mittvierzigerin: „Ich ertrage das nur für ihn." Aber auch Männer bringen sich massiv unter Druck, indem manche felsenfest davon überzeugt sind, dass sie beispielsweise mindestens 30 Minuten penetrieren können müssen, um überhaupt ein guter Liebhaber zu ein, aus Angst sonst verbal kastriert zu werden. Diese Männer denken sie müssen Sex als Leistung „abarbeiten“, sind zielorientiert, weil Frauen das erwarten! Aber wenn Frauen das erwarten, dann nur, weil sie ein völlig falsches Bild von „erfüllter Sexualität“ im Kopf haben. Das sind Konditionierungen eines alten Denkens und führt unweigerlich in die Spaltung. Solchen Klientinnen stellte ich weitere Fragen wie: Wie oft möchten Sie Sex haben? Wie wichtig ist Penetration und wie lange? Ist die Größe des Penis für Sie wichtig oder die Anzahl ihrer Orgasmen? Solche Beschränkung im Denken führen meist zu Lustlosigkeit. Man möchte vielleicht denken Lustlosigkeit ist eher ein weibliches Problem. Ich denke es verteilt sich 50:50 auf Männer und Frauen. Wenn ich als Mann oder als Frau nur Leistung bringen soll, nie bekomme, was ich will, und immer machen muss, was ich nicht will, habe ich irgendwann keine Lust mehr. Viele wissen aber auch gar nicht, was sie sich sonst noch vom Sex wünschen, denn im Mittelpunkt ihres bisherigen Denkens stehen Erektion, Penetration und Orgasmus. Wenn ich jedoch nicht nach ihren Erwartungen und Wünschen frage, sondern nach ihrer Sehnsucht, dann keimt bei Mann und Frau gleichermaßen der Wunsch nach Liebe und Eins-sein wieder auf.

Viele Menschen sind in Wahrheit durch dieses völlig falsche Bild von „Sex-Leistung“ in der Beziehung unglücklich und frustriert. Wenn wir Sexualität verurteilen, an alten Vorstellungen festhalten, dann binden wir uns in negativer Weise an sie, dies blockiert uns und wir können nicht mehr „loslassen“ und unsere Sexualität pervertiert. Wir sollten von unseren Vorstellungen wie Sex sein muss, von der daraus resultierenden Verurteilung loslassen, um zu unserer Unterscheidungskraft finden. Wir sollten unterscheiden, dass nicht Sex unser Problem ist, sondern wie wir über Sex denken und somit, wie wir unsere Sexualität zum Ausdruck bringen. Das ist etwas völlig anderes. Können wir es schaffen, diese Spaltung zu überwinden? Ich denke ja, mit konsequenter Arbeit an sich selbst und dem Erkennen, das Sex kein Ziel hat, sondern der Weg in die Fülle, in die Einheit sein kann.

Üben wir uns so oft es geht dabei, mit unseren Gedanken im Hier und Jetzt zu sein, in der Gegenwart, bei allem was wir tun und natürlich auch beim Sex. Im Tun immer ganz bei der Sache zu sein macht bewusst. Nur so kann man auch wahrnehmen, dass sich ein Energiekreis hergestellt hat. Erst darauf kann auch letztlich das Gefühl der Einheit vom Partner losgelöst werden, und die Liebe kann dem ganzen Universum entgegengebracht werden. Wir können den Kreis in uns selbst schließen, denn in uns sind wir beides: Mann und Frau. Wir wurden von einem Mann gezeugt und von einer Frau geboren, also sind wir immer beides. Sobald sich der Kreis im Inneren schließt, ist die Begegnung mit dem inneren Mann, der inneren Frau da und man befindest sich im Liebesakt mit sich selbst. Erst dann ist man wirklich „ganz". Jede andere Enthaltsamkeit ist nichts weiter als Perversion die in Wirklichkeit süchtig macht. Nur wenn der Kreis im eigenen Inneren geschlossen ist, dann ist man wirklich frei.

Tantra sagt: Sex ist die größte Fessel, und dennoch kann sie zur höchsten Freiheit benutzt werden. Auch Gift kann als Medizin benutzt werden, wenn man es weise tut. Also verurteilen wir nichts! So schaffen wir uns nur weitere Probleme und Konflikte. Bemühen wir uns Heilungswege zu finden. Wir sind selbst Energiewesen, und Energie strebt immer einer höheren Ordnung zu, aber dazu muss sie gesund und frei fließen können. Bleiben wir lebendig und vital. Transformation findet nicht durch Kampf und Konflikt statt, sondern durch Bewusstsein. Und im Übrigen sind „Stellungen" völlig unwichtig, darum geht es im Tantra gar nicht. So müssen wir endlich verstehen, Sex ist keine Erleichterung – Sex ist Meditation. (Vgl. Osho 1983)

8.11. Pleroma

„Und von seiner Fülle haben wir alle genommen, Gnade um Gnade."
Joh. 1, 16 LUT

Es sind bedeutsame Worte, wenn im Johannes Evangelium gesagt wird: „Denn aus dessen Fülle haben wir alle entnommen Gnade über Gnade". Pleroma heißt nach dem Griechischen „die Fülle".

Rudolf Steiner[118] meinte dazu sinngemäß: Viele Menschen gibt es, die sich Christen nennen und die über das Wort „Fülle" hinweglesen, die sich bei diesem Wort nichts Besonderes oder Genaues denken. Ich sagte, jedes Wort des Johannes-Evangeliums muss man, wenn man es überhaupt verstehen will, auf die Goldwaage legen. {...} Nur der kann es verstehen, der da weiß, dass man in den alten Mysterien von dem Pleroma oder der Fülle als von etwas ganz Bestimmtem gesprochen hat. Denn man hat damals schon die Lehre vertreten, dass, als sich zuerst offenbarten diejenigen geistigen Wesenheiten, die bis zur Göttlichkeit aufgestiegen waren während des alten Mondes, die Elohim, einer sich von ihnen trennte: Einer blieb auf dem Mond und strahlte von dort zurück die Kraft der Liebe, bis die Menschen genügend reif waren für das Licht der übrigen sechs Elohim. So unterschied man Jahve, den Einzelgott, den Rückstrahler und die aus sechs bestehende Fülle der Gottheit, Pleroma.

Da aber mit dem Gesamtbewusstsein des Sonnenlogos der Christus gemeint ist, musste man, wenn man auf ihn hindeutete, von der Fülle der Götter sprechen. Diese tiefe Wahrheit verbirgt sich dahinter: „Denn aus dem Pleroma haben wir alle entnommen Gnade über Gnade." (Vgl. Rudolf Steiner, GA 103, S.78f)

Das Pleroma (griechisch, πλήρωμα pléroma „Fülle") ist bei den Gnostikern das Glanz- und Lichtmeer, als Sitz der Gottheit, von wo alles Gute ausströmt.

---

118. Dr. Rudolf Steiner (1861-1925) war ein österreichischer Goethe-Forscher, Philosoph, Theosoph und Geistesforscher, der durch die von ihm systematisch entwickelte Anthroposophie eine neuen, zukunftsweisenden wissenschaftlichen Zugang zu geistigen Welt eröffnete.

ZUSAMMENFASSUNG

Wir hören und lesen von der „Heilung der Menschheit“ und vom Leben im *goldenen Zeitalter*[119]. Um das zu erreichen, ist die Bereitschaft zur Wandlung unserer Beziehungen, unseres Verständnisses von Liebe und Sexualität, essentiell. Jeder einzelne Mensch der nach Höherem strebt, kann und wird in Zukunft seinen Beitrag leisten und seine Partnerschaft aus der Geiselhaft des Egos befreien. Ein goldenes Leben in Beziehungen zu führen heißt, ebenso ein goldenes Leben in allen Lebensbereichen zu führen. Menschen, die diesen Weg weder sehen noch hören, weil sie blind und taub sind, wird es nicht gelingen, aus ihrem Leid und den ewigen Dramen auszusteigen.

In dem Maße, wie die wahre Liebe zu uns selbst wächst, wächst auch die Liebe zum Partner, wächst die Liebe zu anderen Menschen und zu dem, was viele als Gott bezeichnen und ich die „höchste Erkenntnis“ oder das „höchste Bewusstsein“ nenne. Unsere Sexualität kann ein wichtiges Werkzeug sein, mit dessen Hilfe wir dieses *goldene Leben* erreichen können. Es kann die Himmelsleiter sein, an der wir unseren eigenen Fortschritt messen können, wie erfüllt unsere Beziehung ist. Dieser Prozess beginnt damit, die volle Verantwortung für die eigenen Erfahrungen zu übernehmen, sowie die Verbindung mit dem Gegenüber anzuerkennen, die Verbindlichkeit die daraus entsteht anzunehmen und zu würdigen.

Unser Ego täuscht uns immer gerne mit dem Denken des *Besonders-Sein.* Denn dadurch gehen wir in unserer Beziehung immer auch Seite an Seite mit Liebe *und* Hass. Der Wunsch nach einer besonderen Beziehung ist ein Versuch, Himmel *und* Hölle in der Partnerschaft zu erhalten. So wird Angriff und Kampf ein Teil der Partnerschaft und die Liebe verkommt zu einem Machtspiel. Nicht nur in den großen Geschichten wie bei *Orpheus und Eurydike, Don Juan und Donne Elvira, Siegfried und Brunhilde, Romeo und Julia,* usw., bei denen die große und besondere Liebe tragisch endete. Solche

119. Das *goldene Zeitalter* meint hier „The Age of Aquarius“, das Wassermann-Zeitalter oder das Bewusstsein der fünften Dimension.

Beziehungen zerstören sich schließlich immer selbst. Ich plädiere darauf, im Besonderen Mensch zu sein, der zur Ganzheit strebt. Zuerst in der Ganzheit in sich selbst, die weitergetragen, in der Beziehung zum Partner durch heilsame Sexualität gefühlt und gelebt werden kann. So wird das goldene Leben der Beginn vom Himmel auf Erden und der Mensch zum Mystiker.

„Behandle andere Menschen so, als wären sie, was sie sein sollten, und du hilfst Ihnen zu werden, was sie sein können." Johann Wolfgang v. Goethe

Teil VI

Das Spiel von Wolken und Regen

Übungen

Damit das *Spiel von Wolken und Regen* – übrigens eine wunderschöne Metapher aus dem Daoismus – auch ein Spiel voller Magie und purer Freude wird, möchte ich für Frauen und Männer einige Übungsanleitungen anbieten. Der *Zinnoberweg* und *Die Zinnober-Meditation*, daoistische Übungen, sind im Besonderen für Frauen (Li, Krautwald). Der *Atem der Kobra* beschreibt Übungen, die für Männer und Frauen gleichermaßen geeignet sind.

Der Zinnoberweg – eine Übung für Frauen

Die Übung *Zinnoberweg* ist sehr kraftvoll und die Wirkung tief gehend, warum sie auch lange Zeiten nur dem Wissen der Meister zugänglich war. Sie besteht aus mehreren Teilen und Sie liebe Leserin, können Sie sich Schritt für Schritt herantasten, denn sie erzwingt nichts und lässt Ihnen die Zeit die Sie brauchen. Der Zweck dieser Übung ist zentriert in der eigenen Mitte zu ruhen. So ist die Übung auch eine gute Basis für daoistischen lebensverlängernden Sex, so wie es im *Buch der Nonne* steht. Diese Übung ist nicht gedacht für Personen die psychisch labil sind oder unter starken emotionalen Problemen leiden. Die Übung ist für Kaiserinnen! Sollte während der Übung eine Abneigung entstehen, so hat das Berechtigung und die Übung sollte abgebrochen werden.

Bei der Übung ist wichtig, völlig wach zu bleiben, ohne Visionen oder Bilder. Es geht um völlige Klarheit und nicht um flüchtige Bilder. Üben Sie hundert Tage lang, jeweils so lange, wie ein Räucherstäbchen brennt, oder solange, wie Sie es eben für notwendig halten. Auch vorbereitende Übungen gehören dazu, die unbedingt zu machen sind. Wer diese nicht beherrscht, wird die Wirkung der Zinnober-Übung nicht erfahren. Dazu muss man mit einer Vorübungsdauer von mehreren Tagen bis einigen Wochen rechnen. Das völlige Beherrschen dieser vorbereitenden Übungen hat für Sie große Vorteile. Sie lernen sich in jeder Lebenslage für kurze Zeit von ihrer Umgebung zurück zu ziehen, ruhig zu werden und gewinnen dadurch enorme Selbstkontrolle. Sie können jederzeit auf Ihre inneren Kraftreserven zurückgreifen, auch wenn um Sie herum alles in Aufruhr ist. Diese vorbereitenden Übungen dürfen, im Gegensatz zur Zinnober-Übung selbst, auch während der Menstruation oder in der Schwangerschaft praktiziert werde

Die Reise zum inneren Zinnober

Die vorbereitende Übung

Bevor Sie sich auf die Reise machen, sorgen Sie dafür, dass Sie völlig ungestört sind, kein Telefon o.ä. stört Ihre Ruhe. Alles, was wichtig ist, haben Sie bereits erledigt. So können Ihre Gedanken ruhig werden. Der beste energetische Zeitpunkt ist Mitternacht oder der frühe Morgen, bevor die Sonne aufgeht. Sie achten auf eine angenehme Raumtemperatur, entzünden Kerzen und Räucherwerk. Wenn Sie sehr unruhig oder kraftlos sind, bereiten Sie sich vor ihrer ersten Sitzung Grünen Tee zu.

Die Position

- Die Kaiserin setzt sich im Lotussitz (Schneidersitz, Yogisitz), mit geradem Rücken und ohne Hohlkreuz, entspannt hin. Am besten mit einem kleinen Kissen.
- Die Hände liegen im Schoß oder locker auf den Oberschenkeln.
- Der Atem geht gleichmäßig und entspannt.
- Arme, Schultern, Stirn und Gesichtszüge sind locker, die Zunge liegt am Gaumen.
- Die Augen sind fast geschlossen und blicken in Richtung Nasenspitze. Der Blick ist weder nach innen noch nach außen gerichtet. Der Geist ist wach und aufmerksam.

Kraft sammeln

Wenn Sie es möchten, dann trinken Sie jetzt Tee in kleinen Schlucken und stellen Sie sich dabei vor, wie mit jedem Schluck zinnoberrote Kraft bis ins untere Zinnoberfeld, eine Handbreit unter dem Bauchnabel, sinkt. Alle Unruhe wird vom Tee gekühlt, bis nach unten mitgenommen und sammelt sich dort als Kraft. Ohne Tee sammeln Sie Speichel im Mund, das sogenannte *Jadewasser*, und schlucken es in kleinen Portionen. Die Vorstellung des Absenkens und Kraftsammelns bleibt die gleiche. Den Tee trinken Sie nicht länger als drei Tage, dann üben Sie mit *Jadewasser*.

Das Versiegeln des YIN[120]

Der Zinnoberweg dient der Stärkung der Wurzelkraft, des Yin, und ist eine wichtige Grundlage um Sex, wie er im Buch der Nonne (6.5) steht, zu praktizieren. Dabei ist es essentiell, das Yin nach unten zu versiegeln, damit es nicht verloren geht. Dazu richten Sie Ihre Aufmerksamkeit auf den Punkt „die Vereinigung im Yin", der auf dem Damm, zwischen Vagina und Anus, liegt.

Dies ist derselbe Punkt beim Mann, der bei vorzeitig drohender Ejakulation gedrückt wird, um zu hitziges *Qi*[121] abzusenken. Sie drücken diesen Punkt nicht, sondern ziehen ihn in Ihrer Vorstellung nach oben, wie beim Unterbrechen des Urinstrahls, aber nur in der Vorstellung, ohne die Muskeln anzuspannen. Dann stellen Sie sich einen sanften Energiestrom vor, der vom Damm zum Steißbein zieht und die Wirbelsäule, bis zur Taille hochsteigt. Von hier fließt der Strom nach und nach in den Becken- und Bauchraum ein und verteilt sich dort. Als gute „Nebenwirkung" können Rücken bzw. Kreuzschmerzen einfach verschwinden, sowie Senkungsbeschwerden, übermäßige Blutung und Inkontinenz.

Sexuelle Kraft und Ausstrahlung

Die Versiegelung des Yin hilft die sexuelle Kraft und Lust bis ins Alter zu bewahren. Ich möchte auch eine besondere Qi- Gong Übung daoistischer Frauen erwähnen, die sich „Das Spiel mit den Jadekugeln" nennt. Verschieden große Jadekugeln, an denen wie bei einem Tampon eine Schnur befestigt war, wurden in die Vagina eingeführt. Heute kennen Frauen das Yoni-Ei, dass zum Beckenboden-Training dient. Ich möchte aber hier betonen, dass es bei dieser Übung nicht um Muskelanspannung geht, sondern ausschließlich um die Vorstellungskraft, die, wenn gut geübt, noch stärker ist.

---

120. Das Bewahren, Kühlen und Zusammenhalten wird YIN genannt. Das Entfalten, Erhitzen und Verströmen wird YANG genannt.

121. *Qi*, sprich „*Tschi*", bezeichnet alle Funktionen und Bewegungen, die zwischen zwei Pole stattfinden. *Essenz*, *Geist* und *Qi* machen alles aus, was es gibt. Sie werden im Daoismus als die „*drei Schätze*" bezeichnet.

Menstruation und Schwangerschaft

Kurz vor und in den ersten Tagen der Menstruation ist die Übung verboten, denn da fließt Yin-Essenz in Form von Blut aus. Die beste Zeit zum Beginnen ist nach dem Versiegen der Blutung. Wenn eine Frau immer wieder Zwischenblutungen hat, kann das Spiel mit den Jadekugeln sie kurieren. Bis hierhin sind die vorbereitenden Übungen auch in der Schwangerschaft sehr zu empfehlen. Vor der folgenden Zinnober-Meditation wird jedoch aufgrund der starken Durchblutung dringend abgeraten.

Die Zinnober-Meditation

Schritt: Das obere Zinnoberfeld

Die vorbereitenden Übungen werden vertieft und das absinkende Qi (Kraft sammeln) und das aufsteigende Qi (Versiegeln) werden miteinander verbunden. Sie beobachten nur, denn es geschieht wie von selbst, wie die beiden Energieströme zusammenfließen und einen zirkulierenden Energiestrom ergeben. Die Kraft sammelt sich im unteren Zinnoberfeld, unterhalb des Nabels. Diese Kraft ist von roter Farbe und strahlt von innen heraus. Die zinnoberrote Kraft zirkuliert im Bauchraum und wird zunehmend stärker, bis ein starkes Kraftfeld, ein roter feuriger Ball den Unterleib wärmt. ACHTUNG! Das Yin muss auf jeden Fall versiegelt bleiben. Nichts darf ausströmen!

An dieser Stelle können Sie die Übung abbrechen indem Sie die rote Kraft langsam wieder verblassen lassen, bis wieder das Kühle und Dunkelheit eingekehrt ist. Dann legen Sie die Hände auf den Bauch, nehmen einige tiefe Atemzüge und achtet darauf, dass das Yin versiegelt bleibt, erst dann wenden Sie sich wieder anderen Tätigkeiten zu.

Wenn Sie möchten, können Sie während der rote Feuerball glüht beginnen, Sex mit einem Mann zu haben, wie im Buch der Nonne beschrieben. Selbstverständlich können Sie dabei die Position wechseln. Sie nehmen den energetischen Zustand der Meditation in die Sexualität mit hinein. Damit wird die Erfahrung besonders intensiv und vermehrt Ihre Essenz. Dazu saugen Sie den Penis Ihres Partners wie beim Versiegeln des Yin in sich auf. Je mehr es Ihnen gelingt, Ihr Yin zu versiegeln, umso mehr Essenz werden Sie dem Mann entlocken. Seine Essenz wird in Ihren Kraftstrom mit eingebunden, aber Sie müssen darauf achten Ihre Emotionen klar und kühl zu halten. Diese Übung kann nur mit den richtigen Männern praktiziert werden, um den Verlust von Essenz zu vermeiden. Auch sollte niemals Alkohol getrunken werden. Dies gilt beim daoistischen Sex als gefährlich.

Schritt: Der zinnoberrote Säugling (Inneres Kind)

Sie meditieren und inmitten des roten Feuerballs kristallisiert sich ein kleiner zinnoberroter Säugling heraus, das eigene Ich, das im eigenen Uterus ruht. Dieses Ich wächst langsam, im eigenen Rhythmus, genährt vom Kreisen der zinnoberroten Kraft. Sie beobachten dieses Wesen mit Aufmerksamkeit und Neugier und entdecken, wie es sich immer mehr entfaltet und langsam regt. Sie beobachten aufmerksam, aber distanziert, ob es dem Wesen an etwas mangelt und senden immer mehr Kraft zu ihm, so als ob Sie eine Blume gießen würde. Dabei beeinflussen Sie es nicht mit Ihrer Liebe, Ihren Wünschen oder gar Erwartungen, sondern lassen es sich nach eigenem Ermessen entfalten, bis sein Wachstum beendet ist. Auch hier können Sie die Meditation wieder abbrechen, indem sie langsam das Licht verblassen lassen, bis wieder Kühle und Dunkelheit eingekehrt und nichts mehr wahrzunehmen ist. Dann legen Sie die Hände auf den Bauch, nehmen einige tiefe Atemzüge und achten darauf, dass das Yin versiegelt bleibt.

Schritt: Die „wahre Frau"

Die Meditation sollte bis zu dieser Stelle so lange geübt werden, bis alle Schritte ohne zu stocken, visualisiert werden können. Der Säugling wird sich von Mal zu Mal vollständiger entwickeln und Sie können ihn so auch immer besser kennen lernen und ganz von seiner Kraft erfüllt sein. Um den nächsten Schritt des Zinnoberwegs zu gehen, sollten Sie neun Monate lang jeden Tag geübt haben. Sie werden wahrnehmen, dass der Säugling reif ist, und Sie können nun Ihre Aufmerksamkeit darauf richten, das Kind wie auf einem Springbrunnen sitzend, inmitten Ihrer Wirbelsäule, Wirbel für Wirbel, hoch bis zum mittleren Zinnoberfeld hinter dem Brustbein (Herz-Chakra), zu bringen.

Hier erscheint der Säugling als „wahre Frau". Das innere Kind ist nun erwachsen, voller Tatendrang und doch voller Ruhe. Sie sitzen lächelnd und beglückt, in rote Gewänder gehüllt, umgeben von sich um Sie scharenden Gefährtinnen - diese stellen Ihre Eigenschaften dar, die Sie auf Ihrer weiteren Wanderung begleiten werden. Sie betrachten nun diese Gefährtinnen, eine nach der anderen. Ist es der Mut? Die Klugheit? Die Bedächtigkeit? Die Frechheit? Die Schönheit oder die Ungeduld? Wie viele sind es? Oder nur eine? Welche werden Sie mitnehmen? Sie scharen nur diejenigen um sich, die Ihnen Kraft verleihen und in deren Begleitung Sie sich dem Aufstieg gewachsen fühlen. Gefährtinnen, die nicht wirklich zu Ihnen gehören, lassen Sie verblassen. Im Laufe der Zeit werden Sie sich selbst nicht nur kennen lernen, sondern auch lernen, Ihr angeborenes Potential optimal zu verwirklichen.

Da während dieses Schrittes Qi bis in den Brustraum aufsteigt, kann es zu Druck und Engegefühl kommen. Auch hier können Sie die Meditation wieder abbrechen, indem Sie die Hände auf den Bauch legen, sich auf das untere Zinnoberfeld konzentriert und alle Bilder hinabsinken und dort verblassen lassen. Das tun Sie solange, bis jedes Druckgefühl verschwunden ist. Wieder achtet Sie darauf, dass das Yin versiegelt bleibt. Erst wenn völlige Dunkelheit eingekehrt ist, beenden Sie die Übung mit ein paar tiefen Atemzügen. Dieser Schritt auf dem Zinnoberweg wird viele Sitzungen brauchen. Eines Tages werden Sie sich sicher und ganz fühlen, inmitten Ihrer Gefährtinnen sind Sie stark und mutig. Für das Leben im äußeren Feld besitzen Sie nun die besten Voraussetzungen und können den letzten und gefährlichen Schritt Ihrer inneren Reise wagen.

Schritt: Die Perle der Weisheit

Ihr letztes Ziel ist die Erleuchtung, die Gewinnung der Perle der Weisheit.

Zusammen mit Ihren mutigen Gefährtinnen beginnen Sie als die „wahre Frau" den gefährlichen Aufstieg durch die zwölfstöckige Pagode (Trachea, Luftröhre), gelangen in den Mund, über die Brücke der Zunge, die am Gaumen liegt. Sie gelangen über den gefährlichen Abgrund des Tigers und Leoparden (Kehle) in den Nasenraum. Von dort steigen Sie zu den Augen auf, die als Sonne und Mond den Weg beleuchten. Zwischen ihnen befindet sich das dritte Auge. Von dort steigen Sie auf ein hohes Gebirge, den Ursprung des Universums, im Inneren des Schädels. Auf dem Gipfel finden Sie die leuchtende Perle (Zirbeldrüse) der Ursprungsenergie. Vor dieser knien Sie nieder, bis Sie Gnade vor den Göttinnen finden und von Licht ganz erfüllt sind. Die „wahre Frau" ist nun zur Greisin geworden, die von innerem Licht strahlt und gelassen den Abstieg bis ins untere Zinnoberfeld aufnimmt.

Zum Schluss bitte jede Übung nachspüren.

Der Atem der Kobra

Die folgenden alchimistischen Übungen sind für Männer und Frauen geeignet und sollen in erster Linie eine Botschaft übermitteln und keine trockene Übungsanleitung darstellen. Die Aufgabe besteht darin, in liebevoller Konzentration Energie durch Atem aufzubauen. Sie dienen dazu die feinstofflichen Körper (Ätherleib und Astralleib) sowie Empfindungen der Physis besser wahrzunehmen. Durch die Übungen kann man sich mit seinen persönlichen Energiefeldern, den sieben Chakren, besser vertraut machen, diese auch stärken und so die Kundalini-Kraft erwecken.

Im ersten Abschnitt beschreibe ich drei Übungen. Die erste Übung befasst sich mit dem Aufsteigen der lunaren Kundalini entlang der Wirbelsäule. Die zweite Übung bezieht sich auf die solare Kundalini entlang der Wirbelsäule und die dritte Übung arbeitet mit der dadurch im Kopf angekommenen Kundalini-Energie. Im zweiten Abschnitt finden Sie Anleitung wie Sie die Energie in eine schlangenähnliche Form bringen können. Die letzte Übung aktiviert den *Pfad der Zwei Schlangen*, indem die Energie gleichzeitig durch den lunaren und den solaren Pfad geschickt wird.

Hinweis: Seien Sie auch in der Vorbereitung zu den Übungen sorgsam und achtsam mit sich selbst. Sorgen Sie für ungestörte Ruhe (Handy, Türklingel, etc.) und bereiten Sie sich ein schönes und gemütliches Umfeld. Zünden Sie eine Kerzen und Räucherwerk an, genießen Sie einen Tee und suchen Sie sich einen Ort in Ihrer Wohnung oder auch im Freien, wo Sie bequem, warm und mit aufrechter Wirbelsäule sitzen können.

Die erste Übung

Setzen Sie sich bequem hin und schließen Sie die Augen. Richten Sie Ihre Aufmerksamkeit also auf das alchimistische Gefäß Ihres Gewahrseins, auf Ihren Beckenboden. Dies ist der untere Bereich Ihres Unterleibes, die Tiefe der Schale Ihres Beckens.

Atmen Sie tief in Ihren Unterbauch hinab, in einem Rhythmus, der Ihnen angenehm ist. Der Atem soll natürlich fließen, ganz ohne Zwang und nicht gepresst.

Stellen Sie sich beim Einatmen vor, dass die Energie Ihres Atems das ganze Becken füllt. So bringen Sie ihre Lebenskraft in Bewegung, die in Ihrem Becken ruht. Beim Ausatmen halten Sie den Fokus weiter im Becken, denn dadurch wird die Energie aufgebaut und intensiviert. Atmen Sie „gefühlte“, aber bitte nicht gezählte 5 Minuten.

Dann stellen Sie sich Ihren feinstofflichen Energiekanal entlang der Wirbelsäule vor, der vom Wurzel-Chakra (Steißbein/Damm[122]) bis zum Kronen-Chakra (Schädeldecke) verläuft.

Beim Einatmen konzentrieren Sie sich weiter auf Ihr Becken (das Gefäß). Wenn Sie ausatmen, richten Sie Ihre Aufmerksamkeit auf Ihren Energiekanal entlang der Wirbelsäule. Dadurch wird die Energie vom Becken in den Energiekanal geleitet, und beginnt sich aufwärts zu bewegen. Während Sie weiter ausatmen wandert Ihre Aufmerksamkeit entlang des Kanals bis zum Kronen-Chakra ganz oben am Kopf. Einatmen im Becken, ausatmen entlang des Energiekanals bis zum Kronen-Chakra. Wiederholen Sie nun dieses Atemmuster solange, bis Sie deutlich fühlen können, wie die Energie vom Becken (Wurzel-Chakra) bis zum Kronen-Chakra fließt.

---

122. Das *Steißbein* (lat. *Os coccygis*) ist das untere Ende unserer Wirbelsäule und der *Damm* (lat. *Perineum*) ist der Bereich zwischen After und Genitalien. Dort befindet sich die Energie des Wurzel-Chakras, über das wir mit der Erde verbunden sind.

Die Übungen bauen aufeinander auf, darum üben Sie bitte jede einzelne solange, bis diese Ihnen ganz selbstverständlich gelingt. Sollten Sie Kopfschmerzen, starke Verspannungen oder ein anderes Unwohlsein verspüren, beenden Sie die Übung und ruhen Sie sich aus.

Die zweite Übung

Hier machen Sie im Prinzip dasselbe wie bei der ersten Übung, nur das die Energie diesmal durch die Wirbelsäule (solare Kundalini) und nicht nur entlang der Wirbelsäule (lunare Kundalini) geführt wird.

Setzen Sie sich und schließen Sie die Augen. Richten Sie Ihre Aufmerksamkeit wieder auf Ihren Beckenboden. Finden Sie einen angenehmen Atemrhythmus und atmen Sie tief in den Bauch, ohne sich dabei anzustrengen.

Stellen Sie sich beim Einatmen vor, dass Ihr Atem das ganze Becken erfüllt und Ihre Lebensenergie in Schwung bringt. Auch beim Ausatmen halten Sie den Fokus in diesem Bereich um die Energie zu intensivieren. Atmen Sie so „gefühlte" 5 Minuten.

Im nächsten Schritt verschieben Sie nun Ihre Aufmerksamkeit ein wenig. Beim Einatmen konzentrieren Sie sich weiterhin auf Ihr Becken, beim Ausatmen bringen Sie Ihre Aufmerksamkeit in die Wirbelsäule und lassen den Fokus dort nach oben wandern, bis Sie zum Ende des Ausatmens beim Kronen-Chakra ankommen. Üben Sie bitte wieder solange, bis Ihnen die Übung ganz selbstverständlich gelingt.

Die dritte Übung

Diese Anweisungen entsprechen denen aus der zweiten Übung, jedoch mit dem Unterschied, dass die Energie beim Ausatmen zwar die Wirbelsäule entlang aufsteigt, aber dort in die Mitte des Kopfes geleitet wird und nicht direkt zum Kronen-Chakra. Dort darf die Energie im Gehirn kreisen und Sie spüren einfach dieser Bewegung nach.

Setzen Sie sich bequem hin und schließen Sie wieder die Augen. Richten Sie Ihre Aufmerksamkeit auf Ihren Beckenboden. Finden Sie einen angenehmen Rhythmus und atmen Sie tief in den Bauch. Füllen Sie Ihr Becken (5 Min.) und bringen Sie dann die Lebensenergie in Bewegung und lassen Sie mit dem Ausatmen bis in die Mitte Ihres Kopfes aufsteigen.

Hier halten Sie nun einen Moment inne und spüren, wie die Energie von alleine durch die verschiedenen Bereiche Ihres Gehirns fließt. Setzen Sie diese Übung solange fort, bis Sie den Energiefluss in der Wirbelsäule und im Gehirn deutlich spüren.

Das Aufsteigen der einen Schlange

Anstatt die Energie wie bei der vorigen Übung in die Mitte des Kopfes zu führen, wird sie hier nach oben unter die Schädeldecke geleitet und über die zwei Gehirn-Hemisphären ausgebreitet. Dadurch entsteht eine kobraähnliche Bewegung: Der Körper der Schlange zieht sich die ganze Wirbelsäule entlang, während sich ihre Haube über die zwei Gehirnhälften wölbt. Die Energie so in Form einer Kobra zu halten stimuliert das Gehirn auf eine bestimmte Art, denken wir an den ägyptischen Uräus[123] der Pharaonen.

Setzen Sie sich bequem hin und schließen Sie wieder die Augen. Richten Sie Ihre Aufmerksamkeit auf Ihren Beckenboden. Finden Sie einen angenehmen Rhythmus und atmen Sie tief in den Bauch. Füllen Sie Ihr Becken mit Energie auf. (5 Min.)

In der nächsten Phase bleibt der Fokus beim Einatmen im Becken, beim Ausatmen bringen Sie Ihre Aufmerksamkeit in die Wirbelsäule, vom Steißbein bis nach oben in den Raum oberhalb der beiden Gehirn-Hemisphären und unterhalb der Schädeldecke wandern. Spüren Sie die Bewegung der Energie in diesem Bereich. Stellen Sie sich vor, dass die Energie die Form einer Kobra hat, deren Haube sich über Ihr gesamtes Gehirn wölbt. Wiederholen Sie die Übung, bis Sie eine schlangenähnliche Energieform deutlich über Ihrem Gehirn spüren können.

Indiens gefährlichste Schlange ist die Kobra – genannt *Bhujanga.* Sie wird den Göttern und insbesondere Shiva zugeordnet und spielt eine vielfältige Rolle in der indischen Mythologie. Die Kundalini kann auch gefährlich erscheinen, gerade wenn sie plötzlich erwacht und man nicht mit ihr

123. Die *Uräusschlange* ist ein Symbol der altägyptischen Ikonografie. Aus geisteswissenschaftlicher Sicht ist die *Uräusschlange* ein Symbol für das *Stirn-Chakra*, das als Drittes Auge das Hellseherorgan für die imaginative Erkenntnis ist.

umzugehen weiß. Daher kann die Kobra sehr machtvoll sein und kann helfen, alles wegzunehmen, was nicht positiv ist. Sie überwindet auch die Negativität und macht sich auch den Weg frei. All das sind Eigenschaften auch der Kundalini.

Das Aufsteigen der zwei Schlangen

Diese Übung baut auf einer erfolgreichen Durchführung der letzten Übung mit der einen Schlange auf. Die lunare Kundalini steigt durch den linken Energiekanal auf und ist mit Dunkelheit, Leere und dem höchsten Absoluten[124] der Schöpfung verbunden. Die solare Kundalini steigt durch den rechten Energiekanal auf und ist mit dem Licht verbunden. In gewisser Weise sind die zwei Schlangen alchimistische Gegensätze. Wenn zwei Gegensätze in einem alchimistischen Gefäß zusammengebracht werden, kann eine unglaubliche Menge an Energie erzeugt werden.

In der folgenden Übung wird die Lebensenergie in zwei Energieströme aufgespalten. Die Lebensenergie wandert dabei auf zwei parallelen Pfaden den Energiekanal in der Wirbelsäule hinauf. Die lunare Kundalini erhebt sich von der linken Seite im Becken und die solare Schlange von der rechten Seite. Doch während des Aufstiegs kreuzen sich in jedem Chakra ihre Pfade. So fließt die solare Schlange im Sakral-Chakra auf die linke Seite und die lunare Schlange auf die rechte Seite. So steigen sie weiter auf und die solare Schlange kehrt im Solarplexus-Chakra wieder zur rechten Seite zurück, während die lunare Schlange zur linken Seite strömt. Im Herz-Chakra kreuzen sie wieder die Seiten, die solare Schlange nach links und die lunare nach rechts, und genauso im Hals-Chakra: solare Schlange nach rechts und lunare Schlange nach links.

Zum Schluss treffen sie sich in der Mitte des Kopfes, wo die solare Kundalini auf der rechten Seite schwebt und die lunare Kundalini auf der linken. Die beiden Schlangen schauen einander an, und die Zirbeldrüse sitzt zwischen ihnen.

---

124. *Parabrahman* ist eine der vielen Bezeichnungen für das *Höchste*, das *Absolute. Para Brahman* ist der transzendente, eigenschaftslose Aspekt des *Brahman* (*Nirguna Brahman*), und *Apara Brahman* der immanente, allem innewohnende Aspekt (*Saguna Brahman*), der sich in der *Schöpfung* (*Licht*) ausdrückt.

Setzen Sie sich bequem hin und schließen Sie wieder die Augen. Richten Sie Ihre Aufmerksamkeit auf Ihren Beckenboden. Finden Sie einen angenehmen Rhythmus und atmen Sie tief in den Bauch. Füllen Sie Ihr Becken mit Energie auf, so wird die Kundalini-Energie aufgebaut.

Wenn Sie bereit sind für die nächste Phase, lassen Sie Ihre Aufmerksamkeit beim Einatmen im Becken, doch beim Ausatmen bringen Sie sie zum unteren Ende (Steißbein/ Damm). Durch Ihre Absicht und Ihren Willen können Sie die beiden Schlangen mit der Energie Ihres Atems aufladen. Während Sie weiter ausatmen, schicken Sie die Energie durch beide Schlangenpfade nach oben. Stellen Sie sich das so deutlich wie möglich vor, wie sich Ihre Pfade an jedem Chakra kreuzen, und wie Sie dann in der Mitte des Kopfes ankommen.

Üben Sie immer wieder so lange, bis Sie eine klare Empfindung davon haben, wie die beiden Kundalini-Energien die Wirbelsäule hinauf und in Ihren Kopf fließen. Spüren Sie der Bewegung der Lebensenergie nach, wie sie sich als Reaktion auf Ihren Atem windet und schlängelt und spüren Sie die feinen Energien, die durch diese Übung im Gehirn erzeugt werden.

„Erfasse das spirituelle Feuer in dir. Es sind die Flammen des Lebens, die dich einhüllen, und die nur für diejenigen von Schaden sind, die ihren egoistischen Willen den höheren Zielen des Lebens entgegenstellen. Sei ganz du selbst und lasse das Nirvana zu: als höchste Ekstase persönlicher Vernichtung!"
Akron

Anhang

Bezugsquellen, Seminare und Informationen

Sollten Sie mehr über heilsame Kräuter, Tees und Elixiere der Kaiserin erfahren wollen, finden Sie wertvolle Informationen unter:
www.zinnoberfluss.de
Auskünfte zu Traditioneller Chinesischer Medizin finden sie unter:
www.tcm-lebenspflege-schwarzenberg.at
Bacopa Bildungszentrum:
www.bacopa.at

Literaturverzeichnis

Aïvanhov, O.M.: (2021), *Liebe und Sexualität*, Prosveta Verlag

Akron: (2018), *Das Astrologie-Handbuch: Charakteranalyse und Schicksalsdeutung/* 5. Auflage St. Gallen

Bataille, Georges: (1981) *Die Tränen des Eros.* Matthes & Seitz, Berlin

BRGÖ: 2019 *Beiträge zur Rechtsgeschichte Österreichs, Gerhard AMMERER, Salzburg; Das Delikt der Fornikation und dessen Bestrafung. Das Habsburgerreich und Salzburg in der Frühen Neuzeit*

Black Koltuv, Barbara: (1994), *Lilith*, Berlin

Bolen, Jean Shinoda: *Götter in jedem Mann*, Basel, Sphinx 1991

Colonna, Maria Teresa: (1980), *Lilith, La Luna Nera e l'eros rifiutato*, Firenze, Edizioni Del Riccio,S. 27

Croissier, Gertrude R.: (2021), *Die magische Wunde, Wandlung und Heilung in der Transpersonalen Psychologie,* Band 1, Originalausgabe 2017 Edition *„fabricia libri"*, Pomaska-Brand GmbH, Eisermann Buchdruck, Bremen

Canacakis, Jorgos: (1989), *Ich sehe deine Tränen. Trauern, Klagen, Leben können"*, Stuttgart 1989

Greer, Germain: (1984), *Die heimliche Kastration.* Ullstein Verlag, Berlin Frankfurt/Main Schenk, Herrad: (1994) *Die Befreiung des weiblichen Begehrens.* Knaur

Dethlefsen, Thorwald: Ödipus der Rätsellöser - Der Mensch zwischen Schuld und Erlösung. Aurinia Verlag 2017

Hasselmann, Varda/Schmolke, Frank: (1993), *Archetypen der Seele, Durchsagen aus der kausalen Welt II,* Goldmann Verlag, München

Jung, Carl Gustav:, Grundwerk Band 2, *Archetyp und Unbewusstes,* Verlag Walter, 1984

Laun, Lianella Livaldi: (2002), *Lilith in der Partnerschaft,* Chiron Verlag Thübingen 2002

Laun, Lianella Livaldi: (1994), *Lilith Die Begegnung mit dem Schmerz,* Chiron Verlag, Thübingen, 4. Auflage 2007

Li, Christine/Krautwald, Ulja: (2000), *Der Weg der Kaiserin,* Frankfurt, Fischer Verlag, Auflage 2020

Kenyon, Tom/Sion, Judi: (2002), *Das Manuskript der Magdalena,* Koha-Verlag GmbH Dorfen, 12.Auflage

Macioli, Immacolata: (November 1992), *„Le incautatrici del mare."* in Astrodonna, S. 42

Millman, Dan: (1992), *Die goldenen Regeln des friedvollen Kriegers,* 6. Auflage 2008, HeyneVerlag

Moore, Robert/Gillette, Douglas: (2018), *König, Krieger, Magier, Liebhaber Initiation in das wahre männliche Selbst durch kraftvolle Archetypen,* Aurina Verlag

Neubauer, Reinhard: (1963), *Geschenkte und umkämpfte Gerechtigkeit: eine Untersuchung zur Theologio und Sozialethik Reinhold Niebuhrs im Blick aufMartin Luther,* VerlagVandenhoeck & Ruprecht

Piontek, Maitreyi D., *Das Tao der Frau,* München, Heyne Verlag2009

Rohr, Richard: (1986), *Der wilde Mann,* München, Claudius, 12. Auflage 1990

Rummel, Stefan M.: (1993), *Zhang und die Nonne vom Qinyun-Kloster,* München, Wilhelm Heyne Verlag, Deutsche Erstausgabe

Sigusch, Volkmar: *Neosexualitäten. Über den Wandelvon Liebe und Perversion.* Campus Ver lag,2005.

Spezzano, Chuck: (The Sex Deck, 2015), *Karten der Sexualität,* Vianova Verlag, 1. Auflage 2016

Stahl, Stefanie: *Das Kind in uns muss Heimat finden,* Kailash 2017

Thériault, Denis: *Siebzehn Silben Ewigkeit,* dtv-Verlag, 2. Edition 2011

Traugott, Hannelore: (1995), *Lilith; Eros des Schwarzen Mondes.* Edition Astrodata, 5. Auflage 2009 Whitmont, Edward C.:(1989) *Die Rückkehr der*

Göttin. Kösel, München
Osho: (2005), *Sex das missverstandene Geschenk*, Goldmann
Osho (1983), *Tantra, Spiritualität und Sex,* Innenwelt Verlag, 15. Auflage 2020
Walker, Barbara G.: *Das geheime Wissen der Frauen,* München 1995, DTV
Waltl, Karin: *Humanenergetik, Spirituelles Heilen & Spirituelle Lebensberatung,* Skript2021

Internet

Alimentarium. 22. Februar 2022 14:46, https://www.alimentarium.org/de/wissen/ eva-und-die-verbotene-frucht
Bundeszentrale für gesundheitliche Aufklärung, 23. Februar 2022 10:50, https://forum.sexualaufklaerung.de/ausgaben-ab-2010/2016/ausgabe-2/sexualethik-im-wandel/
Biber Verlagsgesellschaft: 7. April 2022 19:18 https://www.dasbiber.at/content/jung-brutal-kriminell-jugendgangs-wien
Birgit Sauer: Die Allgegenwart der „Androkratie“: feministische Anmerkungen zur „Postdemokratie“. In: Politik und Zeitgeschichte. APuZ 1–2/2011, Bundeszentrale für politische Bildung, 13. April 2023, 20:12 Uhr
Cornelia Filter: Emma bleibt mutig! (1992), 13. April 2023, 20:34 Uhr https://www.emma.de/artikel/frauengeschichte-die-entstehung-des-patriarchats-266130
David Johann Lensing: https://dajolens.de/blog/moral-und-ethik/, 18. August 2022, 22:15
e-storys, Nika Baum: schamlos | Haiku, 17. Mai 2022, 20:19, https://www.e-stories.- de/gedichte-lesen.phtml?120351
Freimaurer-Wiki:https://www.freimaurer-wiki.de
Ginseng in der Medizin: 26. Mai 2022, 21:59, https://www.ginsenginfo.at/ginseng-in- der-medizin/
Hermetik Akademie Bibliothek: 20. Februar 2022 18:17, https://www.hermetik-international.com
Hecker, Ulrike: https://www.bambooblog.de/wu-zetian-maechtige-

kaiserin/, 14. April 2022, 19:03

Liebelei: Yoni-Ei bzw. Jadekugeln: 26. April 2022 15:48, https://liebelei.co/yoni-ei,

Onmeda Medizin: 24. Februar 2022 17:39, https://www.onmeda.de/gesundheit/ sexualitaet/perversion-id200810/

OSHO: 11. Dezember 2022 11:40, https://www.osho.com/de/meditation/more- meditations/meditation-of-the-week/breathing-in-love

Klaus Piontzik: 14. September 2022 09:09, Die Quadratur des Kreises, https://www.pimath.de/quadratur/beispiel_esoterik.html

Risi, Armin: *Polarität & Dualität*, 5. Juni 2022 22:31, https://armin-risi.ch/Artikel/ Philosophie/Polaritaet-und-Dualitaet-Die-Brisanz-der-ganzheitlichen-Spiritualitaet.php#Titel02

Schmid, Oliver: *Immer ist Jetzt,* 20. März 2022 20:18, https://immer-ist-jetzt.de

Sinnsucher: Inneres Kind heilen, 17. Juni 2022 21:32, https://www.sinnsucher.de/blog/ inneres-kind-heilen-5-schritte-wie-du-mit-dir-frieden-schliessen-kannst?gclid=Cj0KCQjwzLCVBhD3ARIsAPKYTcREP7m7tH8Eb7qu0w6FNBIl6oVZoBxkVocd3IeNIjONmGbOGheFyz8aAkqIEALw_wcB

TongTu by TCMswiss: Yin und Yang Alles Leben basiert auf Polarität, 17. Mai 2022, 14:44,https://www.tcmswiss.ch/tcm-philosophie/yin-und-yang/h

Uniklinikum Leibzig, Gallensteine: 16. Mai 2022, 17:01, https://www.uniklinikumleipzig.de/einrichtungen/kinderchirurgie/Seiten/krankheitsbilder-gallensteine.aspx

Wendt, Victor K.: *Das Geheimnis der Hyperboreer Legende, Mythos oder Wirklichkeit*, S & K von B & A,August 2004, als PDF-Dateiunter:

http://www.thule-italia.org/Nordica/Wendt,%20Viktor%20K.%20-%20Das%20-Geheimnis%20der%20Hyperboreer%20%281984%29%20%5BDE%5D.pdf

Yogawiki: Mitgefühl, 19. Juni 2022, 14:15, https://wiki.yoga-vidya.de/Mitgefühl

Grafik und Bildnachweis

Abb. 1, S. 14: Achtfacher Pfad, 23. Februar 2022 10:42 https://upload.wikimedia.org/wikipedia/

commons/d/d9/Achtpfad.png Abb. 3, S. 31: S.19, 18. März 2022,13:59

https://www.spreadshirt.de/shop/design/kundalini+brotdose-D5d6d0cb2e0c08361bdc0765c? sellable=OwDEa27BroHEkMLRZlpl-1435-32

Abb. 4, S. 32, 18. März 2022, 14:13 https://www.dreamstime.com/stock-illustration-golden-caduceus- medical- symbol-isolated-whi- te-background-d-render-image75828857

Abb. 5, S. 34: Masolino: Brancacci-Kapelle: Versuchung von Adam und Eva, S. 22, 20. August 2022, 13:40 h ttp ://ww w.z en o .o r g/K un stw er k e/B/M a so lin o %3A +Br a n ca cci-Kapelle%3A+Versuchung+von+Adam+und+Eva

Abb. 6: S. 39, Odysseus und die Sirenen (Vasenbild, ca. 475–450 v. Chr.), 28. August 2022,16:28 - https://de.wikipedia.org/wiki/Sirene_%28Mythologie%29

Abb. 7: S. 39, Griechische Sirene (340–300 v. Chr) 28. August 2022, 16:29 https://de.wikipedia.org/ wiki/Sirene_%28Mythologie%29

Abb. 8: S. 40, Die Göttin Isis schützt mit ihren Flügeln ihren Gemahl Osiris, Tempel von Philae, 28. August 2022, 16:45, https://www.selket.de/aegyptische-goetter/isis/

https://pixabay.com/de/vectors/japan-japanisch-natur-linie-kunst-6548963/ Abb. 9: S. 105, Nüwa, Chinesische Mythologie, 5. September 2022, 13:06 https://www.pinterest.com/pin/498210777506102997/